W0060475

INSPIRIEREN / PLANEN / ENTDECKEN / ERLEBEN

USA SÜDWESTEN
& NATIONALPARKS

USA SÜDWESTEN
& NATIONALPARKS

INHALT

DEN SÜDWESTEN ENTDECKEN 6

DEN SÜDWESTEN ERLEBEN 62

REISE-INFOS 270

Links: *Typische Teppichmuster der Navajo*
Vorhergehende Doppelseite: *Delicate Arch im Arches National Park, Utah* (siehe S. 142–145)
Umschlag: *Monument Valley Navajo Tribal Park, Arizona* (siehe S. 160–163)

DEN SÜDWESTEN
ENTDECKEN

WILLKOMMEN IM
SÜDWESTEN

Bizarr geformte Schluchten, markante Felsbogen, schroffe Gebirge und endlos scheinende, mit Kakteen durchsetzte Wüsten – der Südwesten und seine Nationalparks sind Lebensgefühl und geografische Region zugleich. Hier werden Legenden von Revolverhelden zum Leben erweckt, und Besucher können selbst ein wenig Cowboy spielen. Welches Ziel Sie bei Ihrer Traumreise in den Südwesten der USA auch verfolgen – dieser Vis-à-Vis-Reiseführer ist ideal, um eine Reise ganz nach Ihrem Geschmack zu planen.

1 *Havasu Falls, Grand Canyon National Park*

2 *Schild am Tinkertown Museum, Turquoise Trail National Scenic Byway*

3 *Sonnenaufgang über orangefarbenen, bizarr geformten* hoodoos, *Bryce Canyon National Park*

Der Südwesten ist geprägt von wundervollen Landschaften und eindrucksvollen kulturhistorischen Zeugnissen: rote Tafelberge im Monument Valley, merkwürdig geformte *hoodoos* in Utahs Bryce Canyon, Saguaro-Kakteen im südlichen Arizona und der Grand Canyon sowie die Adobe-Bauten der Ureinwohner New Mexicos. All diese Wunderwerke werden in Nationalparks geschützt.

Heute prägt den Südwesten ein überaus spannender Mix aus indianischen, spanischen und angloamerikanischen Einflüssen und Traditionen – ein multikulturelles Erbe, das sich besonders in den Städten zeigt: In Phoenix, Tucson, Albuquerque und Santa Fe beleuchten Museen die reiche Geschichte sowie Kunst und Kultur der Region. Las Vegas mit seiner Glitzerwelt ist das Eldorado für Vergnügungssuchende. Und überall duftet die köstliche charakteristische Küche des Südwestens.

Damit die Fülle an Nationalparks, Städten und Sehenswürdigkeiten des Südwestens Sie nicht überfordert, haben wir die Region in übersichtliche Kapitel unterteilt. Detaillierte Routen und Karten helfen Ihnen, Ihren Trip perfekt zu planen – egal, wie lange Sie hier bleiben. Der Vis-à-Vis Reiseführer präsentiert die Highlights dieser Gegend. Genießen Sie das Buch, genießen Sie den Südwesten der USA.

LIEBENSWERTER
SÜDWESTEN

Dieser Teil der USA ist berühmt für eine reiche und vielfältige Geschichte, spektakuläre Naturwunder und sonniges Klima. Es gibt unzählige Gründe, den Südwesten zu lieben. Hier sind einige unserer Favoriten.

1 Traumhafte Routen

Fast jede Straße im Südwesten führt durch malerische Szenerien und bietet herrliche Aussichten auf bunte Wüsten- und Graslandschaften vor schöner Bergkulisse.

Schillernde Glitzerwelt 2

Für Entertainment ist die Show- und Glücksspielmetropole Las Vegas *(siehe S. 244 – 269)* nicht zu toppen. In den Casinos und Clubs wird die Nacht zum Tag.

3 Pikante Gaumenfreuden

In der Küche des Südwestens *(siehe S. 40f)* dreht sich alles um Chilis. Von mild bis extrem scharf würzen sie Salsas, Eintöpfe, Burger und Steaks. Kaufen Sie *ristras* (Ketten von roten Chilischoten) als Souvenirs oder Mitbringsel.

Auf den Spuren der Cowboys 4

Im Südwesten lebt der Cowboy-Mythos in Rodeos und Wildwest-Shows weiter. Auch Besucher können ein typisches Cowboy-Gewand anlegen und ausreiten.

Naturwunder Grand Canyon 5

Der Grand Canyon *(siehe S. 68 – 75)* zählt zu den großen Naturwundern der Welt. Verbringen Sie hier einen ganzen Tag, um das Spiel der Farben und das von Licht und Schatten zu allen Tageszeiten zu erleben.

Entspannung pur in Spas 6

Verwöhnprogramm gefällig? In der Region bieten Hotels Tagesgästen eine Fülle wohltuender Anwendungen an – z. B. mit Extrakten von Wüstenpflanzen oder indianische Heilungsrituale.

Saguaro-Kakteen 7

Ein Symbol des Südwestens ist der Saguaro-Kaktus, der nur in der Sonora-Wüste wächst. Machen Sie im Saguaro National Park *(siehe S. 108f)* Fotos von den bis zu 15 Meter hohen Giganten.

Zu Pferde unterwegs 8

Für dieses klassische Abenteuer des Südwestens wird aufgesattelt. Einige Ranches und Resorts bieten zahlreiche Aktivitäten rund ums Pferd *(siehe S.80)*.

9 Großartige Golfplätze

Mit über 400 Top-Golfplätzen allein in Arizona ist der Südwesten ein Golferparadies. Zu den besten Destinationen zählen Scottsdale *(siehe S. 96)* und Las Vegas *(siehe S. 261)*.

10 Paradies für Outdoor

Der Südwesten bietet Aktivurlaubern ein breites Spektrum. Wandern und Rad fahren in den Nationalparks, Klettern im Gebirge, Rafting im Grand Canyon ...

Kunst in Santa Fe 11

Santa Fe *(siehe S. 192 – 201)* ist ein Kunstwerk für sich – und bekannt für Kunst und Kunsthandwerk. In den Galerien und Museen der Stadt kann man stundenlang stöbern.

Das Erbe der Ureinwohner 12

Von prähistorischen Häusern zu schöner Handwerkskunst – der Südwesten ist ein Schaufenster für indianische Kultur. In Pueblos und Reservaten erleben Sie Sitten und Bräuche der Stämme.

DER SÜDWESTEN
AUF DER KARTE

Für diesen Reiseführer wurde der Südwesten der USA in sieben Regionen unterteilt, jede mit einer eigenen Farbe, wie auf der Karte ersichtlich. Auf den folgenden Seiten erhalten Sie spannende Informationen über diese Regionen.

Great Basin

NEVADA

UTAH

Muddy River

Arches National Park

Kingston

Hanksville

Beaver

Grover

Cedar City

Canyonlands National Park

Süd-Utah
Seiten 118–155

Alamo

St. George

Bluff

Mexican Hat

Mesquite

Page

Mexican Water

Las Vegas
Seiten 244–269

Lake Mead

Grand Canyon National Park

Las Vegas

Death Valley National Park

Henderson

Boulder City

Grand Canyon Village

Baker

Kingman

Flagstaff

Williams

Winslow

Grand Canyon und Nord-Arizona
Seiten 64–87

Mojave Desert

Yucca

ARIZONA

Holbrook

Lake Havasu City

Prescott

Camp Verde

Show Low

CALIFORNIA

Colorado River

Hope

Quartzsite

Phoenix

Globe

Sonora Desert

Phoenix und Süd-Arizona
Seiten 88–117

Mexicali

Yuma

Safford

MEXIKO

Tucson

Benson

0 Kilometer   100

0 Meilen   100

N

Sonoyta

Tombstone

Nogales

KANADA

Seattle

VEREINIGTE STAATEN VON AMERIKA

New York

San Francisco

Washington, DC

Las Vegas

SÜDWESTEN

Los Angeles

Pazifischer Ozean

Golf von Mexiko

MEXIKO

KUBA

Miami

Nordamerika

Grand Junction

Aspen

Colorado Springs

COLORADO

Cortez

Durango

Alamosa

Trinidad

Four Corners Monument

Des Moines

Aztec

Bloomfield

Taos

Springer

Clayton

Four Corners
Seiten 156–187

Abiquiu

Santa Fe und Nördliches New Mexico
Seiten 188–217

Gallup

Santa Fe

Las Vegas

Logan

Albuquerque

Santa Rosa

Vaughn

Clovis

Fort Sumner

Datil

Albuquerque und Südliches New Mexico
Seiten 218–243

Luna

Tatum

Glenwood

NEW MEXICO

Roswell

Pecos River

Truth or Consequences

Tularosa

Silver City

Alamogordo

Artesia

Deming

Las Cruces

Carlsbad

Whites City

El Paso

Pine Springs

TEXAS

Ciudad Juárez

NATIONALPARKS
ENTDECKEN

Dieser Reiseführer präsentiert die vielen atemberaubenden Nationalparks im Südwesten der USA in allen Facetten. Machen Sie zum Beispiel einen Trip zu den aufregenden Abgründen des Grand Canyon oder zu den faszinierenden Felsbehausungen im Mesa Verde National Park.

100 km

Arches National Park

Dead Horse State Park

Capitol Reef National Park

Canyonlands National Park

Bryce Canyon National Park

UTAH

Kodachrome Basin State Park

Lake Powell and Glen Canyon National Recreation Area

Zion National Park

NEVADA

Monument Valley Navajo Tribal Park

Valley of Fire State Park

Las Vegas

Grand Canyon National Park

Canyon de Chelly National Monument

Wupatki National Monument

Sunset Crater Volcanic National Monument

Flagstaff

Petrified Forest National Park

Meteor Crater

Mojave Desert

CALIFORNIA

ARIZONA

Sonora Desert

Phoenix

Casa Grande Ruins National Monument

Chiricahua National Monument

Organ Pipe Cactus National Monument

Saguaro National Park

Tucson

Kartchner Caverns State Park

MEXIKO

Tumacácori National Historical Park

0 Kilometer   100

0 Meilen   100

N

Nogales

Denver

COLORADO

Grand Junction

Canyons of the Ancients
National Monument

Mesa Verde
National Park

Taos

Chaco Culture National
Historical Park

Española

Santa Fe

Gallup

Z u n i
M o u n t a i n s

Albuquerque

El Morro
National
Monument

NEW MEXICO

S a c r a m e n t o
M o u n t a i n s

Gila Cliff Dwellings
National Monument

Roswell

White Sands
National
Monument

Carlsbad Caverns
National Park

Las Cruces

Mesilla

Deming

El Paso

TEXAS

Ciudad Juárez

DIE REGIONEN
DES SÜDWESTENS

Eindrucksvolle Canyonlandschaften, fantastische Felsformationen, magische Grotten: Die Naturwunder im Südwesten der USA funkeln wie Diamanten im Wüstensand. Ebenso glänzend präsentiert sich die Fülle an kulturellen Highlights, darunter die Dörfer der Pueblo-Indianer, alte spanische Farmen und Missionen sowie Städte mit großem Kunst- und Unterhaltungsangebot.

Seiten 64–87

Grand Canyon und Nord-Arizona

Highlight der Region ist der Grand Canyon. Die mehrere Hundert Kilometer lange Schlucht wird von mächtigen Steilwänden mit spektakulären Felsformationen begrenzt. Kleinere Naturwunder sind Sunset Crater, Barringer Krater und Petrified Forest. Entkommen Sie der Hitze im kühlen Lake Havasu oder im Oak Creek Canyon, und entdecken Sie historische Bauten und Kunstgalerien in Jerome und Flagstaff sowie die leuchtend roten Felsen rund um Sedona.

Entdecken
Atemberaubende Sicht auf tiefe Steilschluchten

Sehenswert
Grand Canyon National Park und Sedona

Genießen
Wanderung entlang dem Südrand (South Rim) des Grand Canyon

Seiten 88–117

Phoenix und Süd-Arizona

Vom lebendigen Erbe des Wilden Westens bis zu Spas und Golfanlagen von Weltrang – im südlichen Arizona gibt es eine großartige Vielfalt an Attraktionen und Aktivitäten. Genießen Sie in Phoenix und Tuscon die vorzügliche Küche des Südwestens, traditionelle Musik und Kunstmuseen. Die Städte werden von der prächtigen Sonora-Wüste mit ihren gigantischen Saguaro-Kakteen umrahmt. Besuchen Sie alte spanische Missionen, die historischen Minenstädte Bisbee und Tombstone, die Kunstkolonie in Tubac, Weingüter und vieles mehr.

Entdecken
Zauber der Wüste und Wildwest-Flair

Sehenswert
Phoenix und Tuscon

Genießen
Zu Pferd durch die Sonora-Wüste

Seiten 118–155

Süd-Utah

Süd-Utah ist reich an State Parks und National Parks. Fangen Sie mit der Kamera einen atemberaubenden Ausblick nach dem anderen ein – z. B. die roten Steinbogen im Arches National Park, die bizarren *hoodoos* im Bryce Canyon oder die grandiose Aussicht vom Dead Horse Point auf den Colorado River und den Canyonlands National Park. Machen Sie einen entspannenden Bootstrip auf dem Lake Powell, oder besuchen Sie lässige Städte wie Moab, wo Jeeptouren, Mountainbiken und andere Aktivitäten durch die pittoreske Umgebung angeboten werden.

Entdecken
Nationalparks und Panoramaausichten

Sehenswert
Canyonlands, Capitol Reef, Bryce Canyon, Zion und Arches National Park, Lake Powell und Glen Canyon National Recreation Area

Genießen
Traumhafter Sonnenuntergang über dem Delicate Arch im Arches National Park

$\rightarrow$

Seiten 156 –187

Four Corners

In der landschaftlich reizvollen Gegend um den Knotenpunkt der vier Staaten Colorado, Utah, Arizona und New Mexico ist die höchste Dichte an Kulturtraditionen der Ureinwohner in den USA zu finden. Diese reichen von *cliff dwellings* der Pueblo in den Nationalparks Mesa Verde und Chaco Canyon bis zu den indigenen Gebieten und Monumenten heutiger Navajo- und Hopi-Gemeinden. Für brillante Ausblicke fahren Sie zwischen den Felstürmen des Monument Valley entlang oder auf Colorados atemberaubender Route San Juan Skyway.

Entdecken
Kulturgut der Indianer und Rocky-Mountain-Kulisse

Sehenswert
Monument Valley, Canyon de Chelly National Monument, Chaco Culture National Historical Park und Mesa Verde National Park

Genießen
Fahrt mit der Nostalgiebahn Durango and Silverton Narrow Gauge Railroad

Seiten 188 – 217

Santa Fe und Nördliches New Mexico

Mit historischen Bauten, weltberühmten Kunstgalerien und Museen sowie ausgezeichneten Texmex-Restaurants ist Santa Fe größte Attraktion der Region. Aber natürlich hat das nördliche New Mexico viel mehr zu bieten – von der Missionskirche Santuario de Chimayó bis zur historischen Stadt Taos. Besuchen Sie Pueblos der Ureinwohner sowie die Felsbehausungen in Puye und im Bandelier National Monument, oder machen Sie eine reizvolle Panoramafahrt über den Enchanted Circle Forest Scenic Byway.

Entdecken
Kunst, Architektur und Küche des Südwestens

Sehenswert
Santa Fe und Taos

Genießen
River-Rafting-Tour auf dem Rio Grande

Seiten 218 – 243

Albuquerque und Südliches New Mexico

Das südliche New Mexico ist ein kontrastreiches Land. Es reicht von Acoma Pueblo, der ältesten Ansiedlung der Ureinwohner, bis Albuquerque, der größten Stadt des Bundesstaates. Die Sehenswürdigkeiten in der Region sind weit gestreut. Highlights sind die Dünen im White Sands National Monument, das Höhlengebiet Carlsbad Caverns und die *cliff dewllings* in Gila. Lincoln, Ruidoso, Mesilla und Silver City erinnern an Wildwest-Legenden.

Entdecken
Alte Städte und Dörfer sowie Naturwunder

Sehenswert
Albuquerque und Carlsbad Caverns National Park

Genießen
Ballonfahrt über Albuquerque, dem weltweit größten Ballonfahrertreff

Seiten 244 – 269

Las Vegas

Eine derart schillernde Unterhaltungsoase wie Las Vegas gibt es kein zweites Mal auf der Welt. Steigen Sie ab in den beeindruckenden Casino-Hotels mit zauberhaft themenbezogener Architektur, Restaurants und Attraktionen. Besuchen Sie Shows – vom Cirque du Soleil über Musikstars bis zu Comedians. Und wagen Sie den Schritt über den Strip – z. B. ins eindrucksvolle Mob Museum, das die finsteren Leben früherer Ganoven der Stadt beleuchtet, und ins Neon Museum. Ebenso sehenswert in der Nähe sind der Hoover Dam und der Red Rock Canyon.

Entdecken
Nightlife und Entertainment

Sehenswert
Las Vegas Strip, Bellagios Fontänen und Stratosphere Tower

Genießen
Vogelperspektive auf die Stadt und ihre Umgebung von der Achterbahn aus

1 *Narrows-Schlucht im Zion National Park*

2 *Indianer-Tipis im Capitol Reef Resort, Torrey*

3 *Scenic Drive im Capitol Reef National Park*

4 *Blick vom Navajo Loop Trail auf Thor's Hammer im Bryce Canyon National Park*

Der Südwesten der USA ist riesig und dank seiner Naturkulisse extrem beeindruckend. Diese Routen bringen Sie zu einigen der spannendsten Nationalparks, Städte und Sehenswürdigkeiten.

2 WOCHEN
im Südwesten

Tag 1

Starten Sie früh von Las Vegas aus auf der I-15 Richtung Norden. Nach 119 Meilen (192 km) machen Sie Rast in St. George *(siehe S. 153)* – z. B. im Bear Paw Cafe (75 N Main Street). Nach weiteren 42 Meilen (68 km) erreichen Sie die Lodge im Zion National Park *(siehe S. 138–141)*. Wer nicht dort (www.zionlodge.com) unterkommt, findet in Springdale eine Unterkunft. Fahren Sie mit dem Shuttle-Bus den gesamten Zion Canyon entlang, und folgen Sie dann zu Fuß dem River Walk bis zur Narrows-Schlucht, durch die der Virgin River fließt.

Tag 2

Nehmen Sie von Zion aus den zauberhaften Zion-Mount Carmel Highway Richtung Osten und fahren dann gen Norden. Nach 75 Meilen (121 km) erreichen Sie den Bryce Canyon National Park *(siehe S. 134–137)* mit seinen roten *hoodoos*. Der Wanderweg Najavo Loop führt ins Herz dieses spektakulären Felsenlabyrinths, der Sunset Point bietet spätnachmittags eine grandiose Aussicht auf die mystische Wüstenlandschaft. In der Lodge im Bryce Canyon (www.brycecanyon forever.com) finden Sie Zimmer und Hütten im Vintage-Stil und ein gutes Restaurant.

Tag 3

Fahren Sie auf dem Highway 12 nach Osten. Die wunderschöne Strecke führt durch die malerische Landschaft des Grand Staircase – Escalante National Monument *(siehe S. 150)*. Wandern Sie dort zu den Lower Calf Creek Falls. Wieder auf dem Highway geht es über den Hogsback, einen markanten Gebirgskamm, nach Torrey (116 Meilen; 186 km) westlich des Capitol Reef National Park *(siehe S. 126–129)*. Das Capitol Reef Resort (www.capitolreefresort.com) bietet stilvolle Unterkunft in luxuriösen Hütten, Tipis und Conestoga-Wagen.

Tag 4

Um den Goblin Valley State Park *(siehe S. 147)* zu erreichen, fahren Sie 80 Meilen (129 km) auf dem Highway 24 durch das Gebiet östlich vom Capitol Reef. Die bizarren seltsamen Felsformationen ähneln Fabelwesen. 50 Meilen (80 km) weiter nördlich erinnert ein Museum am Green River an den Rafting-Pionier John Wesley Powell. Das belebte Städtchen Moab *(siehe S. 146)*, 52 Meilen (84 km) weiter südöstlich, bietet sich für eine Übernachtung an. Im Gonzo Inn (www. gonzoinn.com) finden Sie farbenfrohe Zimmer, Pool und Whirlpool. Moab liegt direkt am Arches National Park *(siehe S. 142–145)* mit seiner weltweit größten Anzahl an natürlichen Steinbogen. Einen traumhaften Sonnenuntergang erlebt man vom Delicate Arch.

Tag 5

Eine halbe Autostunde von Moab entfernt liegt das Areal Island in the Sky im Canyonlands National Park *(siehe S.122–125)*. Gehen Sie zum Mesa Arch, und genießen Sie den Blick auf gewaltige Schluchten, durch die sich Colorado und Green River schlängeln. Auf dem Rückweg stoppen Sie an den atemberaubenden Aussichtspunkten beim Dead Horse Point State Park *(siehe S. 146)*. →

Tag 6

Zu den Rocky Mountains in Colorado nehmen Sie südlich von Moab die Abzweigung nach La Sal. Nach 132 Meilen (212 km) stoppen Sie in Telluride *(siehe S. 180)* zum Mittagessen. Der Floradora Saloon (www.floradora saloon.com) ist ein Lieblingslokal der Einheimischen. Folgen Sie gen Norden dem San Juan Skyway *(siehe S. 186f)*, der an schneebedeckten Bergen vorbei zur alten Minenstadt Ouray *(siehe S. 181)* führt. Auf dem Million Dollar Highway geht es über den Red Mountain Pass (3350 m) zum Wildwest-Städtchen Silverton. Schlafen Sie im historischen Strater Hotel (www.strater.com) im 48 Meilen (77 km) entfernten Durango *(siehe S. 181)*.

Tag 7

Verbringen Sie den Vormittag im hübschen Städtchen Durango, und machen Sie sich dann 56 Meilen (90 km) westlich in die bewaldeten Hochebenen oberhalb des Montezuma Valley auf. Im Mesa Verde National Park *(siehe S. 172–175)* nehmen Sie an einer Rangerführung zu den alten Felsbehausungen Cliff Palace und Balcony House teil. Übernachten Sie im 31 Meilen (50 km) westlich gelegenen Cortez. Kelly Place (www.kellyplace.com) ist ein authentisches B&B.

Tag 8

121 Meilen (195 km) südwestlich von Cortez zeigt sich der Wilde Westen im Monument Valley Navajo Tribal Park *(siehe S. 160–163)* von seiner prachtvollsten Seite. Fahren Sie die Panoramastraße, und buchen Sie eine von Navajos geführte Tour ins Hinterland. Das View Hotel (www.monumentvalleyview.com) bietet tolle Ausblicke.

Tag 9

Machen Sie einen Abstecher etwa eine Autostunde südwestlich zum Navajo National Monument *(siehe S. 179)*. Führungen bringen Sie ins Pueblo Betatakin. Weiter geht es für 118 Meilen (190 km) zum Südrand des Grand Canyon *(siehe S. 70)*, wo Sie den Nationalpark am Desert View betreten. Besuchen Sie die Aussichtspunkte entlang dem Desert View Drive (u. a. den Grandview Point). Übernachten Sie im Grand Canyon Village.

1 *Cliff Palace, Mesa Verde National Park* ↑

2 *Jeeptour durch den Monument Valley Navajo Tribal Park*

3 *Weber in einem hogan, Navajo National Monument*

4 *Afrikanische Instrumente im Musical Instrument Museum, Phoenix*

5 *Watson Lake, Prescott*

Tag 10

Früh geht es auf dem Bright Angel Trail *(siehe S. 71)* hinunter in die Tiefen des Canyons. Drehen Sie um, bevor Sie müde werden. Nachmittags fahren Sie auf der Hermit Road *(siehe S. 69)* und steuern für den Sonnenuntergang Hopi Point *(siehe S. 68)* an.

Tag 11

Weiter geht es 80 Meilen (129 km) nach Südwesten nach Flagstaff *(siehe S. 78f)*. Besuchen Sie das Museum of Northern Arizona, den historischen Stadtkern und die Ruinen im Walnut Canyon National Monument *(siehe S. 81)*. Übernachten Sie im Weatherford Hotel (www.weatherfordhotel.com).

Tag 12

Fahren Sie 30 Meilen (49 km) auf dem Highway 89A durch den Oak Creek Canyon *(siehe S. 80)*. Unterwegs nehmen Sie eine Abkühlung im Slide Rock State Park. In Sedona *(siehe S. 76f)* touren Sie durch das Red Rock Country und entspannen im Amara Resort (www.amararesort.com).

Tag 13

Auf der 27 Meilen (44 km) langen Strecke zur alten Minenstadt Jerome *(siehe S. 82f)* sind die Pueblo-Ruinen im Tuzigoot National Monument *(siehe S. 84)* einen Stopp wert. Nach dem Besuch der Galerien in Jerome empfiehlt sich zum Lunch das Haunted Hamburger (www.thehauntedhamburger.com). Weniger als eine Autostunde südlich im Prescott National Forest liegt die charmante Stadt Prescott *(siehe S. 86)*. Nach einem Spaziergang am wunderschönen Watson Lake machen Sie sich auf den Weg zur Cowboykunst im Phippen Museum. Hassayampa Inn (www.hassayampainn.com) ist ein Übernachtungstipp.

Tag 14

Machen Sie auf der Fahrt ins 100 Meilen (160 km) entfernte Phoenix einen Abstecher in die Experimentalstadt Arcosanti *(siehe S. 84)*. In Phoenix *(siehe S. 92–101)* besichtigen Sie das Heard Museum *(siehe S. 94f)* für indigene Kunst und das Musical Instrument Museum *(siehe S.98f)*.

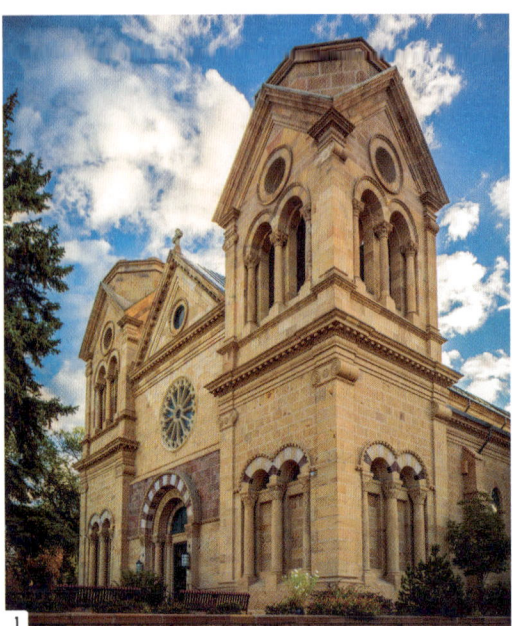

1

2

3

7 TAGE
in New Mexico

Tag 1

Von Albuquerque *(siehe S. 222 – 227)* fahren Sie auf dem Turquoise Trail *(siehe S. 242f)* 52 Meilen (84 km) nördlich nach Santa Fe. Shoppen Sie in alten Goldgräberstädten wie Golden, Madrid und Los Cerrillos. In Santa Fe bietet sich für Fotos das Areal um die Plaza an, wenn die untergehende Sonne St. Francis Cathedral *(siehe S. 195)* erleuchtet. Nehmen Sie einen Drink im Coyote Cafe (www.coyotecafe.com), bevor Sie eines der farbenfrohen Hotels *(siehe S. 195)* ansteuern.

Tag 2

Verbringen Sie den Tag damit, Kunst und die Geschichte der wunderschönen Stadt Santa Fe aufzunehmen. Besuchen Sie den Palace of the Governors, das Georgia O'Keeffe Museum *(siehe S. 192)* und das Museum of Indian Arts and Culture *(siehe S. 197)*. Stöbern Sie in den Kunstgalerien auf der Canyon Road *(siehe S. 196)*, und gönnen Sie sich ein Essen im Geronimo *(siehe S. 197)*.

Tag 3

Fahren Sie für 28 Meilen (45 km) ins Hügelland zum Santuario de Chimayó *(siehe S. 212)*, einer Missionskirche in Adobe-Bauweise. Von dort geht es 49 Meilen (79 km) weiter ins pittoreske Taos *(siehe S. 202 – 205)*. Schlendern Sie über die historische Plaza, und besuchen Sie das stimmungsvolle Taos Pueblo *(siehe S. 206)* mit seinen beeindruckende Adobe-Häusern. Für exzellente regionale Küche in urigem Ambiente reservieren Sie einen Tisch im Doc Martin's Restaurant *(siehe S. 205)*. Ebenso historisch und für die Übernachtung zu empfehlen ist das Sagebrush Inn (www. sagebrushinn.com) mit rustikalen Zimmern, netter Weinbar und tollem Restaurant.

Tag 4

Starten Sie möglichst früh, Sie haben zuerst einen längeren Weg vor sich. Die 182 Meilen (293 km) lange Fahrt führt zum Chaco Culture National Historical Park *(siehe S. 168 –*

1 *St. Francis Cathedral in Santa Fe*

2 *Adobe-Bauten in Taos Pueblo*

3 *Mission San José de Jémez, Jemez Historic Site in Jemez Springs*

4 *Mantel für die Atombombe B61, Bradbury Science Museum, Los Alamos*

5 *Mosaik von Billy the Kid an der Wand des Visitor Center in Ruidoso*

171). Das abgelegene Gebiet bietet keine Versorgungsmöglichkeiten. Bevor es losgeht: Lunchpaket packen und Auto tanken. Fahren Sie auf den Highways 68 und 84 durch Abiquiu *(siehe S. 213)* und die rote Felslandschaft, die die Künstlerin Georgia O'Keeffe so inspirierte. Die imposanten Ruinen der präkolumbischen Siedlung im Chaco Canyon lohnen die Fahrt. Sie können im Park campen oder zur nächsten Unterkunft ins 72 Meilen (116 km) entfernte Farmington *(siehe S. 180)* fahren.

Tag 5

Auf den Highways 550 und 4 fahren Sie via Jemez Springs *(siehe S. 207)* die 196 Meilen (315 km) lange Strecke nach Los Alamos *(siehe S. 207)*. Unternehmen Sie im Bandelier National Monument *(siehe S. 211)* eine Wanderung zu den Felsbehausungen der Vorfahren der Pueblo-Indianer. In Los Alamos besuchen Sie das Bradbury Science Museum *(siehe S. 207)*.

Tag 6

Heute geht es ins Land der Cowboys. Nach Lincoln Historic Site *(siehe S. 241)* fahren Sie 226 Meilen (364 km) auf den Highways 285 und 54 Richtung Südosten. Bestaunen Sie die historischen Bauten, und erfahren Sie alles über Billy the Kid im Lincoln County Courthouse, wo er eingesperrt war. Nächtigen wie Ende des 19. Jahrhunderts können Sie im historischen, 1881 erbauten Wortley Hotel (www.wortleyhotel.com).

Tag 7

Hoch in den Rocky Mountains und 30 Meilen (48 km) von Lincoln entfernt, liegt das Westerndorf Ruidoso *(siehe S. 240f)*. Schlendern Sie auf der Hauptstraße entlang den Kunstgalerien, Shops und Restaurants. Besuchen Sie das Hubbard Museum of the American West *(siehe S. 241)*, das voller Wildwest-Kunst und Erinnerungsstücken ist. Von hier aus geht es in drei Stunden (180 Meilen, 290 km) zurück nach Albuquerque.

←

1 *Steinbogen, El Malpais National Monument*

2 *Retro-Lokal 66 Diner in Albuquerque*

3 *Blick vom Hoover Dam auf den Colorado River*

4 *Monte Vista – historisches Hotel in Flagstaff*

3 TAGE
auf der Route 66

Tag 1

Vormittags Nach ausgiebigem Frühstück im 66 Diner (www.66diner.com) in Albuquerque *(siehe S. 222 – 227)* nehmen Sie die I-40, die parallel zur Route 66 verläuft. Fahren Sie 65 Meilen (105 km) südwestlich nach Acoma Pueblo *(siehe S. 232f).* Besuchen Sie auf der Mesa eines der ältesten, durchgehend bewohnten Dörfer der USA. Die Aussicht von hier ist fantastisch. Weiter auf der I-40 Richtung Westen stoppen Sie nach 30 Meilen (48 km) in Grants *(siehe S. 232)* zum Lunch. El Cafecito (820 E Santa Fe Ave, Grants) auf der historischen Route 66 ist ein tolles Lokal für authentisch mexikanisches Essen.

Nachmittags Frisch gestärkt wandern Sie in der vier Meilen (7 km) entfernten Vulkanlandschaft des El Malpais National Monument *(siehe S.232).* Zurück auf der I-40 geht es nun 65 Meilen (105 km) nach Gallup, wo es einige Übernachtungsmöglichkeiten gibt.

Tag 2

Vormittags Von Gallup nehmen Sie die I-40 nach Arizona. Halten Sie nach 70 Meilen (113 km), um im Petrified Forest National Park *(siehe S. 85)* versteinertes Holz zu bestaunen. In Holbrook, 18 Meilen (29 km) weiter, lohnt ein Stopp am skurrilen Wigwam Village Motel (www.galerie-kokopelli.com/wigwam). Burger, Salate und Sandwiches serviert Tom and Suzie's Diner (2001 Navajo Boulevard).

Nachmittags Fans der Westcoastband *Eagles* halten gern im 33 Meilen (53 km) westlich gelegenen Winslow. Die Statue

Standin' on the Corner und ein Wandgemälde dahinter erinnern an ihren Song *Take it easy*, in dem die Stadt erwähnt wird. Fahren Sie 58 Meilen (93 km) weiter nach Flagstaff *(siehe S. 78f).* Lassen Sie sich von der historischen Altstadt beeindrucken, und dinieren Sie im angesagten Tinderbox Kitchen (www.tinderboxkitchen.com). Für die Nacht empfiehlt sich das historische Hotel Monte Vista (www.hotelmontevista.com) von 1926. Hier sind die Zimmer nach den Hollywoodstars benannt, die in ihnen auch residierten.

Tag 3

Vormittags Zum Frühstück geht es 33 Meilen (53 km) weiter nach Williams in Goldies Route 66 Diner *(siehe S. 81)* und danach ins 43 Meilen (69 km) entfernte Seligman. Der Ort liegt mitten in Arizonas Gebirgswelt und erinnert an die Zeiten der Pioniere des Westens. Es gibt neben vielen Shops auch Diners mit Route-66-Themen, in denen man sehr gut essen kann.

Nachmittags Nach 25 Meilen (40 km) erreichen Sie Grand Canyon Caverns. Von dort geht es auf der Route 66 weiter ins 62 Meilen (100 km) entfernte Kingman. Dort können Sie das Arizona Route 66 Museum (www.route66museum.net) besuchen. Dann folgen Sie dem Highway 93 für 76 Meilen (122 km) zum Hoover Dam *(siehe S. 269)* und spazieren in der Lake Mead National Recreation Area *(siehe S. 268).* Im 37 Meilen (60 km) entfernten Las Vegas *(siehe S. 244 – 269)* genießen Sie den Abend im Bellagio *(siehe S. 258)* oder im Caesars Palace *(siehe S. 259).*

1 *Prachtvoll illuminiertes Venetian Hotel*

2 *Hoover Dam – Staudamm im Colorado River*

3 *Bunte Neonschilder in Downtown Las Vegas*

4 *Stratosphere Tower mit Aussichtsplattform*

3 TAGE
in Las Vegas

Tag 1

Vormittags Bummeln Sie über den Strip *(siehe S. 252)* und betreten dann das elegante Bellagio *(siehe S. 258)* mit seinem bezaubernden Wintergarten. Fahren Sie mit dem kostenlosen Aria Express, und shoppen Sie im luxuriösen The Crystals. Gehen Sie dann nördlich über den Strip zum Resort Paris Las Vegas *(siehe S. 257),* und genießen Sie dort den Panoramablick von der Aussichtsplattform des Eiffelturms.

Nachmittags Bewundern Sie im Caesars Palace *(siehe S. 259)* eine Replik von Michelangelos *David*, und stöbern Sie unter künstlichem Himmel in den Forum Shops. Überqueren Sie den Strip zu The LINQ *(siehe S. 260)*. Bei einer Fahrt in dessen Riesenrad High Roller bietet sich ein gigantischer Blick über die Glitzermetropole. Anschließend gleiten Sie im Venetian *(siehe S. 260)* in einer Gondel über den Canal Grande.

Abends Nach der Show des Cirque du Soleil® dinieren Sie im Guy Savoy *(siehe S. 259)*. Danach warten tolle Attraktionen auf dem Strip – etwa ein Vulkanausbruch vor dem Mirage *(siehe S. 261)* und der Springbrunnen des Bellagio *(siehe S. 258)*.

Tag 2

Vormittags Starten Sie zu den Mega-Casinos am südlichen Ende des Strip. Betreten Sie die Pyramide des Luxor *(siehe S. 254)* durch die riesige Sphinx hindurch, und besuchen Sie die Ausstellungen »Bodies« und »Titanic«. Schlendern Sie durch die Mittel-alterwelt des Excalibur *(siehe S. 253)* zum New York New York *(siehe S. 253)* für eine Achterbahnfahrt um das Resort herum. Adrenalinkicks und eine atemberaubende Aussicht bietet der Tower des Stratosphere *(siehe S. 263)*.

Nachmittags Für ein klassisches Las-Vegas-Lunch bietet sich The Buffet *(siehe S. 267)* an. Fünf Gehminuten von dort machen Sie im Mob Museum *(siehe S. 266f)* Bekanntschaft mit Kriminellen der Stadt. Fahren Sie mit dem Taxi zum Neon Museum *(siehe S. 267)* für eine leuchtende Reklametour.

Abends Genießen Sie die tolle Show auf der Stahlüberdachung der Fremont Street Experience *(siehe S. 266)*. Stürzen Sie sich in die historischen Casinos dieser als *Glitter Gulch* bekannten Gegend. Dinner gibt es in Oscar's Steakhouse *(siehe S. 267)*.

Tag 3

Vormittags Mit gefülltem Picknickkorb fahren Sie zehn Meilen (16 km) nach Westen zum Red Rock Canyon *(siehe S. 268f)*. Wählen Sie die Panoramastraße, und machen Sie eine Wanderung durch die Schlucht.

Nachmittags Zurück durch die Stadt und weiter zum Hoover Dam *(siehe S. 269)* nach Osten geht es in einer Stunde. Nehmen Sie an einer Führung teil, und lassen Sie sich beim Anblick des Staudamms überwältigen.

Abends Nach einem frühen Abendessen im Picasso *(siehe S. 259)* geht es in eine hochkarätige Musicalshow. Danach heißt es abfeiern in einem der glamourösen Clubs.

Nichts als Wüste

Jede Wüste hat ihre Besonderheit. Die Sonora-Wüste *(siehe S. 108f)* ist Heimat der Saguaro-Kakteen, die Mojave-Wüste bekannt für den Joshua Tree. In der Chihuahua-Wüste befinden sich die Dünen von New Mexicos White Sands National Monument, des weltweit größten Gipssand-Dünenfelds *(siehe S. 239).*

Der mehrarmige Saguaro-Kaktus ist typisch für die Sonora-Wüste

WUNDER DER NATUR
IM SÜDWESTEN

Die Landschaften und Naturwunder des Südwestens werden Ihnen ewig in Erinnerung bleiben. Von unendlichen Weiten, mit Kakteen gespickten Wüsten und schneebedeckten Berggipfeln bis zu tiefen Schluchten und bizarr geformten Steinbogen bietet die Region eine Fülle an spektakulären Fotomotiven.

Schroffe Canyons

Der Grand Canyon *(siehe S. 68 – 75)* ist am bekanntesten, doch es gibt in der Region viele weitere spektakuläre Schluchten. Der Green River hat den fantastischen Horseshoe Canyon *(siehe S. 122)* modelliert, der Canyon de Chelly *(siehe S. 164 – 167)* bewahrt ein Jahrtausende altes Erbe der Ureinwohner.

Steinalter Fels

Im Südwesten stehen einige der weltweit skurrilsten Steinbogen – vor allem in Utah. Allein im Arches National Park *(siehe S. 142–145)* finden sich über 2000 dieser Naturbogen. Auch der Bryce Canyon National Park *(siehe S. 134–137)* besticht mit wundersamen Formen, den *hoodoos*.

→

Delicate Arch im Arches National Park

Im Reich der Höhlen

Unglaubliche unterirdische Landschaften spiegeln die Schönheit des Südwestens unter Tage wider. Carlsbad Caverns *(siehe S. 228–231)* ist das Reich von Stalaktiten, Stalagmiten und anderen faszinierenden Formationen. In den Kartchner Caverns *(siehe S. 116f)* stehen mächtige Mineralsäulen.

←

Stalaktiten hängen von den vielen Höhlendecken der Region

Bergblicke

Die Rocky Mountains in Colorado und New Mexico liefern eine traumhafte Kulisse für landschaftlich malerische Straßentouren. Fahren Sie den San Juan Skyway *(siehe S. 186f)* für grandiose Panoramablicke, oder tuckern Sie mit der nostalgischen Eisenbahn Durango and Silverton Narrow Gauge Railroad *(siehe S. 181)* durchs Gebirge.

→

↑ *Tolle Aussicht auf den hufeisenförmigen Horseshoe Bend*

Baumgesäumte Bahnstrecke Durango – Silverton

Ein Opernabend

Es mag überraschen, aber die Oper ist schon seit Langem eine beliebte Unterhaltungsform im Südwesten. In früheren Zeiten galt eine Stadt ohne Opernhaus als rückständig. Heute bietet die renommierte Santa Fe Opera *(siehe S. 198)* mit ihrer prägnanten, halb offenen Bühne das einmalige Erlebnis einer Open-Air-Oper vor schöner Naturkulisse.

Modern gestaltetes Auditorium der Sante Fe Opera

DER SÜDWESTEN
LIVE!

Der Südwesten gehört zu den weltweit renommiertesten Gegenden für Unterhaltung der Extraklasse. Wenn die Sonne untergeht, hat die Region besonders viel zu bieten – von modernsten Sportstadien und Wildwest-Kneipen bis zu starbesetzten Vegas-Shows und Opern unter Sternenhimmel.

Viva Las Vegas

Für spektakuläre Shows gibt es keinen besseren Ort als Las Vegas *(siehe S. 244 – 269)*. Erleben Sie Stars wie Lady Gaga oder Diana Ross live, und buchen Sie mindestens einmal und frühzeitig Tickets für eine Show des zauberhaften Cirque du Soleil®.

→

Künstler bei einem bunten Show-Feuerwerk des Cirque du Soleil®

Heimat der Diamondbacks

Chase Field in Phoenix ist die Heimstätte des Baseballteams Arizona Diamondbacks. Vor allem bei Abendspielen ist die Stimmung grandios. Das Stadiondach kann bei sternenklarem Himmel geöffnet und bei Regen geschlossen werden. Wetterunabhängig tragen die Zuschauer ihren Teil zum Spektakel bei. Gelegentlich finden hier auch Konzerte und internationale Fußballspiele statt (www.chase.crowndns.com).

→

Riesige US-Flagge vor einem Fußballspiel im Chase Field

Schon gewusst?

Dank insgesamt 6,5 Kilometern Kabeln öffnet und schließt das Dach von Chase Field in nur vier Minuten.

Faites vos jeux!

Casinos gibt es nicht nur in Las Vegas *(siehe S. 244 – 269)*. Im gesamten Südwesten haben auch Indianerstämme das Glücksspiel als Einnahmequelle entdeckt. Viele Casinos haben Gourmetrestaurants und Konzerthallen. Versuchen Sie Ihr Glück im Fire Rock Casino in New Mexico oder im Casino del Sol und Desert Diamond in Tucson.

←

Im gesamten Südwesten kommen in den Casinos Jetons aufs Tableau

Kino-Nostalgie

Tucson *(siehe S. 102 –111)* hat zwei historische Theater: das Rialto und das Fox Theatre. Diese Filmhäuser aus dem frühen 20. Jahrhundert gehören zu den US-Kulturdenkmälern und bieten Führungen durch ihre historischen Räumlichkeiten. Eine weitere bezaubernde Art-déco-Perle ist das KiMo Theatre *(siehe S. 224)*, eine Bühne für Musik, Theater und Film in Albuquerque.

→

Fox Theatre in Tucson bei abendlicher Beleuchtung

Urlaub auf einer Ranch

Sie wollen echtes Südwest-Feeling?
Dann übernachten Sie auf einer
Ranch, und reiten Sie durch die Prä-
rie. Einige dieser Viehbetriebe wie
etwa die Tanque Verde Ranch (www.
tanqueverderanch.com) in Tucson
bieten Kochsessions im Freien und
Cowboy-Poetry an. Andere, wie die
White Stallion Ranch (www.white
stallion.com), haben Rodeos und
Schießunterricht im Programm.

*Ausritt durch die
hügelige Landschaft
von Utah*

WILDER WESTEN
IM SÜDWESTEN

**Im Südwesten lebt der Wilde Westen. Besuchen Sie Orte, in denen Billy the Kid
und Wyatt Earp zu Legenden wurden, folgen Sie den Spuren der Cowboys ins
Land der riesigen Ranches, oder besuchen Sie ein Rodeo. In jedem Fall aber
kauft sich ein echter Kuhhirte coole Lederboots und einen Stetson-Hut.**

Wildwest-Legenden

Auf der Suche nach Ihrem Lieblings-Western-
helden schauen Sie sich die Inszenierung der
Schießerei am OK Corral in Tombstone, Arizona *(siehe S. 116)*, an. Oder begleiten Sie Billy
the Kid zu den Lieblingsplätzen seiner Kindheit in Silver City, New Mexico *(siehe S. 234f)*.

*Schauspieler Val Kilmer
und Kurt Russell in dem
Western* Tombstone *(1993)*

Cowboy-Outfit

Mit Cowboy-Boots, Westernhut und Ledergürtel sind Sie dabei. Zur Not reicht auch ein
kariertes Flanellhemd zur Jeans. Aufpeppen
lässt sich das Outfit mit Indianerschmuck aus
Türkisen und feiner Silberarbeit. Die besten
Shops für diesen Outfitstil finden Sie in
Phoenix *(siehe S. 92–101)*, Scottsdale *(siehe S. 96)*, Santa Fe
(siehe S. 192–201) und
Albuquerque *(siehe
S.222–227)*.

←

*Eine Reihe ausge-
tretener Cowboy-
Boots im Regal
eines Shops*

TOP 5 Shops für Westernlook

Az-Tex Hats
🅦 aztexhats.com
Die größte Auswahl an
Cowboyhüten im Süd-
westen.

Saba's Western Wear
🅦 sabas.com
Familienbetrieb mit
Filialen in Scottsdale,
Mesa und Cave Creek.

Espinoza Boot Maker
🅦 espinozabootmaker.
com
Maß- und handgefertigte
Stiefel und Ledergürtel.

Double Take
🅦 santafedoubletake.
com
New Mexicos größter
Secondhand-Laden mit
riesigem Sortiment an
sehr guter gebrauchter
Cowboykleidung.

Back at the Ranch
🅦 backattheranch.com
Im alten Lehmziegelbau
in Santa Fe werden luxu-
riöse Cowbowstiefel
nach Maß angefertigt.

Rasante Rodeos

Seit Buffalo Bills erster Wildwest-Show in
den 1880er Jahren ist der Südwesten das
Mekka für Westernunterhaltung. Können
und Kühnheit heutiger Cowboys und Cow-
girls werden Sie begeistern. Die beliebtesten Rodeos sind La Fiesta de los Vaqueros
in Tucson *(Feb; siehe S. 54)*, die New Mexico
State Fair *(Sep)*, das Rodeo in Albuquerque
(Sep) und das weltweit älteste Rodeo, die
Prescott Frontier Days *(4. Juli; siehe S. 55)*.

↑ *Fassrennen
beim Indian
Rodeo in
Mescalero,
New Mexico*

Breites Kunstspektrum

Das Tucson Museum of Art *(siehe S. 102f)* und die Fulton-Hayden Memorial Art Gallery *(siehe S. 117)* ergänzen das Angebot traditioneller Wild-west-Kunst wie von William Robinson Leigh und Frederic Remington mit grandioser Gegenwartskunst. Das Georgia O'Keeffe Museum *(siehe S. 192)* zeigt einige der beliebtesten Werke der Künstlerin.

←

Besucher wandeln durch die Hallen des Georgia O'Keeffe Museum in Santa Fe

DER SÜDWESTEN FÜR
KUNSTFANS

Das einmalige Licht des Südwestens - insbesondere in den eindrucksvollen Wüstenlandschaften - zieht seit je Künstler und Fotografen an. Zu den bekanntesten Akteuren zählen die Mitglieder der Taos Society of Artists und Georgia O'Keeffe. Santa Fe gehört zu den landesweit führenden Kunstzentren.

Entdeckertipp
**Harwood
Museum of Art**

Das Museum *(siehe S. 202)* in Taos ist nach Santa Fes New Mexico Museum of Art zweitältester Kunsttempel New Mexicos. Es präsentiert Werke der Gründungsmitglieder von Taos Society of Artists und zeitgenössische Kunst.

Indigene Kunst

Das Heard Museum *(siehe S. 94f)* in Phoenix besitzt die erlesenste Sammlung von indigener Kunst und Kunsthandwerk im Südwesten, u. a. *Kachina*-Puppen, Keramik, Textilien, Silbermünzen und bildende Kunst. Das IAIA Museum of Contemporary Native Arts *(siehe S. 193)* in Santa Fe zeigt eine Auswahl hochwertiger Arbeiten zeitgenössischer indianischer Künstler.

→

Die eindrucksvolle Sammlung an Kachina-Puppen im Heard Museum

Künstlerkolonie in Tubac

Eine halbe Autostunde von der mexikanischen Grenze entfernt liegt die kleine Stadt Tubac *(siehe S. 115)*. Entlang den Straßen der blühenden Künstlerkolonie reihen sich Galerien und Ateliers aneinander. Hier findet man bunte Kunstobjekte aus Süd-Arizona und Nord-Mexiko. Das Tubac Center of the Arts bietet Wechselausstellungen und Workshops.

$\rightarrow$

Galerie in der Künstler-kolonie La Entrada de Tubac, Arizona

Hispanische Kunst

Spanische Siedler und mexikanische Einwanderer prägten den Stil, der die Kunst-szene des Südwestens maßgeblich beeinflusst. Auf dem Spanish Market (www.spanishcolonial.org) am letzten Juliwochenende auf der Santa Fe Plaza gibt es entsprechende Werke zu kaufen. Auch Galerien auf Albuquerques Old Town Plaza *(siehe S. 226)* zeigen spanisch-koloniale Kunst.

$\leftarrow$

Mexikanische Keramik auf dem Spanisch Market in Santa Fe

Schätze auf der Canyon Road

Die Canyon Road *(siehe S. 196)* in Santa Fes historischem Viertel ist eine 800 Meter lange Künstlergasse. In den historisch-typischen Lehmbauten zeigen viele Galerien moderne, traditionelle oder indigene Kunst-werke – u. a. Gemälde, Skulpturen, Teppiche, Glaswaren und Kera-mik. Besonders die farbenfrohe moderne Kunst findet bei Kennern Anklang.

$\rightarrow$

Beim Bummel auf der Canyon Road kommt man an vielen Kunst-galerien vorbei

Creative City of Gastronomy

Tucson *(siehe S. 102–111)* war die erste US-Stadt, die 2015 von der UNESCO zur Creative City of Gastronomy erhoben wurde (San Antonio, Texas, folgte 2018). Das reiche kulinarische Erbe blickt auf eine rund 4000 Jahre alte Historie zurück. Zu den Spezialitäten zählen essbare *nopales* (Kaktusfeigenfrucht), Mesquite-Bohnen-Pfannkuchen und Weizentortillas.

→

Restaurants in Tuscon servieren typisch mexikanische Gerichte

DER SÜDWESTEN FÜR
FOODIES

Schon allein fürs Essen ist der Südwesten eine Reise wert. Genießen Sie mexikanische Kockkunst, die etwas anderen Küchenkreationen aus New Mexico und dazu ein wenig Texmex. Zu empfehlen sind auch die von Sterneköchen der Top-Hotels (vor allem in Las Vegas) kreierten Spezialitäten.

 TOP 3 Regionale Gerichte

Carne Seca
Das Gericht mit würzigem Trockenfleisch ist u. a. in Tucsons El Charro Café *(siehe S. 104)* zu empfehlen.

Posole
Für diesen mexikanischen Eintopf aus Mais, Schwein und Chili ist The Shed in Santa Fe (www.sfshed.com) ideal.

Pollo en Mole
Dieser mexikanische Klassiker – Hähnchen in Schoko-Chili-Sauce – ist besonders gut im Barrio Café in Phoenix (www.barriocafe.com).

Im Stil von Santa Fe
Die Küche New Mexicos hat ihren eigenen Geschmack. Sie ist von der mexikanischen beeinflusst, verwendet aber heimische Zutaten wie blauen Mais. Kosten Sie davon in der Restaurantszene und in Kochschulen von Santa Fe *(siehe S. 192–201)*.

→

Santa Fe Farmers' Market im Kunstviertel Railyard

Indianische Gerichte

In den Genuss von indianischem Essen zu kommen ist schwierig. Indianisches Brot *(fry bread)* – ein frittierter Teig, süß oder herzhaft belegt – gibt es bei diversen Anlässen. Feste allgemein sind eine gute Gelegenheit, indigene Gerichte wie gebratenes Kaninchenfleisch oder den Drei-Schwestern-Eintopf aus Mais, Bohnen und Kürbis zu probieren.

$\longrightarrow$

Der Appetit kommt beim Anblick: köstliches Indianderbrot

Rot oder Grün?

Eine beliebte Frage, wenn Sie im Südwesten Essen bestellen. Chili ist Grundnahrungsmittel, und jedes Gericht wird mit einer grünen oder roten Chili garniert. Die Farbe hat nichts mit der Schärfe zu tun. Die ist abhängig von Sorte und Anzahl der Samen. Um rot und grün zu probieren, fragen Sie nach »Christmas«.

$\longleftarrow$

Chili-Arrangements auf dem Markt in New Mexico

Schon gewusst?

Es gibt über 100 Chilisorten wie Jalapeño, Poblano, Chipotle und Cayenne.

Ganz nach mexikanischem Gusto

Die Chili bildet das Herzstück der Küche des Südwestens. Andere wichtige Zutaten sind ähnlich wie in der mexikanischen Küche: Mais, Bohnen, Käse und Tomaten. Regionale Beigaben sind zum Beispiel Samen der *piñon* (Pinyon-Kiefer), Chayote (ein Kürbisgewächs ähnlich der Zucchini) und Tomatillos, walnussgroße, grüne Beerenfrüchte.

$\uparrow$ *Santa Fe Soup mit Bohnen, Mais, Käse und – natürlich – Chilis*

Margarita-Bars

Margarita ist das Getränk des Südwestens. Der Drink aus Tequila, Triple Sec und Limettensaft wird meist in einem Glas mit Salzrand gereicht. Maria's New Mexican Kitchen mixt mehr als hundert Variationen und ist eine der Bars auf dem famosen Margarita-Pfad in Santa Fe (www.santafe.org/Margaritatrail).

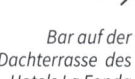

Bar auf der Dachterrasse des Hotels La Fonda an der Santa Fe Plaza; Margarita (Detail)

DER SÜDWESTEN
CHEERS!

Im Südwesten wird auch in der Wüste niemand verdursten. Dafür schmecken die preisgekrönten regionalen Weine und die mit viel Geschick gebrauten Craft-Biere viel zu gut. Immer neue Destillerien produzieren einzigartige Spirituosen. Und beliebte Bars kreieren köstliche Cocktails aus lokalen Zutaten.

Craft-Biere

Im heißen Klima des Südwestens werden beim Bier eher die leichteren mexikanischen Sorten bevorzugt. Allerdings boomt in der Region eine Craft-Bier-Szene, die allen Biertrinkern zusagt. Genießen Sie ein Serrano Seduction, ein Weizenbier mit Chili von Dillinger Brewing in Tucson (www.dillingerbrewing.com) oder das ebenso würzige El Heffe (Hefeweizen mit gerösteten Chilis) von Banger Brewing in Las Vegas (www.bangerbrewing.com).

Schankstube der Hausbrauerei Dillinger Brewing Company in Tucson

↑ *Schaumweine von der Gruet Winery in New Mexico*

Südwest-Weine

Die Winzerei Sonoita (www.sonoitavineyards.com) in Arizona ist landesweit für Pinot-noir- und Cabernet-Weine bekannt. Von den rund 60 Kellereien in New Mexico findet das Weingut Gruet (www.gruetwinery.com) für seine exzellenten Schaumweine große Beachtung.

 TOP 3 Bars im Südwesten

Barrio Café
🌐 barriocafe.com
Das Lokal in Phoenix serviert über 300 Tequilas und eine Reihe an Margaritas.

Lon's Last Drop Bar
🌐 hermosainn.com
Die Bar im Hermosa Inn in Paradise Valley kreiert köstliche Cocktails mit Südwest-Spirituosen und Zutaten aus eigenem Garten.

Zacatecas
🌐 zacatecas.com
Diese mexikanische Taqueria und Tequila-Bar in Albuquerque serviert Flights von Tequila und Mezcal sowie Südwest-Spirituosen.

↑ *Tequila wird für ein Bar-Tasting in Gläser eingeschenkt*

Tequila Tasting

Tequila ist eine mexikanische Spirituose, die auch überall im Südwesten gern ins Glas kommt. Die Cabo Wabo Cantina im Planet Hollywood in Las Vegas *(siehe S. 257)* bietet Degustationen ihrer Hausmarke an, das Restaurant 89Agave in Sedona (www.89agave.com) hat diverse Tasting-Optionen mit 89 Tequilas im Programm. Das Hotel La Fonda on the Plaza serviert in seiner Fiesta Lounge Tequila- und Mezcal-Flights.

Adobe-Architektur

Das traditionelle Baumaterial in den Wüstengebieten des Südwestens ist Adobe – ein Mix aus Lehm oder Ton und Sand sowie Stroh oder Gras. Es wird zu Ziegeln geformt, in der Sonne getrocknet, dann in Wände verbaut, gemörtelt und mit Lehm verputzt. Bei modernen Bauten im Adobe-Stil (»Fauxdobe«) kommt oft Zement statt Lehm zum Einsatz. Ein Anstrich verpasst ihnen dann den Adobe-Look.

Typisch orangefarbene Adobe-Fassade eines klassischen Gebäudes

ARCHITEKTUR
IM SÜDWESTEN

In den historischen Zentren vieler Städte sind noch Adobe-Bauten erhalten. Darüber hinaus findet man im spanischen Kolonialstil und im Stil des Mission Revival errichtete Gebäude. Zum Charme vieler Gebirgsorte tragen urige Holzfassaden, viktorianische Herrenhäuser und Bergarbeiterhäuschen bei.

Wohnen mit Weitblick

Das weite Land bietet Visionären viel Platz für äußerst umweltfreundliche Wohnstätten wie Biosphere 2 Center *(siehe S. 113)* in Süd-Arizona und Arcosanti von Paolo Soleri *(siehe S. 84)*. Vor den Toren Taos *(siehe S. 202 – 205)* nutzt eine Kommune aus 70 »Earthships« recyceltes Material für ihren künstlerisch-nachhaltigen Wohnraum.

Frank Lloyd Wright

Der bedeutende US-Architekt Frank Lloyd Wright (1867–1959) war auch im Südwesten aktiv. In seiner »organischen Architektur« propagierte er die Verwendung heimischer Materialien und die Wichtigkeit der Umgebung. Ein Schlüsselwerk ist das Wohn- und Atelierhaus Taliesin West *(siehe S. 97)* aus Stein und Erde. In seiner Geräumigkeit spiegelt es die Weite von Arizonas Wüste wider.

↑ *Lichtdurchflutete Weite prägt Wrights Gebäude in Taliesin West*

Mission Revival

Im 17. und 18. Jahrhundert kombinierten spanische Missionare mexikanischen Barockstil und die Architektur Europas mit indigenen Elementen. Auch der Mission-Revival-Stil des frühen 20. Jahrhunderts versprüht diesen Charme, er zeichnet sich durch Stuckwände aus Kalkzement, Rundbogen und Flachdächer aus. Schönes Beispiel: das 1906 erbaute J. Knox Corbett House *(siehe S. 103)* in Tucson.

←

Das Pima County Courthouse von 1929 im Stil des Mission Revival

Prähistorisches Wohnen

Die vielen Felshäuser im Südwesten bauten die Ahnen der Pueblo-Indianer etwa zwischen 750 bis 1300. Einige der besterhaltenen sind im Mesa Verde National Park *(siehe S. 172–175)* oder Canyon de Chelly National Monument *(siehe S.164–167)*.

↑ Long House, *Felssiedlung Wetherill Mesa im Mesa Verde National Park*

↑ *Das Öko-Siedlungsprojekt Arcosanti mit seiner auffallenden Architektur*

Navajo

Die Navajo Nation im Grenzgebiet von New Mexico, Arizona und Süd-Utah ist mit rund 67 000 Quadratkilometern das größte Reservat. Spirituelles Zentrum ist Canyon de Chelly *(siehe S. 164 – 167)*, auch der Monument Valley Navajo Tribal Park *(siehe S. 160 – 163)* ist heilig. Einige Areale sind nur mit Navajo-Guide zugänglich.

←

Drei Navajo-Schwestern in Monument Valley Navajo Tribal Park

INDIGENE VÖLKER
IM SÜDWESTEN

Ureinwohner zu treffen und ihre reichen Traditionen kennenzulernen ist eines der Highlights beim Besuch im Südwesten. Die mehr als 50 Indianerreservationen geben einen eindrucksvollen Einblick in ihre Stammesgeschichte. Festtage sowie lokale Kunst und Kunsthandwerk sind wie Fenster in ihre Kultur.

Hopi-Spiritualität

Die tief religiösen Hopi sind die einzigen Pueblo-Indianer in Arizona. Von zentraler Bedeutung in den Zeremonien sind die *kachina* als Symbole für die guten Geister. Sie werden in Form von handgeschnitzten Figuren oder feierlichen Tänzern dargestellt. Besuchen Sie die Hopi Indian Reservation *(siehe S. 178)* oder das Kunst- und Kulturfestival in Flagstaff *(siehe S. 78f)*.

Pueblo-Indianer

Die 19 Pueblo-Völker in New Mexico teilen viele religiöse und kulturelle Überzeugungen, sprechen aber fünf verschiedene Sprachen. Die meisten stammen von frühen Pueblo-Kulturen ab, die einst im Mesa Verde *(siehe S. 172 – 175)* oder dem Chaco Canyon *(siehe S. 168 – 171)* lebten. Pueblo-Indianer stellen einzigartiges Kunsthandwerk her, Tourismus ist ein wichtiger Einnahmefaktor. Taos Pueblo *(siehe S. 206)* und Acoma Pueblo *(siehe S. 232f)* zählen zu den meistbesuchten Stätten.

→

Pueblo-Stammesmitglieder in Acoma, New Mexico, Anfang des 20. Jahrhunderts

Zeremonialtänze

Spektakuläre Shows mit Trommeln, Tanz und traditionellen Kostümen sind oft Teil indigener Feiern. Bei vielen Volksfesten sind Gäste sehr willkommen. Kultur und Tradition erlebt man auch bei den Powwows wie dem »Gathering of Nations«, zu dem sich Indianervölker des ganzen Landes treffen *(siehe S. 55)*.

←

Ein Stammesmitglied beim indianischen Zeremonialtanz in Santa Fe

 Entdeckertipp
Die Amerind Foundation

Das spannende Museum *(siehe S. 117)* in Süd-Arizona beherbergt eine hervorragende Sammlung an indigenen Artefakten. Sein Programm gibt Einblick in die Kultur heutiger Stammesgemeinden.

Tohono O'odham

Mit ihren nächsten Verwandten, den Pima, leben die Tohono O'odham in der Sonora-Wüste im Südwesten Arizonas. Trotz der schwierigen Bedingungen für Landwirtschaft mussten sie ihr angestammtes Land nie verlassen. Heute sind die meisten Tohono O'odham Christen – die Missionskirche San Xavier del Bac *(siehe S. 110f)* südlich von Tucson steht auf Tohono-O'odham-Land.

→

Die Mission San Xavier del Bac steht auf dem Land der Tohono O'odham Reservation

Kunst und Kunsthandwerk

Jede Stammesgemeinde hat ein künstlerisches Erbe, das auf jahrhundertealten Traditionen basiert. Gefertigt werden u. a. Flechtkörbe, Silberschmuck mit eingefassten Steinen, farbenfrohe Stoffe und Keramik. All das finden Sie in Museumsshops, auf Märkten oder in Reservaten direkt beim Künstler.

←

Indianische Keramik mit traditionellen Mustern

▽ Die Coen-Brüder

Die gewaltige Natur als Kulisse motivierte die Coen-Brüder wohl dazu, ihren zweiten Film *Arizona Junior* (1987) im Südwesten zu drehen. Einer ihrer größten Erfolge, *No Country for Old Men* (2007), spielte in New Mexico in und um die kleine Stadt Las Vegas. In dieser kargen Landschaft fanden die beiden Regisseure den idealen Rahmen für ihren düsteren Neo-Western.

△ Mehr als nur Western

Wer denkt bei Western nicht an den Südwesten? Doch die Landschaft New Mexicos ist Schauplatz für viele Genres. Mehr als 240 Filme und TV-Serien wurden hier gedreht. Mit der Movie Trails Map aus dem Visitor Center in Santa Fe *(siehe S. 192 – 201)* können Sie sich auf den Weg zu den Drehorten machen.

DER SÜDWESTEN IN
FILM & TV

Die roten Felsformationen im Südwesten spielten Hauptrollen in unzähligen Hollywood-Blockbustern, viele Serien wurden in den Old Tucson Studios produziert. Von New Mexicos großen Weiten bis zu mystischen Landschaften von Uthas Nationalparks - die Region ist die perfekte Filmkulisse.

△ Rote Felsen

Für Filmemacher sind die Canyons der perfekte Naturschauplatz. In *Den Sternen so nah* (2017) stellten die roten Felsen im südlichen Utah eine Marslandschaft dar. *The Lone Ranger* (2013) wurde im Monument Valley gedreht.

▽ Goldenes Zeitalter des Western

Der erste Film, den Regisseur John Ford in Monument Valley *(siehe S. 160–163)* drehte, war *Stagecoach* (1939). Dieses Meisterwerk war ein Kassenschlager und machte den jungen John Wayne zum Star. Ford brachte die majestätische Landschaft des Westens auf die große Leinwand und entfachte einen Run der Regisseure auf diese schöne Filmkulisse.

▷ Breaking Bad – eine Erfolgsstory

Die Ausnahmeserie *Breaking Bad* (2008–13) wurde in Albuquerque *(siehe S. 222–227)* und Umgebung gedreht. Das Werk zählt auch in Fachkreisen zu den besten TV-Serien aller Zeiten und zieht immer noch Zuschauer in seinen Bann. Breaking Bad RV Tours (www.breakingbadrvtours. com) organisiert Touren zu den Drehorten.

◁ Bright Lights, Big City

Die funkelnde Casinowelt und die Luxusresorts sowie die Lage mitten in der Wüste verschafften Las Vegas einige Hauptrollen in Kinofilmen. In *Jason Bourne* (2016) gab es spannende Verfolgungsfahrten über den Strip *(siehe S. 252)*, Sequenzen aus *Now You See Me* (2013) wurden im Hotel MGM Grand *(siehe S. 255)* gedreht. Morgan Freeman, Michael Douglas, Kevin Kline und Robert De Niro spielten die Hauptrollen in *Last Vegas* (2013) – an Orten wie dem Aria *(siehe S. 256)* oder dem Binion's *(siehe S. 266)*.

Nervenkitzel beim Rafting

Green, San Juan und Colorado River gehören zu den weltbesten Orten für Rafting. Die Stromschnellen ermöglichen rasante Fahrten durch schier atemberaubende Canyons. Nach dem Adrenalinkick können Sie in Naherholungsgebieten entlang dem Colorado River entspannen.

Lava Falls, eine der stärksten Stromschnellen des Colorado River im Grand Canyon

DER SÜDWESTEN FÜR
OUTDOOR-FANS

Die einmalige Landschaft des Südwestens ist wie geschaffen für genussvolles wie abenteuerliches Outdoor-Vergnügen zu allen Jahreszeiten. Wandern Sie entlang gut markierter Pfade weit ins Hinterland, lernen Sie bei einem Ausritt eindrucksvolle Landschaften kennen, rasen Sie bei strahlend blauem Himmel die Skipisten hinunter, nehmen Sie es mit den Stromschnellen wilder Gewässer auf, oder versuchen Sie in einem der ruhigeren Flüsse oder Seen Ihr Angelglück. Der Südwesten zählt zudem zu den besten Golfregionen der USA.

Vielfältige Wandergebiete

Die Landschaft des Südwestens erkundet man am besten zu Fuß. In den vielen State Parks und National Parks gibt es sehr gut beschilderte Pfade – von leichten Tageswanderungen bis hin zu Touren für ambitionierte Backpacker. Bei geführten Wanderungen halten Ranger Infos zur Flora und Fauna bereit.

Familienwanderung auf dem Emerald Pools Trail im Zion Canyon ↑

Schon gewusst?

New Mexicos Landschaft ist sehr vielseitig: Vormittags können Sie Skifahren und nachmittags golfen.

Pistenspaß

In den Bergen des Südwestens lässt sich wunderbar Ski fahren. Testen Sie die »Black Diamond«-Pisten in Telluride *(siehe S. 180)* oder die Abfahrten der Santa Fe Ski Area *(siehe S. 199)* und des Taos Ski Valley *(siehe S. 207)*. Bei Langläufern ist das Arizona Snowbowl *(siehe S. 79)* bei Flagstaff ein beliebtes Ausflugsziel.

→

Spaß im Pulverschnee bieten die Hänge von Telluride, Colorado

Auf dem Golfplatz

Mit mehr als 300 Plätzen allein in Arizona ist der Südwesten ein Golferparadies. Besonders beliebt ist Süd-Arizona mit seinem ganzjährig warmen Wetter. Scottsdale *(siehe S. 96)* gilt als führender Golfstandort, Tucson *(siehe S. 102–111)* ist ebenso ein Dorado für diesen Sport. Auch New Mexico hat exzellente Plätze und durchaus erschwingliche Green-Fees.

←

Golfen im Oak Creek Country Club in Sedona, Arizona, mit bestem Blick auf rote Felsformationen

Action im Gelände

Fans von Offroad-Fahrten lieben die Region: Moab *(siehe S. 146)* ist eines der Top-Zentren für Geländefahrer, andere sind Canyonlands National Park *(siehe S. 122–125)* und Sedonas *(siehe S. 76f)* Felsenschluchten. Monument Valley *(siehe S. 160–163)* ist ein wunderbares Gebiet für rangergeführte Jeeptouren.

→

Offroad-Fun auf den Straßen des Shafer Trail im Canyonlands National Park

◁ Kunst und Kunsthandwerk

Spanische Volkskunst verbindet oft religiösen Glauben mit künstlerischem Ausdruck – z. B. in Form von Heiligenfiguren aus Holz, den *bultos* oder *santos*. Auch Keramik und Dekoratives aus Zinn sind populär. Letzteres kommt aus Mexiko, wo Zinn ein Silberersatz war. Es wurde in Form geschnitten, mit Stanzmuster versehen oder bunt bemalt.

HISPANISCHE KULTUR
IM SÜDWESTEN

Kultur aus dem spanischsprachigen Raum prägt den Südwesten maßgeblich. Spanische Missionare brachten Traditionen mit, die sich mit der Lebensart des Nachbarlandes Mexiko vereinten. Diese farbig-fröhlichen Akzente sind heute noch in der gesamten Region in Musik, Kunst, Festen und im Alltag zu finden.

Ausgezeichnete Mariachi-Alben

Sängerin Linda Ronstadt produzierte zwei Grammy-ausgezeichnete Mariachi-Alben über ihre Tucson-Kindheit: *Canciones de mi Padre* (Lieder meines Vaters, 1987) und *Mas Canciones* (Mehr Lieder, 1991).

△ Pikante rote Ristras

In ganz New Mexico hängen *ristras* (leuchtende Girlanden aus getrockneten roten Chilis) dekorativ an fast jeder Hauswand. Sie sind ein beliebtes Mitbringsel, das Sie etwa auf Santa Fes (*siehe S. 192 – 201*) Märkten und in Hatch im südlichen New Mexico, wo auch die meisten Chilis wachsen, kaufen können.

▽ Lichterspiel

Sehr bewegend und wunderschön anzuschauen sind die Hunderte von *luminarias* – auch *farolitas* genannt –, die überall im Südwesten die Straßen schmücken. Die Laternen aus sandgefüllten Papiertüten mit einer Kerze darin geben eine warme und anheimelnde Atmosphäre. Oft erstrahlen sie zu religiösen Festen und besonders zur Weihnachtszeit.

△ Farbenfrohe Feste

Am lebhaftesten zeigt sich die hispanische Kultur auf den beschwingten Fiestas. Diese Feierlichkeiten finden das ganze Jahr statt, besonders zu Patronatsfesten oder beim Cinco de Mayo *(siehe S. 54)*. Genießen Sie mexikanische Musik, traditionelle Tänze, Gerichte wie *tamales* und lustige Spiele.

▷ Heiße Horno-Öfen

Hornos sind Outdoor-Öfen, die auch heute noch zum Brotbacken benutzt werden. Sie sind aus Lehm und haben die Form eines Bienenstocks. Die Mauren führten sie in Spanien ein, spanische Missionare und Siedler wiederum brachten sie in den Südwesten der USA, wo auch indigene Völker die Öfen für sich entdeckten. Im Geschichtsmuseum El Rancho de las Golondrinas *(siehe S. 196)* in Santa Fe wird in den Öfen regelmäßig Brot gebacken.

△ Musik der Mariachi

Im Südwesten sollte man einmal eine Mariachi-Combo erleben. Der Musikstil kommt aus Mexiko, zum Einsatz kommen Trompete, Violine und klassische mexikanische Instrumente wie *guitarrón* (Bassgitarre).

DAS JAHR IM
SÜDWESTEN

Januar

△ **Wings over Willcox** *(Mitte–Ende Jan)*. Bei dem Vogel- und Naturfestival in Arizona werden Sie Zeuge eines einzigartigen Naturspektakels, wenn Zigtausende Kanadakraniche und andere Zugvögel die Region besuchen.

Februar

△ **Tubac Festival of the Arts** *(Anfang Feb)*. Hunderte von Künstlern aus allen Teilen der USA verkaufen auf dem drei Tage dauernden Festival in der Künstlerkolonie ihre Arbeiten.

La Fiesta de los Vaqueros *(Mitte – Ende Feb)*. Das Tucson Rodeo feiert das Cowboyleben mit vielen Events wie der angeblich längsten nichtmotorisierten Parade der Welt.

Mai

△ **El Cinco de Mayo** *(5. Mai)*. Die Städte im Südwesten feiern die mexikanisch-amerikanische Kultur mit Paraden, Musik und Tanz.

Helldorado Days *(Mitte Mai)*. Las Vegas würdigt seine Wildwest-Vergangenheit mit viertägigem Rodeoreiten, Konzerten, Karnevalevents, Paraden und einem Pokerwettbewerb.

Juni

San Antonio Feast Day *(13. Juni)*. Traditionelle Maistänze finden in Taos, Sandia und Dörfern des County San Juan, New Mexico, statt. Besucher sind zu den Festivitäten willkommen.

△ **Telluride Bluegrass Festival** *(3. Wochenende)*. Das viertägige Americana-Musikfestival findet oft zur Sommersonnenwende statt und bringt Musiker aus aller Welt zusammen.

September

△ **Navajo Nation Fair and Rodeo** *(Anfang Sep)*. Das einwöchige Fest in Window Rock, Arizona, präsentiert alle Genres der Navajo-Kultur – u. a. Musik, Tanz, Kunst, Kunsthandwerk, Kochen und Rodeoreiten.

Hatch Chile Festival *(Labour-Day-Wochenende)*. Hatch feiert seine heimische Ernte mit Musik, Magiern, Hypnotiseuren, Bauchrednern, viel Essen und einem Chili-Contest.

Oktober

△ **Albuquerque International Balloon Fiesta** *(Anfang Okt)*. Beim neuntägigen Event leuchten rund 650 bunte Heißluftballons am Himmel. Es ist das weltweit größte seiner Art.

März

△ **Guild Indian Fair and Market** *(1. Wochenende)*. Bei dem Fest am Heard Museum in Phoenix zeigen mehr als 600 indigene Künstler aus ganz Amerika und Kanada kulturelle Darbietungen sowie Kunst und Kunsthandwerk.
Tucson Festival of Books *(1. Wochenende)*. Hunderte von US-Autoren kommen auf diesem großen Buchfestival zusammen.

April

Tucson Folk Festival *(1. Wochenende)*. Seit 1986 findet dieses große Gratis-Musikfestival im historischen Viertel El Presidio statt. Auf den fünf Bühnen performen mehr als 200 Künstler.
△ **Gathering of Nations** *(4. Wochenende)*. Mehrere Hundert Stämme strömen nach Albuquerque zum größten Powwow in Nordamerika. Es gibt traditionelle Musik, Gesang und Tanz.

Juli

△ **Prescott Frontier Days** *(1. Wochenende)*. Bullenreiten, Tonnenrennen und Wildpferdreiten gehören auf dem ältesten Rodeo-Event der Welt in Nord-Arizona zum Programm.
Hopi Festival of Arts and Culture *(Anfang Juli)*. Das Event im Museum of Northern Arizona in Flagstaff zeigt Werke der Hopi wie Skulpturen, Teppiche und Keramik, zudem gibt es Musik, Tanz und Essen.

August

Old Lincoln Days *(Anfang August)*. Dorfbewohner spielen die Flucht von Billy the Kid aus dem Gerichtsgebäude in Lincoln County nach. Weitere Highlights: Konzerte und eine Parade.
△ **Santa Fe Indian Market** *(3. Wochenende)*. Der Markt präsentiert Arbeiten von indigenen Künstlern aus ganz Nordamerika.

November

Red Rock Film Festival *(Anfang Nov)*. Bei diesem Festival in Cedar City in Utah erlebt man Filme verschiedenster Genres.
△ **Festival of the Cranes** *(Ende Nov)*. Am Wildschutzgebiet Bosque del Apache in Socorro ziehen Tausende Kanadakraniche vorbei.

Dezember

△ **La Fiesta de Tumacácori** *(1. Wochenende)*. Das Fest auf Missionsgelände feiert das indianische Kulturerbe aus dem oberen Santa-Cruz-Tal im südlichen Arizona.

KURZE
GESCHICHTE

Angefangen von den ersten Nomaden in prähistorischer Zeit ließen sich viele Einwanderer im Südwesten nieder. Frühe indianische Urvölker, spanische Kolonisten, Mormonen sowie angloamerikanische Siedler hinterließen dieser Wüstenlandschaft ein reiches Erbe an Traditionen.

Alte Kulturen

Die frühesten Bewohner im Südwesten waren um 10 000 v. Chr. Mitglieder der nomadischen Clovis-Kultur in New Mexico. Um etwa 100 n. Chr. hatten sich drei dominante Kulturen entwickelt: Hohokam, Mogollon und Vorfahren der Pueblo-Kultur. Die Hohokam im südlichen Zentral-Arizona sind Urväter der heutigen Tohono O'odham und der Pima, die in der Wüste ein Bewässerungssystem anlegten. Im südlichen New Mexico und besonders im Mimbres-Tal gestalteten die Mogollon charakteristische Töpferwaren. Die Vorfahren der Pueblo-Kultur lebten in großen Familiengruppen erst in unterirdischen Grubenhäu-

1 *Stich (19. Jh.) mit tanzenden Pueblo-Indianern* ↑

2 *Vorfahren der Pueblo-Kultur*

3 *Darstellung des Lebens in einstigen Felsbehausungen*

4 *Coronados Vordringen in den Südwesten*

Chronik

800 v. Chr.
Mais kommt aus Mexiko in den Südwesten, der Ackerbau beginnt

200 v. Chr. –1400
Vorfahren der Pueblo-Kultur in der Four-Corners-Region. Mogollon-Kultur im südwestlichen New Mexico und Südost-Arizona

1020
Chaco Canyon ist Handels- und Kulturzentrum

10 000 – 8000 v. Chr.
Die nomadische Clovis-Kultur jagt in New Mexico

300 v. Chr. – 1400
Hohokam-Zivilisation im südlichen Zentral-Arizona

2

4

sern und später in Pueblos (Siedlungen) aus *cliff dwellings* (Felsbehausungen). Ihre Blütezeit erreichten diese prähistorischen Völker zwischen 800 und 1250. Große Pueblos im Chaco Canyon und in Mesa Verde hatten einen Zeremonienraum, eine sogenannte *kiva*. Warum diese Stätten um 1400 verlassen wurden, ist bis heute nicht geklärt. Es wird vermutet, dass entlang dem Rio Grande neue Pueblos errichtet wurden, in denen die Nachfahren dieser Kulturen noch heute leben. Zwischen 1100 und 1500 kamen Navajo und Apachen aus Kanada und Alaska in den Südwesten.

Ankunft der Spanier

Getrieben von Goldrausch und missionarischem Eifer führte der Franziskanerpater Marcos de Niza 1539 die erste spanische Expedition in den Südwesten. Ein Jahr später drang Francisco Vázquez de Coronado mit Soldaten und Nutztieren in das Gebiet ein und eroberte das Handelszentrum Zuni Pubelo. Auf der vergeblichen Suche nach Reichtümern des sagenhaften Goldlandes Cíbola unterdrückte er die Ansässigen brutal, plünderte Häuser und brannte ganze Dörfer nieder.

↑ Spanischer Konquistador Francisco Vázquez de Coronado (1510–1554)

1150
Acoma Pueblo und Hopi-Mesa-Dörfer werden gebaut

um 1250
Viele antike Stätten werden mysteriöserweise verlassen. Neue entstehen entlang dem Rio Grande

1400
Navajo und Apachen kommen in den Südwesten

1539
Marcos de Niza führt die erste spanische Expedition in den Südwesten an

1540
Francisco Vázquez de Coronado dringt in den Südwesten vor

1

2

Kolonie New Mexico

Weil der erhoffte Reichtum ausblieb, verloren die Spanier das Interesse an der Region – bis zu Juan de Oñates Expedition von 1598. Er gründete Santa Fe und die Kolonie New Mexico. Unter Gouverneur Don Pedro de Peralta wurde Santa Fe 1610 Hauptstadt. Die Siedler rissen das Nutzland der Indianer an sich und schufen riesige Ranches. Die Indianer widersetzten sich den Spaniern, was blutige Schlachten zur Folge hatte. In der Pueblo-Revolte von 1680 wurden die Spanier nach Süden über den Rio Grande zurückgedrängt. 1692 eroberte Don Diego de Vargas Santa Fe zurück, und die Spanier weiteten in den folgenden rund hundert Jahren ihr Gebiet im Südwesten aus.

Angloamerikanische Siedlungen

Als Napoléon 1803 Louisiana an die USA verkaufte, hatten diese eine gemeinsame Grenze mit New Mexico. 1810 begann Mexikos Krieg gegen Spanien, 1821 erklärte das Land seine Unabhängigkeit. Im selben Jahr führte William Becknell Händler aus Missouri über den Santa Fe Trail. Wagenkolonnen von Siedlern folgten. In den 1840er Jahren betrieben die USA eine

Missionen

Im späten 17. Jahrhundert machte sich der Jesuitenmissionar Eusebio Kino mit Rindern und Weizensamen im Gepäck zu den Pima-Indianern im südlichen Arizona auf, um dort die Landwirtschaft zu diversifizieren. Bis zu seinem Tod 1711 hatte er in der Gegend viele Missionen erbaut, darunter auch die Kirchen in Tumacácori (siehe S. 114f) und San Xavier del Bac (siehe S. 110f).

Chronik

1598
Juan de Oñate gründet die Kolonie New Mexico

1680
Pueblo-Revolte

1803
Kauf von Louisiana erweitert US-Territorium bis an die Grenze von New Mexico

1810–21
Mexikanischer Unabhängigkeitskrieg

1846–48
Mexikanischer Krieg: Im Vertrag von Guadalupe-Hidalgo erhalten die USA mexikanisches Gebiet

intensive Ausdehnung nach Westen. Als sich Mexiko der weiteren US-Expansion widersetzte, brach 1846 der Mexikanische Krieg aus. Zwei Jahre später regelte der Vertrag von Guadalupe-Hidalgo die Abtretung des größten Teils des Südwestens und Kaliforniens an die USA für 18,25 Millionen US-Dollar. Mit dem Gadsden Purchase von 1854 erwarben die USA zudem Süd-Arizona. Mormonische Pioniere siedelten sich im südlichen Utah und in Las Vegas an.

Kampf um das Land

Nach dem Bürgerkrieg (1861–65) stieg die Zahl der angloamerikanischen Siedlungen im Westen stark an. Nach Entdeckung von Gold-, Silber- und Kupfervorkommen erblühten »Boomtowns« wie Tombstone, Jerome, Bisbee und Silver City. Auch in Colorado entstanden Goldgräberstädte wie Silverton, Ouray und Telluride. Große Landgebiete wurden Rinder- und Schaf-Ranches. Zu den Auseinandersetzungen zwischen Farmern und Ranchern zählte auch der Lincoln County War (1878–81) mit Billy the Kid als Protagonisten. Die Landbeschlagnahmung durch die Rancher entzog vielen Farmern die Lebensgrundlage.

1 *Konquistador und Entdecker Juan de Oñate* ↑

2 *Angloamerikanische Siedler ziehen im 19. Jahrhundert westwärts*

3 *Bergleute im Südwesten im 19. Jahrhundert*

Schon gewusst?

Tubac Presidio wurde 1752 als erste Kolonial-Garnison im heutigen Arizona errichtet.

1861–65
Amerikanischer Bürgerkrieg

1854
Die USA erhalten durch den Gadsden Purchase Süd-Arizona

1869
John Wesley Powell führt eine Expedition auf dem Colorado River durch den Grand Canyon

1868
Errichtung der Navajo Reservation in der Region Four Corners

1877
Kupferfund in Bisbee, Arizona; Entdeckung von Silber bei Tombstone, Arizona

Zwangsumsiedlung

Die indigenen Einwohner litten massiv unter den veränderten Bedingungen. 1864 mussten mehr als 8000 Navajo-Indianer ihr Land verlassen und den »Langen Marsch« von 400 Meilen (644 Kilometer) ins Reservat nach New Mexico antreten. Viele von ihnen starben unterwegs. Der Widerstand der Chiricahua-Apachen gegen die Zwangsumsiedlung endete 1886 mit der Kapitulation ihres Anführers Geronimo.

Beginn des Tourismus

In den 1880er Jahren führten vier Haupteisenbahnstrecken durch die Region. Sie brachten immer mehr weiße Siedler, die immer größere Landflächen besiedelten und bewirtschafteten. Neue Industrien entstanden. Als 1901 die Grand Canyon Railroad eröffnet wurde, kamen viele Touristen. Mesa Verde, Zion und Bryce Canyon wurden zu National Parks erklärt.

Atomzeitalter

Nach dem Zweiten Weltkrieg änderte sich der ökonomische Kurs des Südwestens. Die Entwicklung von militärischer For-

1 *Navajo-Indianer im 19. Jahrhundert* ↑

2 *Santa Fes Bahnlinie*

3 *Anflug einer Virgin-Galactic-Raumfähre auf Spaceport America*

4 *Skyline von Phoenix, Arizona*

Schon gewusst?

Trinity war der Code-Name für die erste Kernwaffen-explosion.

Chronik

1886
Indianerkriege enden mit der Kapitulation Geronimos

1889
Phoenix wird Hauptstadt von Arizona

1901
Die Grand Canyon Railroad bringt Touristen in die Region

1912
New Mexico und Arizona treten als 47. und 48. Bundesstaaten der Union bei

1917
Eintritt der USA in Ersten Weltkrieg

schung und Rüstungsindustrie führte zu rascher Zuwanderung aus anderen Landesteilen. In abgelegenen Wüstengebieten New Mexicos (z. B. in Los Alamos) entstanden Forschungs- und Entwicklungseinrichtungen sowie Gelände für Atomwaffenversuche wie den Trinity-Test südöstlich von Socorro. Zudem wurde der Südwesten zum Kompetenzzentrum für Raumfahrt. 1982 landete die Raumfähre Columbia auf dem White Sands Space Harbor, 2011 entstand mit Spaceport America nahe Las Cruces der erste kommerzielle Weltraumbahnhof.

Der Südwesten heute

Noch heute sind militärische Forschung und Raumfahrt sowie Computertechnik zentrale Beschäftigungsfelder. In den ersten beiden Jahrzehnten des 21. Jahrhunderts zählten die Metropolregionen Phoenix und Las Vegas zu den am schnellsten wachsenden der USA. Der Tourismus nimmt stetig zu. Die Wasserversorgung ist ein drängendes Problem der Region. Um das kostbare Erbe des Südwestens auch für folgende Generationen zu bewahren, fordern die Nationalparks zu einem tieferen Verständnis für die indigene Kultur und Naturschutz auf.

Wasserhaushalt

Zur Versorgung der wachsenden Städte des Südwestens mit Wasser wurden mächtige Staudämme gebaut. Der Hoover Dam war bei seiner Fertigstellung 1936 der größte des Landes. 1963 entstand durch die Glen-Canyon-Staumauer der Lake Powell, für den ein landschaftlich schönes Gebiet voller prähistorischer Stätten überflutet und damit zerstört wurde.

1931 – 36
Bau des Hoover Dam in Arizona

1941
Eintritt der USA in Zweiten Weltkrieg

1945
Trinity-Test (erster Atombombentest) im südlichen New Mexico

1963
Eröffnung der Glen-Canyon-Staumauer

1982
Raumfähre Columbia landet auf White Sands Space Harbor

2011
Fertigstellung des Weltraumhafens Spaceport America nahe Las Cruces, New Mexico

DEN SÜDWESTEN
ERLEBEN

Albuquerques Montgolfiade

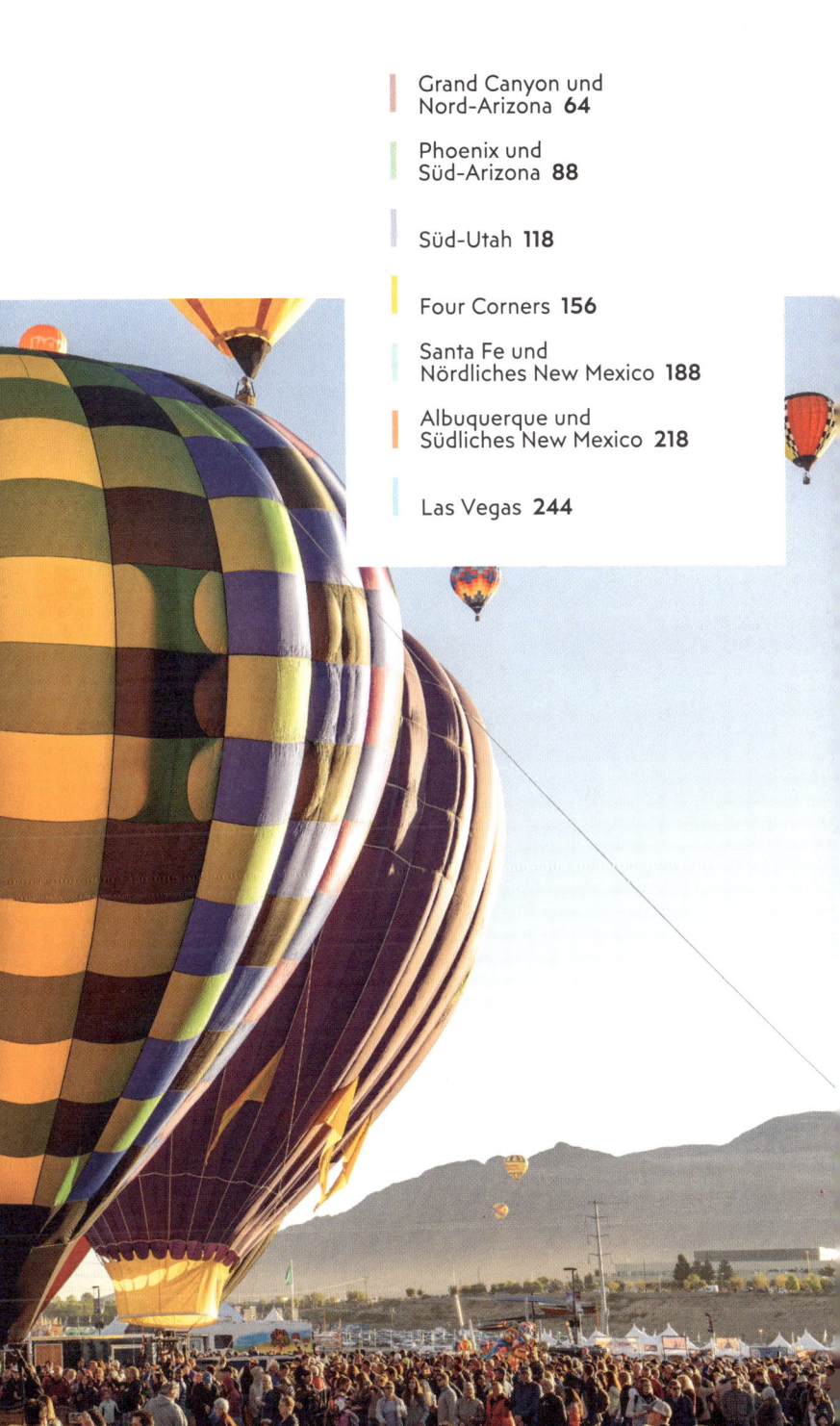

Grand Canyon und Nord-Arizona

Für viele Besucher ist der Norden Arizonas das Land des Grand Canyon. Hier hat der Colorado River in Millionen von Jahren auf seinem Weg nach Südwesten Richtung Golf von Mexiko die weltberühmte, grandiose Schlucht in den Fels gegraben.

Doch Nord-Arizona bietet weitaus mehr: die Wüstenlandschaft des Colorado Plateau mit ihren farbenprächtigen Felsformationen. Sie bilden die eindrucksvolle Kulisse für das quicklebendige Zentrum Flagstaff und die hübschen Städtchen Sedona und Jerome. Faszinierende Geisterstädte aus der Zeit des Bergbaus wie Chloride und Oatman erinnern daran, dass Arizona seinen Spitznamen »Kupferstaat« durch den »mining boom« in der ersten Hälfte des 20. Jahrhunderts erhielt.

Mehr als ein Viertel der Fläche von Arizona nehmen indianische Reservate ein. Zu den imposantesten altindianischen Pueblo-Überresten zählen das Bergdorf Tuzigoot und die Ruinen von Montezuma Castle.

UTAH

Lost Peak
2291 m

Orderville

Santa Clara
Hurricane
Springdale

Süd-Utah
Seiten 118–155

St. George
Washington

Kanab

Angle City

Fredonia

Moapa
Bunkerville

Jacob Lake

Upper Antelope
1373 m

Las Vegas
Seiten 244–269

Diamond Butte
1848 m

Grand Canyon-
Parashant
National Monument

Colorado River

North Rim

Grand Canyon
National Park ①

Lake Mead

Grand Canyon Village

Grand Canyon Skywalk/
Grand Canyon West ⑫

Tusayan

ARIZONA

Red
Lake

HUALAPAI INDIAN
RESERVATION

Valle

Table Mountain
1119 m

Peach Springs

66

Colorado River

Hackberry

Seligman

Williams ⑧

Laughlin/Bullhead
International
Airport

40

Ash Fork

Kingman

Hualapai Peak
2566 m

93

Haystack Peak
1289 m

Tuzigoot National
Monument

Bullhead City

Yucca

89

⑬

Anderson Mesa
1757 m

Chino Valley

Jerome ⑪

Powell

40

Wikieup

Prescott Valley

Desert Hill

Prescott
National Forest

Bagdad

⑨ Lake Havasu City

Prescott

17

95

93

⑭

Arcosanti

Yarnell

Parker Strip

Congress

Parker

Battleship Peak
783 m

95

Bouse

Aguila

Wickenburg

60

New River

Salome

95

Brenda

Quartzsite

Vicksburg

60

10

Centennial

Surprise

78

95

Kofa National
Wildlife Refuge

Tonopah

10

Phoenix

Phoenix Sky Harbor
International Airport

Grand Canyon und Nord-Arizona

Highlights
1. Grand Canyon National Park
2. Sedona

Sehenswürdigkeiten
3. Flagstaff
4. Wupatki National Monument
5. Oak Creek Canyon
6. Sunset Crater Volcano National Monument
7. Walnut Canyon National Monument
8. Williams
9. Lake Havasu City
10. Montezuma Castle National Monument
11. Jerome
12. Grand Canyon Skywalk/ Grand Canyon West
13. Tuzigoot National Monument
14. Arcosanti
15. White Mountains
16. Meteor Crater
17. Petrified Forest National Park

Grand Staircase-Escalante National Monument

Lake Powell

Wahweap

Marble Canyon

Page

Colorado River

Four Corners
Seiten 156–187

Cameron

Kykotsmovi Village

Keams Canyon

Grand Canyon und Nord-Arizona

Gray Mountain

HOPI RESERVATION

Dilkon

Houck

4 **Wupatki National Monument**

6 **Sunset Crater Volcano National Monument**

Sanders

Flagstaff
3

7 **Walnut Canyon National Monument**

Oak Creek Canyon
5

16 **Meteor Crater**

Joseph City

17 **Petrified Forest National Park**

2 Sedona

Holbrook

A R I Z O N A

Volcanic Mountain 1816 m

10 **Montezuma Castle National Monument**

Zeniff

Snowflake

Taylor

St. Johns

Phoenix und Süd-Arizona
Seiten 88–117

Kohls Ranch

Payson

Apache-Sitgreaves National Forest

Show Low

Young

Pinetop-Lakeside

White Mountains
15

Tonto Basin

Theodore Roosevelt Lake

FORT APACHE RESERVATION

Albuquerque und Südliches New Mexico
Seiten 218–243

Mesa

Claypool

0 Kilometer   40
0 Meilen   40

N

1 ⌖ ⌖ ⌖ ⌖

Grand Canyon National Park

🅐 B3 – C4 ✈ 🚂 von Williams 🚌 von Flagstaff und Williams
📞 +1-928-638-7888 oder +1-303-297-2757 🕐 South Rim: tägl.;
North Rim: Mitte Mai – Mitte Okt: tägl. 🆆 nps.gov/grca

Der Grand Canyon, eines der größten Naturwunder der Welt, ist Symbol des Südwestens. Seine Schönheit prägen die sich ständig verändernden Muster von Licht und Schatten und das im Tagesverlauf wechselnde Farbenspiel der Felsen.

Der Grand Canyon National Park hat eine Gesamtfläche von rund 4900 Quadratkilometern und liegt vollständig in Arizona. Das als UNESCO-Welterbe ausgewiesene Gebiet umfasst den Canyon selbst, der an der Mündung des Paria River in den Colorado River beginnt, und erstreckt sich von Lees Ferry bis zum Lake Mead *(siehe S. 268)*. Im Jahr 1908 wurde das Gebiet zum National Monument erklärt, 1919 zum National Park. Der Park ist am North Rim und am belebteren South Rim zugänglich. Am südlichen Rand drängen sich im Sommer allerdings die Besuchermassen. Parkmöglichkeiten gibt es in Tusayan, von dort verkehren Shuttel-Busse zum South Rim.

Der Grand Canyon ist eines der markantesten Naturwunder der Welt und eines der Wahrzeichen der Vereinigten Staaten.

 Schöne Aussicht
Hopi Point

Die Spitze des Hopi Point ragt weit in den Canyon hinein und ist einer der besten Orte entlang der Hermit Road, um unbeschreibliche Sonnenuntergänge zu beobachten.

↑ *Erkundung des Nationalparks bei einem Maultierritt unter Leitung eines Rangers*

Die fast 450 Kilometer lange, im Schnitt 16 Kilometer breite und rund 1500 Meter tiefe Riesenschlucht ist Teil des Grand Canyon National Park. Im Lauf von Jahrmillionen haben sich die Wasser des Colorado River ihren Weg durch das Colorado Plateau gebahnt, das die Schlucht, den Großteil von Nord-Arizona und die Four Corners einschließt.

Für den gewundenen Flusslauf ist die geologische Eigenart des aus vielfarbigen Kalkstein-, Sandstein- und Tonschiefer-schichten bestehenden Plateaus verantwortlich, aus dem die Erosion riesige Felsformationen und -nadeln herausmodellierte. Einzigartig ist das ständig wechselnde Spiel von Licht, Schatten und Farben auf den Gesteinsformationen – vor allem bei Sonnenuntergang, wenn die Felswände in allen Nuancen von Rot bis Ocker leuchten.

Highlight

Hermit Road

Die vom Grand Canyon Village nach Westen zu Hermits Rest führende Straße (11 km) verläuft am Rand des Canyons entlang und bietet einige der besten Ausblicke auf den Canyon. Von März bis November ist sie für private Fahrzeuge gesperrt. In dieser Zeit pendelt ein kostenloser Shuttle-Bus zwischen insgesamt acht atemberaubenden Aussichtspunkten, darunter Trailview Overlook, Maricopa Point und Hopi Point. Sie können auch zwischen den Aussichtspunkten auf dem Rim Trail spazieren und jederzeit den Shuttle nehmen.

Schon gewusst?

Der Temperaturunterschied zwischen Rand und Grund des Grand Canyon beträgt ca. 11 °C.

↑ *Schroffe Felswände des Grand Canyon zu beiden Seiten des Colorado River*

South Rim

Die meisten Besucher des Grand Canyon kommen zum South Rim, das im Gegensatz zum North Rim ganzjährig geöffnet hat und von Flagstaff oder Williams über die Highways 180 bzw. 64 leicht zu erreichen ist. Hermit Road *(siehe S. 69)* am South Rim ist von März bis November für den Privatverkehr geschlossen, doch es gibt Shuttle-Busse. Der längere Desert View Drive (Highway 64) ist ganzjährig geöffnet, falls es die Schneeverhältnisse erlauben. Auf dieser Strecke erreicht man nach 20 Kilometern den Grandview Point, wo die Spanier 1540 angeblich erstmals den Canyon erblickten. 16 Kilometer weiter steht die Tusayan Ruin, die Ruine eines alten Pueblos.

Kurz darauf kommt man zum Desert View mit einem Wachtturm. Die obere Etage ist mit bemerkenswerten Hopi-Wandmalereien (frühes 20. Jh.) verziert. Die Anlage wurde von der Architektin Mary Elizabeth Jane Colter entworfen, die sich an indianischen und spanischen Stilen orientierte und viele Gebäude in der Umgebung gestaltete. Zu den markantesten gehören das Lookout Studio (1914) und Hermits Rest (1914) am South Rim sowie die rustikale Phantom Ranch (1922) auf dem Grund des Canyons.

Schon gewusst?

Das Kolb Studio am Bright Angel Trail zeigt eine Sammlung früher Canyon-Fotos der Brüder Kolb.

North Rim

Das etwa 2400 Meter hohe, mit Gelbkiefern, Espen und Douglaskiefern dicht bewaldete North Rim ist höher, kühler und grüner als sein südliches Gegenüber. Hier kann man mit großer Wahrscheinlichkeit Maultierhirsche, Kaibab-Hörnchen und wilde Truthähne entdecken. Man erreicht das North Rim über den Highway 67 (nach Hwy 89A), der zur Grand Canyon Lodge führt, die diverse touristische Einrichtungen bietet.

Hotels

El Tovar

Die luxuriös ausgestattete Lodge (1905) aus Naturstein befindet sich am Rand des Grand Canyon. Das Restaurant serviert Spezialitäten des Südwestens.

 1 El Tovar Rd
grandcanyon lodges.com
$ $ $

Bright Angel Lodge

Die Architektin Mary Elizabeth Jane Colter entwarf 1935 das rustikale Anwesen mit Blockhütten. Die Unterkünfte reichen von einfachen Zimmern bis zu historischen Hütten mit Kamin und TV.

 9 North Village Loop Dr
grandcanyon lodges.com
$ $ $

Lookout Studio, Steingebäude in schwindelerregender Lage am South Rim

↑ *Blick vom Cape Royal am North Rim auf Wotan's Throne*

Das North Rim ist doppelt so weit vom Colorado River entfernt wie das South Rim. Einen Eindruck von der Breite der Schlucht gewinnt man von den Aussichtspunkten. Sie sind über Panoramastraßen (rund 45 Kilometer) entlang dem North Rim oder über Wanderwege erreichbar. Der North Kaibab Trail führt zum Grund des Canyons und trifft dort auf den Bright Angel Trail des South Rim. Der Cape Royal Drive beginnt nördlich der Grand Canyon Lodge. Er führt zum Cape Royal auf dem Walhalla Plateau (37 km), von wo aus sich die Aussicht auf berühmte Felsformationen wie Wotan's Throne und Vishnu Temple eröffnet.

Kurze, leichte Wanderwege oberhalb verlaufen um Cape Royal. Ein Abstecher (5 km) führt zum höchsten Punkt: Point Imperial. Unterwegs bietet die Vista Encantada Panoramablicke und Picknicktische.

Bright Angel Trail

Der populärste Wanderweg des Canyons beginnt am South Rim beim Grand Canyon Village. Nach einem spektakulären, 13 Kilometer langen Abstieg überquert man den Colorado River auf einer Hängebrücke. Nicht weit davon endet der Weg an der Bright Angel Campsite nahe der Phantom Ranch. Für die Tour zum Colorado und wieder zurück sollte man mehr als einen Tag veranschlagen. Im Sommer erreichen die Temperaturen am Canyongrund über 40 °C. Tagesausflügler sollten mindestens einen Liter Wasser pro Stunde und Person sowie salzige Snacks mitnehmen.

Kalifornische Kondore

Der Kalifornische Kondor ist der größte Vogel Amerikas, seine Flügelspannweite beträgt stolze 2,70 Meter. In den 1980er Jahren waren die Vögel fast ausgestorben. Man fing die letzten 22 Exemplare und begann mit der Zucht.

Im Jahr 1996 wurden die ersten Kondore in Nord-Arizona freigelassen. Heute ziehen dort über 70 Exemplare ihre Kreise. Am South Rim tummeln sich immer einige Kondore. Besucher sollten die Tiere nicht füttern.

Grand Canyon National Park

Der Grand Canyon mit seinen scheinbar endlos sich erstreckenden Felsschichten, seinen faszinierenden Formationen, Kegeln, Nadeln, Klippen und Steilwänden bietet im Lauf des Tages ein beeindruckendes Farbenspiel. Auf den vom Südeingang aus erreichbaren Hauptrouten Hermit Road und Desert View Drive kann man das atemberaubende Panorama genießen. Im Visitors Center am Südeingang erhält man Straßen- und Wanderkarten, hier werden auch Fahrräder verliehen sowie geführte Radtouren organisiert. Grand Canyon Village bietet viele Übernachtungsmöglichkeiten und ist Startpunkt vieler Maultierausritte im Canyon. Wer die Anstrengung und eine Übernachtung nicht scheut, sollte auf dem Bright Angel Trail am South Rim oder dem North Kaibab Trail am North Rim in die Schlucht hinabsteigen – ein unvergleichliches Erlebnis, das alle Mühen vergessen lässt.

Shivwits Plateau

Kaibab Plateau

Colorado River

Coconino Plateau

Dargestelltes Gebiet

Haupteingang am North Rim

K a i b a b P l a t e a u

67

67

Die **Grand Canyon Lodge** liegt hoch über dem Canyon am Bright Angel Point. Die Lodge bietet sowohl Zimmer als auch Abendessen.

North Rim Visitors Center

Grand Canyon Lodge

Crystal Creek

Point Sublime 2274 m

Shiva Temple

Bright Angel Creek

G r a n i t e   G o r g e

Der **Bright Angel Trail** beginnt am South Rim und führt hinunter in den Canyon.

Isis Temple

Bright Angel Canyon

Diana Temple

Colorado River

Phantom Ranch 730 m

Hoppy Point

Bright Angel Trail

Hermits Rest

Yavapai Point

Grand Canyon Village

Grand Canyon Visitors Center

Hermit Road

Yaki Point

EAST RIM DR

64

Der **Yavapai Point** am South Rim befindet sich acht Kilometer nördlich des Südeingangs im Abschnitt des Rim Trail. Von hier hat man einen fantastischen Blick auf den Canyon.

Grand Canyon   Tusayan

↑ *Winterwanderung auf dem Bright Angel Trail*

Point Imperial (2683 m) ist der höchste Punkt des North Rim. Von hier aus sieht man Mount Hayden und Painted Desert *(siehe S. 85).*

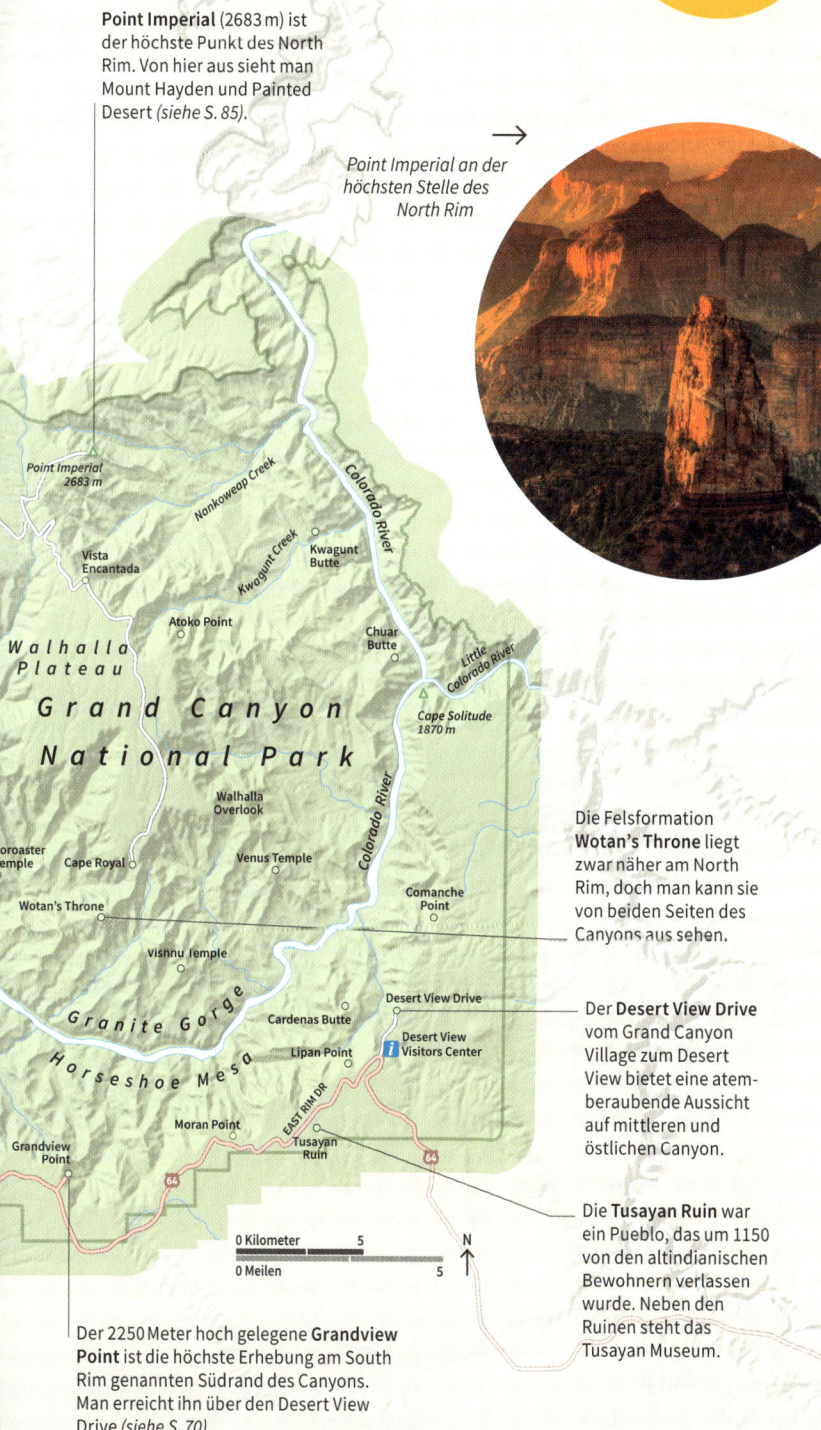

Point Imperial an der höchsten Stelle des North Rim

Die Felsformation **Wotan's Throne** liegt zwar näher am North Rim, doch man kann sie von beiden Seiten des Canyons aus sehen.

Der **Desert View Drive** vom Grand Canyon Village zum Desert View bietet eine atemberaubende Aussicht auf mittleren und östlichen Canyon.

Die **Tusayan Ruin** war ein Pueblo, das um 1150 von den altindianischen Bewohnern verlassen wurde. Neben den Ruinen steht das Tusayan Museum.

Der 2250 Meter hoch gelegene **Grandview Point** ist die höchste Erhebung am South Rim genannten Südrand des Canyons. Man erreicht ihn über den Desert View Drive *(siehe S. 70).*

Map labels:

Point Imperial 2683 m
Nonkoweep Creek
Colorado River
Kwagunt Creek
Kwagunt Butte
Vista Encantada
Atoko Point
Chuar Butte
Little Colorado River
Walhalla Plateau
Grand Canyon National Park
Cape Solitude 1870 m
Walhalla Overlook
Zoroaster Temple
Cape Royal
Venus Temple
Colorado River
Wotan's Throne
Comanche Point
Vishnu Temple
Granite Gorge
Desert View Drive
Cardenas Butte
Desert View Visitors Center
Horseshoe Mesa
Lipan Point
EAST RIM DR
Moran Point
Tusayan Ruin
64
Grandview Point
64

0 Kilometer 5
0 Meilen 5

N

Geologie des Grand Canyon

Das UNESCO-Welterbe gleicht wie kein anderer Ort der Welt einem aufgeschlagenen Buch, in dem sich fast zwei Milliarden Jahre Erdgeschichte detailliert nachlesen lassen. Seine vielfarbigen Gesteinsschichten entstammen verschiedenen geologischen Zeitaltern. Die älteste reicht ins Präkambrium zurück, das vor rund 570 Millionen Jahren endete. Im Vergleich dazu ist der Canyon selbst eine sehr junge Erscheinung. Er entstand vor fünf bis sechs Millionen Jahren, als der Colorado River begann, sich hier seinen Weg durch die Gesteinsschichten zu bahnen. Aufgrund der Neigung des Kaibab Plateau ist der Canyon an einigen Stellen stärker erodiert als an anderen.

Canyon-Asymmetrie

Da das Kaibab Plateau nach Süden abfällt, fließt das Regenwasser am North Rim in Richtung Canyon – und über den Rand. Deshalb ist das North Rim des Grand Canyon stärker erodiert als das South Rim, weist tiefe Nebencanyons und einen größeren Abstand zum Fluss auf.

Entstehungsgeschichte des Grand Canyon

Der Colorado River ist für die Tiefe dieser Riesenschlucht verantwortlich. Ihre Breite und Gestalt gehen jedoch auf das Konto stärkerer Kräfte: Korn für Korn trägt der Wind Kalk- und Sandstein ab. Das über den Rand fließende Regenwasser nagt tiefe Nebencanyons in die weichen Gesteinsschichten. Zerstörerisch wirkt das Eis, zu dem Regen- und Schmelzwasser in kleinsten Felsritzen gefriert. Es dehnt sich aus und sprengt Felsteile von den Canyonwänden. Weiche Gesteinsschichten erodieren schnell zu abgeschrägten Formationen. Harter Fels widersteht dem Zahn der Zeit in senkrechter Unbeugsamkeit.

Spuren frühen Lebens

Die in den Schichten gefundenen Fossilien zeigen die Entwicklung des Lebens auf der Erde. Als sich die älteste Schicht, der Vishnu-Schiefer, im Proterozoikum bildete, entstanden gerade die ersten Bakterien und Algen. Später lagerten sich die harten Bestandteile unzähliger kleiner Meereslebewesen in den jüngeren, dicken Kalksteinschichten ab.

Der Colorado River schneidet seinen Weg durch die Gesteinsschichten des Grand Canyon ↑

↑ *Spektakuläre Felsformationen an Steilhängen des South Rim*

Colorado River

Vor rund fünf Millionen Jahren änderte der Colorado seinen Lauf. Man nimmt an, dass er von einem kleineren Fluss »umarmt« wurde, der durch das Kaibab Plateau floss. Die vereinte Kraft beider Flüsse fräste den Grand Canyon aus. South Rim liegt dem Fluss näher als North Rim.

Schon gewusst?

Die drei Hauptarten von Sedimentgesteinen am Grand Canyon sind Sandstein, Schiefer und Kalkstein.

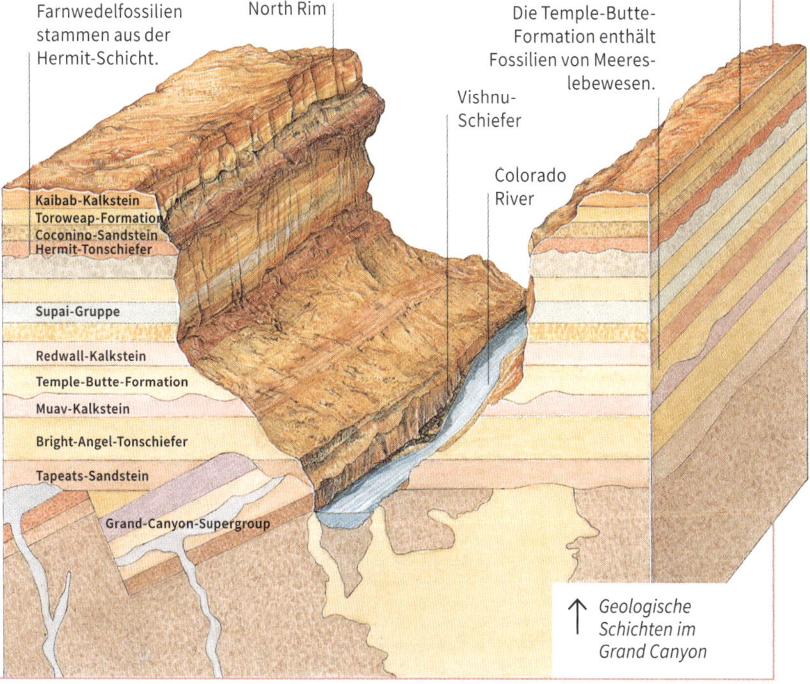

Fischplattfossilien finden sich im Kaibab-Kalkstein.

Farnwedelfossilien stammen aus der Hermit-Schicht.

North Rim

Die Temple-Butte-Formation enthält Fossilien von Meereslebewesen.

Vishnu-Schiefer

Colorado River

Kaibab-Kalkstein
Toroweap-Formation
Coconino-Sandstein
Hermit-Tonschiefer

Supai-Gruppe

Redwall-Kalkstein

Temple-Butte-Formation

Muav-Kalkstein

Bright-Angel-Tonschiefer

Tapeats-Sandstein

Grand-Canyon-Supergroup

↑ *Geologische Schichten im Grand Canyon*

❷

Sedona

🅰 C4 🏔 10 000 ℹ 331 Forest Rd (+1-800-288-7336)
🆆 visitsedona.com

Sedona liegt inmitten der roten Felsen und Canyons südlich von Flagstaff. Die atemberaubende Landschaft war Kulisse für viele Hollywood-Western. In den 1980er Jahren wurde die Stadt berühmt, als Hellseher Wirbel in der Gegend identifizierten, von denen sie glaubten, dass sie elektromagnetische Energien ausstrahlten, die die Seele beleben. Dadurch wurde Sedona zu einem spirituellen Ziel für »New Agers«.

Sedona ist derart beliebt, dass das Parken in der von Boutiquen, Kunstgalerien, Restaurants und Touristenläden geprägten Innenstadt eine wahre Herausforderung sein kann. Die eigentliche Attraktion ist allerdings die schier atemberaubende Landschaft rund um die Stadt. Fahren Sie auf dem Highway 89A durch West Sedona und weiter zum Red Rock State Park, wo ein bewaldetes Gebiet am Oak Creek Wanderwege und schöne Picknickplätze bietet. Oder Sie fahren auf dem Red Rock Scenic Byway (Highway 179) nach Süden, um Sehenswürdigkeiten wie Chapel of the Holy Cross, Bell Rock, Courthouse Butte und Cathedral Rock zu erreichen. Zu den Aktivitäten zählen Jeeptouren, Wanderungen im Hinterland, Mountainbiken, Reiten und Fahrten mit dem Heißluftballon.

Spirituelles Sedona

Das Red Rock Country um Sedona soll voller mystischer Wirbel sein – Energiezentren, in denen die kosmischen Kräfte der Erde besonders aktiv sind und günstig auf Heilungsprozesse wirken. Vier Hauptwirbel befinden sich am Bell Rock, am Flughafen Mesa, am Cathedral Rock und am Boynton Canyon. Jeder einzelne soll angeblich seine eigene Energie ausstrahlen und Menschen anziehen, die Erleuchtung suchen.

↑ *Riesiger Dinosaurierschädel vor einem New-Age-Laden in Sedona*

Zu den Aktivitäten zählen Jeep-touren, Wanderungen im Hinter-land, Mountainbiken, Reiten und Fahrten mit dem Heißluftballon.

Sedona vor der Bilderbuchkulisse roter Felsen ↓

Highlight

Chapel of the Holy Cross

△ Die römisch-katholische Kapelle wurde 1957 in den Hügeln von Sedona errichtet.

Bell Rock

Der eindrucksvolle Felsen ähnelt einer riesigen roten Glocke und ist ein Wahr-zeichen im Gebiet nördlich von Oak Creek Village.

Cathedral Rock

▷ Dieser Sandstein-felsen ca. drei Kilo-meter südlich von Uptown Sedona zählt zu den meistfotogra-fierten der Ge-gend. Der Auf-stieg auf einem steilen Pfad ist anspruchsvoll, aber die atemberaubende Aussicht lohnt die Mühe.

Courthouse Butte

Diesen etwas östlich von Bell Rock auf-ragenden Felsen, einen der schönsten der Gegend, kann man sehr gut von der Straße aus betrachten.

Snoopy Rock

Wegen seiner an das Profil von *Snoopy* erinnernden Gestalt wurde der Felsen nach der *Peanuts*-Figur benannt. Einen schönen Blick auf die Formation hat man von der Main Street.

Uptown Sedona

▷ Mit über 40 Kunst-galerien, vielen Ge-schäften mit Kris-tallen, Fossilien und Schmuck sowie Spa-Einrich-tungen bietet Sedo-na viel Abwechslung.

SEHENSWÜRDIGKEITEN

❸

Flagstaff

Ⓐ C4 **▨** 140 000 **✈** Pulliam, 4 Meilen (6 km) südl. der Stadt **🚉** Amtrak Flagstaff, 1 E Route 66 **🚌** 800 E Butler Ave **ℹ** Amtrak-Bahnhof, 1 E Route 66 (+1-928-774-9541) **🎭** Hopi Festival of the Arts (Anfang Juni) **🌐** flagstaffarizona.org

Flagstaff ist eine lebhafte Stadt mit vielen roten Ziegelbauten im Zentrum. 1876 kamen die ersten angloamerikanischen Siedler hierher – es waren meist Schafzüchter. Mit der Anbindung an die Eisenbahn 1882 wurde die Stadt zum Zentrum der Holzindustrie. Flagstaffs Northern Arizona University ist Standort zweier sehenswerter Museen. Die umliegenden Berge ziehen im Sommer Wanderer und im Winter Skifahrer an.

Nur zehn Minuten dauert ein Spaziergang vom einen zum anderen Ende der hauptsächlich um 1890 erbauten Altstadt von Flagstaff. In vielen der mit Stein- und Stuckfriesen verzierten Häuser finden sich heute Cafés, Bars und Läden. Zu den architektonischen Highlights zählen das restaurierte Babbitt Building und der 1926 erbaute Bahnhof, heute das Visitor Center. Attraktivstes Gebäude ist wohl das am 1. Januar 1900 eröffnete Weatherford Hotel mit umlaufender Veranda und »Sonnenraum«.

> **In vielen der mit Stein- und Stuckfriesen verzierten Häuser finden sich heute Cafés, Bars und Läden.**

Schon gewusst?

In der Umgebung von Flagstaff erstreckt sich der größte Gelbkiefernwald der Welt.

Das **Lowell Observatory** (1894) steht ca. 1,5 Kilometer nördlich des Zentrums. Es ist nach seinem Gründer Percival Lowell benannt. Der Standort bot sich wegen der Höhenlage und klaren Bergluft an. Das Observatorium errang durch seine 1912 publizierten Daten, die die Ausdehnung des Alls belegten, internationale Anerkennung. Am 18. Februar 1930 entdeckte Clyde Tombaugh, der berühmte Astronom des Observatoriums, den Pluto.

Besucher können die Ausstellungen und das John Vickers McAllister Space Theater, in dem es Vorführungen zum Nachthimmel und zu aktuellen Forschungen gibt, besichtigen. Darüber hinaus gibt es auch tägliche Campus-Führungen und nächtliche Teleskop-Vorführungen.

Flagstaff verdankt seine lebhafte Café-Szene vor allem den 22 000 Studenten der **Northern Arizona University** (NAU). Der Haupteingang zum Campus befindet sich am Knoles Drive. Vor allem zwei Museen sind einen Besuch wert: die mit Wechselausstellungen und Studentenarbeiten bestückte Beasley Gallery im Fine Art Building und das Old Main Art Museum and Gallery im ältesten Haus der Univer-

sität, dem Old Main Building. Dort präsentiert die Weiss Collection u. a. Werke des berühmten mexikanischen Künstlers Diego Rivera.

Südlich der Universität erreicht man den **Riordan Mansion State Historic Park**. Um 1885 gründeten Michael und Timothy Riordan ein Sägewerk, das ihnen schnell ein Vermögen einbrachte. Die Brüder bauten sich eine 40-Zimmer-Villa mit zwei Flügeln, die sie jeweils mit ihren Familien bewohnten. Das 1904 fertiggestellte, holzverkleidete Gebäude mit seiner Arts-and-Crafts-Innenausstattung steht heute als State Historic Park unter Denkmalschutz.

Das **Pioneer Museum** (1960) befindet sich in einem Steinhaus, das 1908 als Krankenhaus erbaut wurde. Zum Museum gehören die auf dem Gelände ausgestellte Dampflok von 1929 und ein Dienstwagen der Santa Fe Railroad. Sehenswert: die Fotos von Ellsworth und Emery Kolb, die um 1900 den Grand Canyon ablichteten.

Das etwas nördlich gelegene **Museum of Northern Arizona** beherbergt eine der größten Sammlungen

→

Weatherford Hotel mit umlaufender Veranda im Zentrum von Flagstaff

← *Teleskop in der Haupt-rotunde von Flagstaffs Lowell Observatory*

Lowell Observatory

🏠 1400 W Mars Hill Rd ⏰ Mo – Sa 10 – 22, So 10 – 17 🌐 lowell.edu

Northern Arizona University

🏠 620 S Knoles Dr 🌐 nau.edu

Riordan Mansion State Historic Park

🏠 409 W Riordan Rd ⏰ Mai – Okt: tägl. 9:30 – 17; Nov – Apr: Do – Mo 10:30 – 17 🌐 azstateparks.com

Pioneer Museum

🏠 2340 N Fort Valley Rd ⏰ Mo – Sa 9 –17 (Sep – Mai: 10 –16), So 10 –16 🌐 arizonahistorical society.org

Museum of Northern Arizona

🏠 3101 N Fort Valley Rd ⏰ Mo – Sa 10 –17, So 12 –17 🌐 musnaz.org

Arizona Snowbowl

🏠 Snowbowl Rd 🌐 arizonasnow bowl.com

archäologischer Artefakte im Südwesten, zudem bietet es Kunst- und naturwissen-schaftliche Ausstellungen. Die Archaeology Gallery er-läutert die Geschichte der ethnischen Gruppen der Re-gion. Die Ethnology Gallery zeigt 12 000 Jahre Geschich-te indianischer Kulturen auf dem Colorado Plateau.

Skifahrer zieht es elf Kilo-meter nördlich der Stadt ins Skigebiet **Arizona Snow-bowl**. In den San Francisco Peaks fallen im Jahresdurch-schnitt 6,60 Meter Schnee – genug für die verschiedenen Pisten an den unteren Hän-gen des 3766 Meter hohen Agassiz Peak. Es gibt vier Sessellifte. Auch im An-gebot: Skikurse für Anfänger.

Restaurants

Downtown Diner

Autokennzeichen, Rad-kappen und Fotos von Landschaften säumen die Wände dieses Res-taurants, das auch zum Frühstück sehr beliebt ist. Das Mittagsmenü umfasst Burger und frische Forellen.

🅰 C4 🏠 7 E Aspen Ave ☎ +1-928-774-3492

💲💲💲

Black Bart's Steakhouse

Das familiengeführte, nach einem berühmten Postkutschenräuber der 1870er Jahre benannte Restaurant serviert beste Steaks und fri-sche Meeresfrüchte. Abends werden Songs aus Broadway-Musicals dargeboten.

🅰 C4 🏠 2760 E Butler Ave 🕐 mittags 🌐 blackbartssteak house.com

💲💲💲

④ ☢ 🚫 ♿

Wupatki National Monument

🅰 C4 🅿 Hwy 54, nahe Hwy 89, Meilenmarkierung 444, Flagstaff 🚗 🚌 Flagstaff 🗓 25. Dez 🌐 nps.gov/wupa

Zum ausgedehnten Wupatki National Monument zählen insgesamt rund 2700 historische Stätten, die einst von den Vorfahren der Hopi bewohnt wurden. Die etwa 14 000 Hektar große, sonnenverdörrte Wildnis nördlich von Flagstaff wurde zum ersten Mal nach dem Ausbruch des Sunset Crater im Jahr 1064 besiedelt. Die Sinagua und ihre Anasazi-Verwandten nutzten den durch die Vulkanasche fruchtbar gewordenen Boden für die Landwirtschaft. Die gewaltige Eruption fand auch Eingang in ihre Glaubensvorstellungen. Warum sie die Region im frühen 13. Jahrhundert wieder verließen, ist bis heute ungeklärt *(siehe S. 176f)*.

Am größten ist das Wupatki Pueblo aus dem 12. Jahrhundert mit vielen Gebäuden aus rotem Sandstein, die mitten im Prärieland um einen natürlichen Felsvorsprung errichtet wurden. In der vierstöckigen Anlage mit 100 Räumen lebten einst über 100 Sinagua. Angehörige anderer Kulturen kam hierher, um Waren auszutauschen. Ein Lehrpfad führt zu den einzelnen historischen Stätten und bietet Informationen zur gesamten Anlage.

Der ungewöhnlichste Bereich ist ein Platz, auf dem die Sinagua wohl ein Ballspiel ausübten, bei dem der Ball – ohne Berührung mit Hand oder Fuß – durch einen Steinring gelangen musste.

⑤

Oak Creek Canyon

🅰 C4 ℹ️ +1-800-288-7336 oder +1-928-203-2900

Südlich von Flagstaff windet sich der Highway 89A auf einer reizvollen Strecke durch den Oak Creek Canyon nach Sedona *(siehe S. 76f)*. Hier werfen dichte Wälder ihre langen Schatten. Das eindrucksvolle Farbenspiel der Steilklippen aus Kalkstein, Sandstein und Basalt reicht von Weiß über Gelb und Rot bis hin zu tiefem Schwarz.

Das beliebte Erholungsgebiet bietet viele Wanderwege, etwa den steilen East Pocket Trail, der durch den Wald zum Canyonrand führt. Im nahen Slide Rock State Park gibt es eine Apfelfarm. Schwimmer nutzen eine Felsformation als Wasserrutsche.

Ausritte

Erleben Sie Arizona bei einem Ausritt wie ein Cowboy. Viele Ranches organisieren Ausritte für alle Altersgruppen und Niveaus. Sie können auf den Ranches auch übernachten. Die Tanque Verde Ranch in Tucson bietet Unterricht, Ausritte, Grillen und andere Aktivitäten. Auf der Sprucedale Guest Ranch können Sie an einer authentischen Pferde- oder Viehfahrt teilnehmen.

↑ *Besucher rasten an einem Bach im Slide Rock State Park nahe dem Oak Creek Canyon*

↑ *Wanderung in der Aschelandschaft des Sunset Crater Volcano National Monument*

Osage in Missouri gelebt hatte. Die Stadt entwickelte sich um die Eisenbahn herum, die ab etwa 1880 hierherführte. Der Bau einer Nebenstrecke zum South Rim des Grand Canyon 1901 machte aus Williams ein Touristenzentrum. In den späten 1920er Jahren avancierte die Stadt zum beliebten Zwischenstopp an der Route 66 *(siehe S. 28f)*.

Hier pflegt man noch die typische Pionierattitüde: Man(n) trägt Stetson und fährt Pick-up. Die meisten Hotels und Restaurants liegen an der Straßenschleife von Route 66 und Interstate 40. Die Diners im Stil der 1950er Jahre, u. a. mit Soda Fountains und Postern, haben sich komplett der Route-66-Nostalgie verschrieben.

⑥

Sunset Crater Volcano National Monument

🅰 C4 🏠 Hwy 545, nahe Hwy 89, Meilenmarkierung 430, 6082 Sunset Crater Rd 🚏 🚍 Flagsttaff 📞 +1-928-526-0502 🕐 25. Dez 🌐 nps.gov/sucr

Ein gewaltiger Vulkanausbruch formte 1064 den 122 Meter tiefen Krater und hinterließ einen 305 Meter über das Lavafeld ragenden Aschekegel. Der leicht zu gehende Lava Trail (1,6 km) führt durch die trockene Aschelandschaft mit ihren vielen Lavaröhren, -blasen und -schloten.

⑦

Walnut Canyon National Monument

🅰 C4 🏠 Hwy I-40, Ausfahrt 204 🚏 🚍 Flagstaff 📞 +1-928-526-3367 🕐 tägl. 9–17 (Juni–Okt: 8–17) 🕐 25. Dez 🌐 nps.gov/waca

Rund 16 Kilometer östlich von Flagstaff sieht man im Walnut Canyon (erreichbar über die Interstate 40) in die

Felsen gebaute *cliff dwellings*. Im 12. und 13. Jahrhundert lebten hier Sinagua, die wegen der fruchtbaren Böden und der guten Wasserversorgung aus dem nahen Walnut Creek in den Canyon zogen.

Zu besichtigen sind 25 *cliff dwellings*. Sie ducken sich unter Überhänge, die die Erosion in die Sand- und Kalksteinwände modellierte. Die Sinagua verließen den Ort Anfang des 13. Jahrhunderts – möglicherweise aufgrund von Dürre, Krankheiten oder Kriegen *(siehe S. 176f)*. Eine interessante Ausstellung von Sinagua-Artefakten gibt es im Walnut Canyon Visitor Center.

⑧

Williams

🅰 C4 🏔 170 🚏 ℹ 200 W Railroad Ave (+1-928-635-1418) 🌐 experience williams.com

Die Kleinstadt wurde 1851 nach dem legendären *mountain man* und Trapper Bill Williams (1787–1849) benannt, der u. a. bei den

Restaurants

Twisters Soda Fountain & The Route 66 Place

Mit schwarz-weißem Schachbrettboden und Vinylstühlen verströmt das Lokal das Flair der 1950er Jahre. Auf der Speisekarte stehen Burger und Hotdogs.

🅰 C4 🏠 417 E Route 66, Williams 🕐 So 🌐 route66place.com

Goldies Route 66 Diner

Trinken Sie einen Kaffee, oder genießen Sie Burger, Pommes und Thunfisch.

🅰 C4 🏠 425 E Route 66, Williams 📞 +1-928-635-4466

← Heißluftballons über der London Bridge in Lake Havasu City

9 Lake Havasu City

A B5 **M** 53 000 **✈** **🚌**
i 314 London Bridge Rd
(+1-928-453-3444)
W golakehavasu.com

Der kalifornische Unternehmer Robert McCulloch gründete 1964 am Colorado River ein Erholungszentrum: Lake Havasu City, das im Binnenstaat Arizona bald sehr beliebt war. Vier Jahre später gelang ihm mit dem Kauf der London Bridge, die er von Großbritannien an den Lake Havasu bringen ließ, ein wahrer Geniestreich.

Neider vermuteten, dass McCulloch die Brücke mit der berühmten Tower Bridge verwechselt hätte. Der Spott steigerte sich, als herauskam, dass in Havasu City gar kein geeigneter Wasserlauf für die Brücke vorhanden war – doch der Unternehmer ließ einfach den benötigten Kanal graben.

10 Montezuma Castle National Monument

A C4–5 **🏠** Hwy I-17,
Ausfahrt 289 **☎** +1-928-
567-3322 **🕐** tägl. 8–17
W nps.gov/moca

Die Pueblo-Ruinen wurden 1906 zum National Monu-

ment erklärt. Sie liegen einige Kilometer östlich der I-17. Im 12. Jahrhundert wurden die *cliff dwellings* von den Sinagua in den Kalkstein oberhalb des Beaver Creek gebaut. Sie haben sich gut erhalten. Einst umfasste die gesamte Anlage 20 Räume auf fünf Etagen. Am Visitor Center illustriert eine Ausstellung Leben und Kultur der Sinagua. Dort beginnt auch ein Wanderpfad entlang dem Beaver Creek. Von dort eröffnet sich ein schöner Blick auf die Ruinen.

Zum National Monument gehört auch Montezuma Well (18 km nordöstlich). Die 15 Meter tiefe und 140 Meter breite, mit Wasser gefüllte Bodensenke besaß für viele Stämme eine hohe religiöse Bedeutung – als Stätte der Schöpfung. Über 3800 Liter Wasser fließen pro Minute hindurch. Montezuma Well wurde lange zur Bewässe-

Expertentipp
Hualapai Legacy Pass

Der Transport mit dem Hop-on-Hop-off-Bus ist im Eintrittspreis für den Grand Canyon West enthalten. Für den Skywalk hingegen ist eine Extragebühr zu entrichten.

rung des umliegenden Gebiets genutzt. Ein Pfad führt zunächst um den Rand der Senke, bevor er sich zum Ufer hinabwindet.

11 Jerome

A C4 **M** 500 **i** 310 Hull
Avenue, Jerome
(+1-928-634-2900)
W jeromechamber.com

Von Osten, auf dem Highway 89A, kann man Jerome schon aus der Ferne sehen. Die alten Ziegelhäuser scheinen förmlich an den steilen Hängen des Cleopatra Hill zu kleben. 1912 erlebte der Ort, in dem bereits um 1870 Silber abgebaut wurde, den Durchbruch: Prospektoren stießen auf eine 1,5 Meter dicke Kupferader. Zwei Jahre später trieb der Erste Weltkrieg den Kupferpreis in die Höhe. Jerome erlebte einen Boom, bis die Preise durch den Börsencrash von 1929 abstürzten. Obwohl sich die Minen bis 1953 hielten, war Jeromes große Zeit vorbei.

Als die Stadt begann, auf dem durch Sprengungen instabil gewordenen Cleo-

→ Traumhafte Aussicht vom Grand Canyon Skywalk über dem Colorado River

patra Hill bergab zu rutschen, verkam sie zur Geisterstadt. Neues Leben brachten Künstler und Kunsthandwerker, deren Galerien und Läden viele Besucher anzogen. Heute wandern Tagesausflügler durch das quirlige Zentrum mit Ziegelhäusern (spätes 19., frühes 20. Jh.) sowie vielen Galerien, Cafés und Restaurants.

Grand Canyon Skywalk / Grand Canyon West

🅰 B3 🛈 Grand Canyon West (+1-928-769-2636)
🆆 grandcanyonwest.com

Der Grand Canyon Skywalk ist eine Plattform mit Glasboden und -geländer, die 21 Meter über den Rand des Grand Canyon hinausragt (in 1220 Meter Höhe über dem Canyongrund). Skywalk und Grand Canyon West sind Projekte der Hualapai und liegen in deren Reservat – viel näher an Las Vegas als am South Rim (ca. 400 km Autofahrt entfernt). Seit 2010 verkürzt die neue Colorado River Bridge den Weg von Las Vegas zum Grand Canyon West.

All-inclusive-Touren zum Skywalk kann man in Las Vegas – die meisten Besucher kommen hier mit dem Flugzeug an – oder vor Ort buchen. Sie bieten zusätzlich Cowboy-Shows, Ausritte und Helikopterflüge oder Bootstouren auf dem Colorado River.

Ein Indianerdorf präsentiert Behausungen der Hualapai. Im Amphitheater gibt es täglich Vorführungen zur Kultur der Indianer. Auf dem Areal von Grand Canyon West verkehrt ein Shuttle-Bus – private Fahrzeuge sind verboten.

> **All-inclusive-Touren zum Skywalk kann man in Las Vegas oder vor Ort buchen. Sie bieten zusätzlich Cowboy-Shows, Ausritte, Helikopterflüge oder Bootstouren auf dem Colorado River.**

TOP 5

Galerien in Jerome

Jerome Artists Co-op
🅰 C4 🏠 502 Main St
🆆 jeromecoop.com
Kunstwerke verschiedenster Genres.

Pura Vida Gallery
🅰 C4 🏠 501 School St 🆆 puravidagallery jerome.com
Glaswaren, Stoffe und Tonwaren von mehr als 120 Künstlern.

Jerome Art Center
🅰 C4 🏠 885 Hampshire Ave 🆆 jerome artcenter.com
Ateliers und Galerien in früherer Highschool.

Raku Gallery
🅰 C4 🏠 250 Hull Ave
☎ +1-928-639-0239
Kunstwerke von über 200 Künstlern.

Firefly
🅰 C4 🏠 208 Main St
🆆 fireflyjerome.com
Von der Natur inspirierte Objekte.

⑬
Tuzigoot National Monument

🅰 C4 🅷 Hwy 89 nach Cottonwood 📞 +1-928-634-5564 🕐 tägl. 8–17 📅 25. Dez 🌐 nps.gov/tuzi

Von den auf einem isoliert stehenden Kalksteinhügel gelegenen Ruinen des Tuzigoot National Monument hat man einen weiten Blick auf das Tal des Verde River. Der von den Sinagua ab dem 12. Jahrhundert erbaute Pueblo bot etwa 300 Menschen Platz und wurde Anfang des 15. Jahrhunderts verlassen. Zu dieser Zeit schlossen sich die Sinagua wohl den im Norden lebenden Anasazi an.

Tuzigoot wurde in den 1930er Jahren teilweise wiederaufgebaut. Interessant sind die Pueblo-Eingänge: Die Häuser wurden durch über Leitern erreichbare Dachluken betreten. Artefakte und Kunstwerke der Sinagua sind im Visitor Center ausgestellt.

⑭
Arcosanti

🅰 C5 🅷 13555 S Cross L Rd, Mayer 📞 +1-928-632-7135 🕐 tägl. 10–16 🌐 arcosanti.org

Der italienische Architekt Paolo Soleri (1919 – 2013)

Schon gewusst?

Der Highway US-60 bietet auf kurvenreicher Strecke eine malerische Fahrt von Show Low nach Globe.

gründete 1970 diese Experimentalstadt. Mit der Kombination aus Architektur und Ökologie zielte er darauf ab, die Zersiedelung der Städte und die Auswirkungen des Menschen auf die Umwelt zu verringern und zudem die Lebensqualität deutlich zu verbessern. Die Bewohner leben in kompakten Gebäuden, die nur wenig Baugrund beanspruchen.

Das spannende Projekt können Sie im Rahmen einer Führung kennenlernen. Auch Workshops und Übernachtungen werden angeboten.

⑮
White Mountains
🅰 D5

Die bis 3353 Meter hoch aufragenden White Mountains im Osten von Nord-Arizona

werden von vielen Besuchern kaum beachtet. Für Einheimische hingegen ist diese Region mit ihren schattigen Kiefernwäldern und Seen ein bevorzugtes Gelände, um der Sommerhitze zu entfliehen, und außerdem beliebt für Outdoor-Aktivitäten. Die **Fool Hollow Lake Recreation Area** bietet Optionen zum Angeln und Schwimmen.

Das White Mountain Trail System mit unterschiedlich langen Rundwegen führt Wanderer, Reiter und Moun-

↑ *Gebäude in der Siedlung Arcosanti, die im Einklang mit ökologischen Kriterien errichtet wurde*

↑ Blick vom Kraterrand in den gewaltigen Meteor Crater

tainbiker durch schöne Waldabschnitte. Es beginnt beim Dorf **Pinetop-Lakeside**, auch Snowflake und Show Low bieten Restaurants und Unterkünfte. Das Sunrise Park Resort ist im Winter Tummelplatz für Skifahrer und Snowboarder.

Von Pinetop-Lakeside führt eine Straße nach Osten, vorbei am Mount Baldy (3477 m), dem zweithöchsten Gipfel Arizonas.

Fool Hollow Lake Recreation Area
 ⏱ tägl. 5 – 22
🌐 azstateparks.com

Pinetop-Lakeside
🛈 102-C W White Mountain Blvd, Lakeside 🌐 pinetop lakesidechamber.com

16 Meteor Crater
🅰 C4 🏠 nahe Hwy I-40, Ausfahrt 233 📞 +1-800-289-5898 ⏱ Juni – Aug: tägl. 7 –19; Sep – Mai: tägl. 8 –17 🔒 25. Dez
🌐 meteorcrater.com

Der Barringer Meteor Crater entstand vor etwa 50 000 Jahren. Der Krater (167 m tief, 4 km Durchmesser) erinnert so sehr an einen Mond-

krater, dass in den 1960er Jahren hier die NASA-Astronauten »übten«. Heute werden Touren angeboten. Im Visitor Center gibt es Infos zur Geschichte des Kraters.

17 Petrified Forest National Park

🅰 D4 🏠 nahe Hwy 180 📞 +1-928-524-6228 ⏱ Zeiten der Website entnehmen 🔒 25. Dez
🌐 nps.gov/pefo

Der Park zählt zu den ungewöhnlichsten Attraktionen Arizonas. Vor Jahrmillionen schwemmten Flüsse Tausende von Bäumen in einen riesigen Sumpf. Das Grundwasser durchdrang das Holz, das Silizium darin kristallisierte. Die in vielen Farben versteinerten Bäume behielten ihre Form und Struktur bei.

Am Park erstreckt sich die Painted Desert. Dort wechseln Sand und Felsen im Tagesverlauf je nach Licht ihre Farbe von Blau nach Rot. Vom Visitor Center führt eine Straße (45 km) durch den Park. Am Kachina Point beginnt der Weg in die Painted Desert Wilderness. Wer zelten will, braucht eine (kostenlose) Erlaubnis. Am Südende der Straße präsen-

tiert das **Rainbow Forest Museum** Versteinerungen.

Rainbow Forest Museum
📞 +1-928-524-6228
⏱ Zeiten tel. erfragen
🔒 25. Dez

Hotels

Hon Dah Resort-Casino & Conference Center
Das Resort gehört dem Stamm der White Mountain Apache und bietet beheizten Pool, Restaurant, Spa und Live-Unterhaltung.

🅰 D5 🏠 777 Hwy 260, Pinetop 🌐 hon-dah.com
Ⓢ Ⓢ Ⓢ

La Posada Hotel
In dem Hotel im Stil einer spanischen Hacienda waren schon Stars wie Bob Hope und John Wayne zu Gast.

🅰 C4 🏠 303 E Route 66, Winslow 🌐 laposada.org
Ⓢ Ⓢ Ⓢ

Tour ins Zentrum Arizonas

Länge 85 Meilen (137 km) **Route** Von Sedona geht es auf dem Hwy 89A bis Tuzigoot, Jerome und Prescott. Hwy 69 führt östlich von Prescott zur I-17, der Route nach Camp Verde, Fort Verde und Montezuma Castle.

Der Verde River fließt durch die bewaldeten Hügel und fruchtbaren Wiesen des Zentrums von Arizona, bevor er sich zum weiten grünen Tal zwischen Flagstaff und Phoenix öffnet. Hier finden sich bezaubernde Städtchen wie das schön gelegene Sedona oder die alte Bergarbeiterstadt Jerome. Jenseits der Berge liegt die ehemalige Hauptstadt Prescott mit würdevollen viktorianischen Bauten. Beeindruckende Zeugen der uralten Geschichte dieser Region sind die Pueblo-Ruinen Montezuma Castle und Tuzigoot.

Im früheren Bergbaustädtchen **Jerome** *(siehe S. 82f)* schmiegen sich viele Ziegelhäuser an den Cleopatra Hill.

Die charmante Stadt **Prescott** zwischen den zerklüfteten Gipfeln und dichten Wäldern des Prescott National Forest ist ein Zentrum für viele Outdoor-Aktivitäten.

0 Kilometer 10
0 Meilen 10

N

← *Dokumente der von lukrativem Kupferbergbau geprägten Vergangenheit in Jerome*

Der Ferienort **Sedona** *(siehe S. 76f)* mit seinen New-Age-Läden und Galerien ist zwischen eindrucksvolle rote Felsberge eingebettet.

Von den Ruinen des Berg-Pueblos im **Tuzigoot National Monument** *(siehe S. 84)* sieht man ins Tal des River Verde hinab.

Grand Canyon und Nord-Arizona

Zentrum Arizonas

Zur Orientierung
Siehe Karte S. 66f

Red Rock-Secret Mountain Wilderness Area

START Sedona
ZIEL

Munds Mountain Wilderness Area

Clarkdale
○ *Tuzigoot National Monument*

Oak Creek

Village of Oak Creek

Cornville

Cottonwood

Cottonwood-Verde Village

Verde River

Rimrock

Cherry   Camp Verde
Montezuma Castle National Monument

Die altindianischen Ruinen von **Montezuma Castle National Monument** *(siehe S. 82)* stammen aus dem 12. Jahrhundert.

Highlight in **Camp Verde** ist das 1865 von der US-Armee erbaute Fort Verde. Führer in historischer Kleidung leiten die Besucher.

→
In den Felsen gebaute cliff dwellings, *Montezuma Castle National Monument*

Saguaro-Kaktus im Tonto National Monument bei Phoenix (siehe S. 112)

Phoenix und Süd-Arizona

Die weitläufigen, grandiosen Landschaften Süd-Arizonas wurden schon ab etwa 400 v. Chr. von den Hohokam bewirtschaftet, die das kostbare Wasser für ihre Felder nutzten.

Ab dem 18. Jahrhundert errichteten die Spanier Forts und Siedlungen in der Region. Das hispanische Erbe zeigt sich in den Missionskirchen von San Xavier del Bac und Tumacácori sowie in der historischen Stadt Tucson, die um ein spanisches Fort (1776) entstand. Mit den Silberfunden in den 1870er Jahren wurde die Region für ein Jahrzehnt zum Wilden Westen.

Diese raue Ära wird heute in Orten wie dem für die Schießerei im OK Corral berühmten Tombstone nachgestellt. Die Invasion der Bergarbeiter ließ die Städte erblühen, etwa das um 1860 von Farmern am Salt River gegründete Phoenix. Heute ist Phoenix das größte Ballungszentrum in Arizona und für seine warmen Winter und vielfältigen Freizeiteinrichtungen bekannt.

Phoenix und Süd-Arizona

Highlights
1 Phoenix
2 Tucson

Sehenswürdigkeiten
3 Apache Trail
4 Globe
5 Casa Grande Ruins National Monument
6 Biosphere 2 Center
7 Yuma
8 Organ Pipe Cactus National Monument
9 Tumacácori National Historical Park
10 Nogales
11 Tubac
12 Tombstone
13 Bisbee
14 Kartchner Caverns State Park
15 Chiricahua National Monument
16 Amerind Foundation
17 Willcox

CALIFORNIA

Williams

Jerome

Dewey-Humboldt

Cordes Lakes

Congress

Vidal Junction

Parker

Wickenburg

Lake Pleasant

New River

Aguila

Wenden

60

Brenda

Hope

Blythe

Quartzsite

10

95

Centennial

10

Tonopah

Maricopa

Phoenix
1

Phoenix Sky Harbor International Airport

10

Colorado River

Gila River

Gila Bend

Aztec

8

Dateland

85

10

7
Yuma

95

Welton

Tacna

Childs

Ajo

Why

Santa Rosa

86

Organ Pipe Cactus National Monument
8

El Golfo de Santa Clara

MEXIKO

Sonoyta

85

Lukeville

8

Quitovac

Puerto Peñasco

0 Kilometer   50
0 Meilen   50

N

Winona

Flagstaff

Winslow

Joseph City

Holbrook

Grand Canyon
und Nord-Arizona
Seiten 64–87

Snowflake

Show Low

Albuquerque und
Südliches New Mexico
Seiten 218–243

Phoenix und
Süd-Arizona

Camp Verde

Aripine

Pinedale

Springerville

Nutrioso

Alpine

Luna

Payson

Rye

Young

Tonto Basin

Theodore Roosevelt Lake

Willow

Salt River

❸
Apache Trail

Claypool

Scottsdale

Mesa

Apache Junction

Superior

Chandler

Globe ❹

Peridot

Bylas

Fort Thomas

Morenci

York

ARIZONA

Gila River

Casa Grande

Florence

Hayden

Dudleyville

Pima

Safford

Duncan

❺
**Casa Grande Ruins
National Monument**

Chuichu

Picacho

Mammoth

Mount Graham
3267

Oracle Junction

❻ **Biosphere 2 Center**

Rillito

Saguaro National Park

*Mica Mountain
2642 m*

Raso

Bowie

Willcox ❼

San Simon

❷ **Tucson**

Three Points

Tucson International Airport

**Amerind
Foundation**

Cochise

❶⑥

Sells

Benson

Sunsites

Elfrida

❶⑤
**Chiricahua
National
Monument**

Rodeo

Kartchner
Caverns
State Park ❶④

Tombstone
❶②

❶❶ **Tubac**

Apache

❾
**Tumacácori National
Historical Park**

McNeal

Bisbee
❶③

Nogales

Sierra Vista

❶⓪

Douglas

Nogales

Agua Prieta

❶

Phoenix

🅰 C5 🏔 1,6 Mio. ✈ 2,5 Meilen (4 km) östl. des Zentrums 🚌 2115 E Buckeye Rd ℹ 125 North 2nd St (+1-877-225-5749) 🏌 PGA Golf Waste Management Phoenix Open (Feb) 🆆 visitphoenix.com

Wo ab 1860 Farmer und Rancher siedelten, erstreckt sich heute die Metropole Phoenix im Tal des Salt River. Seit 1912 ist die Hauptstadt Arizonas das politische und wirtschaftliche Zentrum des Bundesstaats. Die in das Ballungszentrum eingemeindeten Orte konnten bis heute ihren Charakter bewahren. Downtown Phoenix birgt zahlreiche Attraktionen, darunter auch Heritage Square und Heard Museum.

①
Arizona Capitol Museum

🏠 1700 West Washington St 📞 +1-602-26-3620 🕐 Mo – Fr 9 – 16 (Sep – Mai: auch Sa 10 – 14) 🔒 Feiertage 🆆 azlibrary.gov/azcm

Das Arizona State Capitol (1900) beherbergt die Legislative und Exekutive der Staatsregierung sowie ein vierstöckiges Museum. Dieses erläutert die politische, wirtschaftliche, soziale und kulturelle Entwicklung des Bundesstaats Arizona mit Hightech- wie auch traditionellen Ausstellungen.

②
Children's Museum of Phoenix

🏠 215 N 7th St 📞 +1-602-253-0501 🕐 Di – So 9 – 16 🆆 childrensmuseum ofphoenix.org

Dies ist weniger ein Museum, sondern eher ein beliebter Spielplatz, wo sich Kinder bis etwa zehn Jahre in sicherer Umgebung nach Herzenslust austoben können. Highlights sind das riesige Innenraum-Baumhaus, ein Raum, in dem man eine Burg bauen kann, und ein Wald aus grünen und orangefarbenen Nudeln. Für Kinder unter drei Jahren gibt es einen Extra-Bereich.

③
Roosevelt Row

🆆 rooseveltrow.org

Das liebevoll auch »RoRo« genannte Kunstviertel liegt zwischen 7th Avenue und 12th Street mit der Roosevelt Street als zentraler Achse. Die ehemals recht heruntergekommenen Häuser und verlassenen Gebäude wurden von Künstlern in farbenfrohe Galerien und Ateliers umgewandelt. Es gibt auch zahlreiche Restaurants, das Sortiment der Läden reicht von schick bis Vintage.

Bei einem Bummel durch das Areal sehen Sie fast an

← Blick über Phoenix, Arizonas Hauptstadt vor eindrucksvoller Bergkulisse

jeder Ecke Wandbilder mit unterschiedlichsten Motiven. Porträts von Berühmtheiten wie Billie Holliday und Marilyn Monroe sind ebenso vertreten wie künstlerische Darstellungen von Skeletten, Regenbogen, Boxern, Tieren und Graffiti aller Art.

Sehr gute Tage für einen Besuch des Viertels sind der erste und dritte Freitag im Monat (jeweils 18–23 Uhr). Dann verlangen Museen und Galerien keinen Eintritt und bleiben bis spätabends geöffnet. Zum umfangreichen Rahmenprogramm gehören Kunstmärkte, Performances und Livemusik.

Hotel

The Wigwam Resort
Dieser 1929 eröffnete, weitläufige Komplex aus Lehmziegeln und Holz erstreckt sich auf einem großzügig bemessenen Grundstück und bietet elegante Zimmer. Weitere Argumente sind ein luxuriöses Spa, vier Pools, drei Restaurants, zwei Bars und drei Golfplätze.

🏠 300 E Wigwam Blvd, Litchfield Park
Ⓦ wigwamarizona.com
$ $ $

Großraum Phoenix

⑫ Musical Instrument Museum
Paradise Valley Village
101
51
Taliesin West ⑨
Cosanti Foundation
17
North Mountain Village
⑩
Central Scottsdale
Phoenix Mountains Preserve
Camelback Mountain
101
Alhambra
51
⑭
Scottsdale
Encanto Village
Pueblo Grande Museum and Archaeological Park
Papago Park
⑧
87
17
⑬ Desert Botanical Garden
202
10
Gebiet der Hauptkarte
⑰ Phoenix Zoo
17
Mesa Grande Cultural Park
Phoenix Sky Harbor International Airport
143
⑮
⑯ Mesa
Tempe
Tempe History Museum
Mystery Castle
Guadalupe
⑪
10
101
87
Gilbert

0 km 5
0 Meilen 5
N ↑

Zentrum von Phoenix

NORTH
CENTRAL
⑥ Heard Museum
MONTE VISTA ROAD
THIRD STREET
SEVENTH STREET
PALM LANE
PALM LN
AVERADO ST
GRANADA RD
CORONADO ST
Phoenix Art Museum
⑦
MC DOWELL ROAD
AVENUE
WILLETTA STREET
DRILL GT
DECK PARK TUNNEL
10
MORELAND STREET
PORTLAND STREET
FIFTH STREET
SIXTH STREET
SEVENTH STREET
ROOSEVELT STREET
③ Roosevelt Row
SECOND STREET
Matt's Big Breakfast
GARFIELD ST
MC KINLEY STREET
FIRST ST
MC KINLEY STREET
PIERCE STREET
SECOND AVENUE
FIRST AVENUE
FILMORE ST
FILMORE ST
THIRD STREET
TAYLOR ST
POLK ST
Children's Museum of Phoenix
②
VAN BUREN STREET
SIXTH AVENUE
FIFTH AVENUE
FOURTH AVENUE
THIRD AVE
VAN BUREN STREET
Heritage Square ④
MONROE ST
WOODLAND AVENUE
SEVENTH AVENUE
MONROE STREET
ℹ
VAN BUREN STREET
15TH AVENUE
13TH AVE
ADAMS STREET
DOWNTOWN
Arizona Science Center ⑤
Pizzeria Bianco
① Arizona Capitol Museum
WEST WASHINGTON STREET
JEFFERSON STREET
JEFFERSON STREET
17TH AVENUE
MADISON STREET
MADISON STREET
JACKSON STREET
JACKSON STREET
🚊 Union Station

0 Meter 500
0 Yards 500
N ↑

④
Heritage Square
🏠 115 N 6th St
🌐 heritagesquarephx.org

Phoenix ist eine moderne Stadt, deren Einwohnerzahl nach dem Zweiten Weltkrieg rasant anstieg. Viele alte Gebäude fielen diesem Wachstum zum Opfer, nur wenige Bauten aus dem späten 19. und frühen 20. Jahrhundert blieben vom Abriss verschont. Die interessantesten stehen am Heritage Square, der mit Bäumen und Cafés zum Spazierengehen einlädt.

Das im Stil der Zeit eingerichtete Rosson House, eine Holzvilla von 1895 mit umlaufender Veranda und auffälligem sechseckigem Türmchen, kann besichtigt werden (Tel. +1-602-262-5070). Nebenan steht das Burgess Carriage House im Kolonialstil – eine Rarität

im Südwesten. Das Silva House (1900) beherbergt Ausstellungen zur Geschichte Arizonas.

⑤
Arizona Science Center
🏠 600 E Washington St
📞 +1-602-716-2000 🕐 tägl. 10–17 🚫 Thanksgiving, 25. Dez 🌐 azscience.org

Die Themen der mehr als 300 interaktiven, wissenschaftlichen Exponate in dem topmodernen, dreistöckigen Gebäude reichen von Physik bis zur menschlichen Anatomie. Publikumsrenner ist die »Körperreise« in »All About Me« (erste Etage), einer Ausstellung über die Biologie des Menschen. In »The World Around You« (dritte Etage) stehen eine 27 Meter lange Felswand und die Oberflächen verschiedener Substanzen zur Erkundung bereit. Das Breitwandkino ist bei Kindern und Erwachsenen beliebt.

⑥
Heard Museum
🏠 2301 North Central Ave
📞 +1-602-252-8848
🕐 Mo – Sa 9:30–17, So 11–17 🚫 25. Dez 🌐 heard.org

Das Heard Museum wurde 1929 von dem vermögenden Rancher und Geschäftsmann Dwight Heard gegründet. Gemeinsam mit seiner Frau Maie hatte er in den 1920er Jahren eine umfassende Sammlung indianischer Kunst zusammengetragen. Später erweiterten Spender die Museumsbestände, darunter Arizonas Senator Barry Goldwater und die Fred Harvey Company, die ihre Kachina-Figuren stiftete. Die Hauptattraktion unter den über 40 000 Exponaten des Museums sind genau diese rund 500 Puppen.

Schon gewusst?

In der Tradition der Hopi sind kachinas die Geister von Naturgottheiten, Tieren oder Vorfahren.

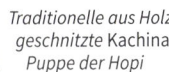

← Traditionelle aus Holz geschnitzte Kachina-Puppe der Hopi

Außerdem zeigt das Museum Korbwaren, Keramik, Textilien und Kunstwerke sowie Silberarbeiten der Navajo, Zuni und Hopi.

⑦ 🖌 💻 🎒 ♿

Phoenix Art Museum

🏠 1625 N Central Ave
📞 +1-602-257-1222
🕐 Di – Sa 10 –17 (Mi bis 21), So 12 –17 🚫 Thanksgiving, 25. Dez 🅦 phxart.org

Das auch international renommierte Phoenix Art Museum ist das größte Kunstmuseum im Südwes-

ten der USA und genießt einen hervorragenden Ruf für die Qualität seiner Wechselausstellungen. Die nicht weniger beeindruckende ständige Sammlung umfasst mehr als 19 000 Werke amerikanischer, asiatischer, europäischer und lateinamerikanischer Kunst sowie Galerien für moderne Kunst, zeitgenössische Kunst, Mode und Fotografie.

Werke des 14. bis 19. Jahrhunderts bilden die europäische Sammlung. Die asiatischen Galerien zeigen archäologische Objekte, Skulpturen, Schriftrollen und Manuskripte. Die umfangreiche lateinamerikanische Sammlung umfasst kolonialzeitliche Kunst sowie Werke mexikanischer Maler des 18. bis 20. Jahrhunderts. Die amerikanische Sammlung zeigt eine Auswahl an Werken amerikanischer Künstler des 18. und 19. Jahrhunderts, vor allem von Malern, die dem Südwesten verbunden waren. Gezeigt werden Arbeiten der Taos-Gruppe von etwa 1900 und deren bekanntestem Mitglied Georgia O'Keeffe sowie Werke von Frederic Remington und Ernest Blumenschein.

Restaurants

Pizzeria Bianco

Feinschmecker strömen in dieses für Gourmet-Pizzas aus dem Holzofen bekannte Restaurant. Zu den ungewöhnlichen Belägen gehört u. a. Fenchelwurst.

🏠 623 E Adams St
🅦 pizzeriabianco.com.
$$$

Matt's Big Breakfast

Für einen Besuch dieses Restaurants mit Tischen aus den 1950er Jahren und Vintage-Kunstwerken sollte man früh aufstehen. Zum Frühstück gibt es Gerichte aus biologisch angebauten Zutaten und Eier aus Freilandhaltung.

🏠 825 N 1st St
🕐 abends 🅦 matts bigbreakfast.com
$$$

Vincent on Camelback

Seit 1986 ist das Restaurant ein Favorit der Einheimischen. Für die einfallsreichen Menüs werden Zutaten aus der Region zu Gerichten mit französischem Flair verarbeitet, darunter auch Entenconfit mit Pommes Lyonnaise und Zitronensauce.

🏠 3930 E Camelback Rd 🕐 mittags; So, Mo 🅦 vincenton camelback.com
$$$

← Fassade des populären Wissenschaftsmuseums Arizona Science Center

Großraum Phoenix

Phoenix hat etwa 1,6 Millionen Einwohner, im Großraum leben rund 4,7 Millionen Menschen. Das Stadtgebiet erstreckt sich im Tal des Salt River und über 5200 Quadratkilometer in die Sonora-Wüste. Zum Großraum gehört die 19 Kilometer nordöstlich des Zentrums gelegene Stadt Scottsdale mit Designerläden und Golfplätzen, Tempe mit der Arizona State University und Mesa mit seinem indianischen Erbe.

Schon gewusst?

Bis 1884 hieß Scottsdale Orangedale, weil es als perfekter Ort für den Anbau von Zitrusfrüchten galt.

⑧
Scottsdale
ⓦ experiencescottsdale.com

Hier kommen Mode, Kunst und der Alte Westen zusammen. Scottsdale ist vor allem für seine vielen Golfplätze bekannt – in und um diesen Stadtteil von Phoenix gibt es über 200. Auch Luxushotels und Spas, gehobene Einkaufsmöglichkeiten und gute Restaurants prägen das Flair.

Die aus dem 19. Jahrhundert stammende Altstadt erstreckt sich im Zentrum von Scottsdale zu beiden Seiten der Main Street zwischen Scottsdale Road und Brown Avenue. Das Angebot an Läden reicht von Boutiquen bis zu Juwelieren. Die Main Street endet in der Scottsdale Mall. Hier befinden sich mit **Scottsdale Historical Museum** und **Scottsdale Museum of Contemporary Art** auch zwei hochrangige Kulturstätten.

Die Main Street ist mit vielen Galerien der Hotspot der Kunstszene. Zwischen Main Street und Marshall Way verläuft der Scottsdale ArtWalk (Do 19 – 21 Uhr). Ein weiteres Highlight des Viertels ist **Western Spirit: Scottsdale's Museum of the West**. Die Ausstellungen zeigen die Kunst und Kultur des Südwestens in Vergangenheit und Gegenwart.

Im Norden gibt es im Fifth Avenue Shopping District Galerien mit Kunsthandwerk der amerikanischen Ureinwohner. Scottsdale Waterfront ist ein Shopping- und Restaurantkomplex.

Scottsdale Historical Museum
🕐 🏠 7333 E Scottsdale Mall 🕐 Sep – Mai ⓦ scottsdalehistory.org

Scottsdale Museum of Contemporary Art
♿🅿🕐 🏠 7374 2nd Street 🕐 Di, Mi 11 –17, Do – Sa 11 – 20, So 12 –17 ⓦ smoca.org

Western Spirit: Scottsdale's Museum of the West
♿🕐 🏠 3830 N Marshall Way 🕐 Di – Sa 9:30 –17, So 11 –17 ⓦ scottsdalemuseumwest.org

Das Zentrum von Scottsdale prägen topmoderne Gebäude

Taliesin West

🏠 12345 N Taliesin Dr, Scottsdale 📞 +1-480-627-5340 🕐 Zeiten der Website entnehmen 🗓 Ostern, Thanksgiving, 25. Dez 🌐 franklloydwright.org

Der im Allgemeinen als der bedeutendste US-Architekt angesehene Frank Lloyd Wright (1869–1959) gründete 1937 den 240 Hektar großen Komplex Taliesin West als Winterschule für seine Studenten. Wright war in Chicago mit dem Bau eleganter, innovativer, offen gestalteter Häuser berühmt geworden. Er propagierte die Nutzung von regional vorhandenem Material wie Steine und Erde beim Bau von Häusern, war aber auch ein Pionier bei der Verwendung von Gussbeton.

Taliesin West ist heute Sitz der School of Architecture at Taliesin und der Frank Lloyd Wright Foundation, an der Studenten bis zu fünf Jahre leben und arbeiten – u. a. als Führer durch den über eine lange, kurvige

→

Equilibrium von Heloise Crista im Garten von Taliesin West

Wüstenstraße erreichbaren Komplex. Die Farben der niedrigen Gebäude zeigen Wrights Begeisterung für die Wüste. Er war darauf bedacht, die natürliche Umgebung einzubinden. Es gibt Führungen von einer bis drei Stunden. Führungen beginnen stündlich zwischen 9 und 16 Uhr (Online-Reservierung empfohlen).

Desert Spas

Phoenix und Scottsdale sind berühmt für ihre Spas. Viele befinden sich in Resorts und bieten ein breites Spektrum an Behandlungen an. Sie können sich von der Wüste inspirierte Anwendungen gönnen, bei denen natürliche Pflanzen wie Aloe vera verwendet werden. Sehr beliebt sich auch Hot-Stone-Massagen und Körperwickel aus rotem Ton.

Heilbehandlungen der amerikanischen Ureinwohner sind eine Spezialität im Aji Spa at Wild Horse Pass Resort & Spa (www.wildhorsepass.com).

Cosanti Foundation

🏠 6433 E Doubletree Ranch Rd, Paradise Valley 🕐 Mo – Sa 9 –17, So 11 –17 🗓 Feiertage 🌐 arcosanti.org

Der in Italien geborene Architekt Paolo Soleri (1919 – 2013) begann 1947 sein Studium in Taliesin West. Er gründete 1956 die Cosanti Foundation zur Erforschung urbaner Lebensräume auf der Basis von »Arcology«, der Verbindung von Architektur und Ökologie *(siehe S. 84)*. In einfachen, niedrigen Bauten mit Ateliers, einer Galerie und Werkstätten stellte Soleri und stellen nun seine Mitarbeiter ihre längst zum Markenzeichen gewordenen Windglocken her. Für Führungen ist eine frühzeitige Anmeldung erforderlich.

Mystery Castle

🏠 800 E Mineral Rd 📞 +1-602-268-1581 🕐 Okt – Mai: Do – So 11 –15:30 🌐 mymysterycastle.com

Boyce Luther Gulley, der Schöpfer des Mystery Castle, der wohl der exzentrischsten Sehenswürdigkeit in Phoenix, zog 1927 aus gesundheitlichen Gründen aus Seattle hierher. Da seine kleine Tochter gern am Strand Sandburgen gebaut hatte, Phoenix aber nicht am Meer liegt, errichtete Gulley für sie von 1930 bis zu seinem Tod 1945 eine lebensgroße Märchen-Sandburg aus alten Ziegeln, Autoteilen und Gerümpel vom Schrottplatz. Auf einer Führung kann man die 18 Räume erkunden und die Inneneinrichtung bewundern – ein Sammelsurium von Antiquitäten und Möbeln aus aller Herren Länder.

Die Farben der niedrigen Gebäude zeigen Wrights Begeisterung für die Wüste. Er war darauf bedacht, die natürliche Umgebung einzubinden.

⑫ 🎿 Ⓜ 🍴 💻 🎒

Musical Instrument Museum

🏠 4725 E Mayo Blvd 📞 +1-480-478-6000 🕐 tägl. 9–17 🚫 Thanksgiving
🌐 mim.org

Seit seiner Eröffnung im Jahr 2010 hat sich dieses Museum zu einer der renommiertesten Kulturstätten in den USA entwickelt. Mit mehr als 6800 Musikinstrumenten ist es das weltweit größte Museum seiner Art.

Was dieses Museum besonders auszeichnet, sind die Audio- und Videotechnik, die die Exponate begleiten. Besucher erleben hier, wie die einzelnen Instrumente klingen. Im ersten Stock befinden sich die Mechanical Music Gallery, die Target Gallery mit Sonderausstellungen und die Artist Gallery, in der u. a. Elvis Presleys Gitarre und John Lennons Klavier ausgestellt sind. In der Experience Gallery kann man einige ungewöhnliche Instrumente selbst spielen. Die Galerien im zweiten Stock präsentieren Instrumente aus rund 200 Ländern – oft in Kombination mit traditioneller Kleidung des jeweiligen Landes. Mittels Kopfhörer begeben Sie sich auf eine musikalische Reise um die Welt.

💬 Expertentipp
Besuch

Wegen Schulausflügen ist der Besucherandrang an Wochentagen besonders stark. Erwägen Sie u. U. den Kauf eines sieben Tage gültigen Zwei-Tages-Tickets, um nichts zu verpassen.

Theremin

Zu den ungewöhnlichsten Exponaten gehört das anfangs seltsam klingende Theremin, das berührungslos gespielt wird. Der Klang richtet sich nach dem Abstand beider Hände des Spielenden zu zwei Antennen. Eine Hand verändert die Tonhöhe, die andere die Lautstärke. In der Experience Gallery können Sie es probieren.

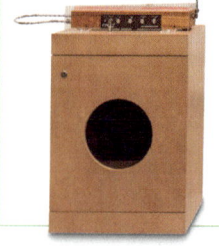

→ *Bekannte und ungewöhnliche Musikinstrumente*

1 Oktobass in der Orientation Gallery: mit einer Höhe von ca. 3,70 Metern das größte Streichinstrument.

2 Die Architektur des Museums nimmt musikalische Themen auf. Die Gestaltung des Mauerwerks erinnert an Noten.

3 In der Africa Gallery wird zur Musik getanzt.

← *Kaktusblüte – Frühlingsanblick im Papago Park*

⑬ Ⓜ︎

Papago Park

⌂ 625 N Galvin Parkway/ Ecke Van Buren St
☎ +1-602-261-8318
Ⓦ phoenix.gov/parks/trails/locations/papago-park

Der zehn Kilometer östlich von Phoenix gelegene Papago Park ist mit seinen Wanderpfaden, Radwegen, Picknickplätzen und Seen zum Angeln ein beliebtes Ausflugsziel. Zum Park gehört der 59 Hektar große Desert Botanical Garden mit über 20 000 Kakteen und Wüstenpflanzen aus aller Welt. Von seiner schönsten Seite präsentiert er sich im Frühjahr, wenn viele Arten in voller Blüte stehen. Auf Führungen erfährt man Wissenswertes über die außergewöhnlichen Lebenszyklen der Wüstenpflanzen.

Ebenfalls zum Park gehört der Phoenix Zoo. Zwischen Bergen und Seen werden verschiedene Habitate gezeigt, darunter auch die Sonora-Wüste oder tropischer Regenwald. In den überwiegend durch Kanäle oder Wälle begrenzten Zonen leben jeweils über 1400 Tiere.

⑭

Camelback Mountain

Der nach seiner Buckelform benannte Camelback Mountain überragt nur elf Kilometer nordöstlich von Downtown Phoenix die Vorstädte und ist eines der auffälligsten Wahrzeichen der Stadt. Den durch prähistorische vulkanische Eruptionen modellierten Berg aus Granit

und Sandstein erreicht man am besten von Norden kommend über die beschilderte Abzweigung am McDonald Drive nahe der Kreuzung mit dem Tatum Boulevard. Vom Parkplatz aus führt ein gut markierter Weg zum Gipfel. Der steile Anstieg überwindet eine Steigung von rund 25 Prozent.

Der Camelback Mountain grenzt an die schöne, bewaldete Echo Canyon Recreation Area mit zahlreichen schattigen Picknickplätzen.

⑮

Tempe

🖾 183 000 🖪 222 S Mill Ave (+1-480-894-8158)
Ⓦ tempetourism.com

Tempe ist Sitz der Arizona State University (ASU). Zu den bekanntesten Sehenswürdigkeiten gehört die auffällige City Hall – eine auf der Spitze stehende Pyramide aus bronziertem Glas und Stahl. In Tempe sieht man viel Kunst im öffentlichen

> Zu den bekanntesten Sehenswürdigkeiten von Tempe gehört die auffällige City Hall - eine auf der Spitze stehende Pyramide aus bronziertem Glas und Stahl.

Papago Park – Areal mit bemerkenswerten geologischen Formationen

Raum, auch einige Kulturstätten lohnen einen Besuch: Zeitgenössische Kunst zeigt das **ASU Art Museum**, das **Tempe History Museum** eine Sammlung zur Geschichte der Stadt. Auf dem Campus steht das von Frank Lloyd Wright entworfene **ASU Gammage Auditorium**, einer der größten Veranstaltungsorte für Broadway-Shows in den USA.

Wenn die Sommerhitze steigt, bietet der **Big Surf Water Park** Erfrischung.

ASU Art Museum
⌚🏛 🏠 51 E 10th St 🕐 Di – Sa 11 –17 (während des Semesters Do bis 20)
🌐 asuartmuseum.asu.edu

Tempe History Museum
🏛 🏠 809 E Southern Ave 🕐 Di – Sa 10 –17, So 13 –17
🌐 tempe.gov

ASU Gammage Auditorium
😊 🏠 1200 South Forest Ave 🌐 asugammage.com

Big Surf Water Park
⌚😊🏛 🏠 1500 N McClintock Dr 🕐 Mo – Sa 10 –18, So 11 –18
🌐 bigsurffun.com

⑯
Mesa
👥 490 000 ℹ 120 N Center St (+1-480-827-4700)
🌐 visitmesa.com

Mesa wurde vor über 2000 Jahren von den Hohokam besiedelt. Sie bauten Hunderte von Kilometern an Kanälen, um die Wüste zu bewässern. Einige Kanäle sind noch heute in Betrieb. Im **Park of the Canals** erfährt man mehr darüber. **Mesa Grande Cultural Park** mit Hohokam-Gebäuden von 1100 bis 1400 v. Chr. ist eine fünfminütige Autofahrt entfernt.

Modernere Attraktionen sind das **i.d.e.a. Museum** für Kinder und das **Mesa Contemporary Arts Museum**. Lohnend ist auch ein Besuch der **Queen Creek Olive Mill** im benachbarten Queen Creek, wo Sie die Olivenölfabrik besichtigen und deren Produkte probieren und kaufen können.

Park of the Canals
🏠 1710 N Horne 🕐 tägl. 6 – 22 🌐 parkofthecanals.org

Mesa Grande Cultural Park
😊⌚ 🏠 1000 N Date 🕐 Okt – Mai: Mi – Fr 10 –14, Sa, So 10 –16
🌐 arizonamuseumof naturalhistory.org

i.d.e.a. Museum
😊😊🏛 🏠 150 W Pepper Pl 🕐 Di – Do, Sa 9 –16, Fr 9 –18, So 12 –16 🌐 ideamuseum. org

Mesa Contemporary Arts Museum
🏛 🏠 1 E Main St 🕐 Di, Mi, Fr, Sa 10 –17, Do 10 – 20, So 12 –17 🌐 mesaartscenter. com

Queen Creek Olive Mill
😊😊😊🏛 🏠 25062 S Meridian Rd, Queen Creek 🕐 So – Do 8 –17, Fr, Sa 8 – 21
🌐 queencreekolivemill.com

⑰ ✈♿
Pueblo Grande Museum and Archaeological Park
🏠 4619 E Washington St 🕐 Di – Sa 9 –16:45, So 13 – 16:45 🔒 Feiertage
🌐 puebloogrande.com

Acht Kilometer östlich von Downtown Phoenix kann man eine Hohokam-Ruine und Artefakte der altindianischen Kultur bewundern. Viele Exponate (u. a. Kochgeräte und Keramik) stammen aus dem nahen Archaeological Park, wo eine frühere Siedlung der Hohokam liegt.

↑ *Rekonstruiertes Gebäude der Hohokam, Pueblo Grande Museum and Archaeological Park*

2

Tucson

🅰 C6 ✈ 10 Meilen (16 km) südl. des Zentrums 🚉 Amtrak, 400 E Toole Ave 🚌 Greyhound Lines, 471 W Congress ℹ 100 S Church Ave (+1-520-624-1817) 🎎 La Fiesta de los Vaqueros (Feb) 🅦 visittucson.org

Die nach Phoenix zweitgrößte Stadt des Bundesstaats liegt in einer von fünf Bergketten umrahmten Senke am Nordrand der Sonora-Wüste in Süd-Arizona. Tucson wurde offiziell 1775 von dem Iren Hugh O'Connor gegründet. Der Stolz der Stadt auf ihre Geschichte zeigt sich an den zahlreichen sorgfältig restaurierten Gebäuden aus dem 19. Jahrhundert im Barrio Historic District.

①

El Presidio Historic District

Vermutlich zählt das Gebiet zu den am frühesten besiedelten in Nordamerika. Bei archäologischen Ausgrabungen wurden Artefakte der indianischen Hohokam gefunden, die hier einst lebten. Die ursprüngliche spanische Festung (Presidio) San Agustin del Tucson wurde 1775 vom Iren Hugo O'Connor gegründet, der für die spani-

sche Krone tätig war. In der rekonstruierten Festung ist heute ein Museum untergebracht. Über 70 der Häuser stammen noch aus der Territoriumsära Arizonas, bevor es 1912 US-Bundesstaat wurde. Die ältesten sind aus Lehm im spanisch-mexikanischen Stil erbaut, die späteren angloamerikanischen Wohnhäuser sind viktorianische Backsteingebäude. Heute sind in den historischen Bauten Läden, Kunstgalerien und Restaurants.

②

Tucson Museum of Art und Historic Block

🏠 140 N Main Ave ☎ +1-520-624-2333 🕐 Di – So 10 – 17 (1. Do im Monat bis 20) 🅦 tucsonmuseumofart.org

Das 1975 eröffnete Tucson Museum of Art befindet sich

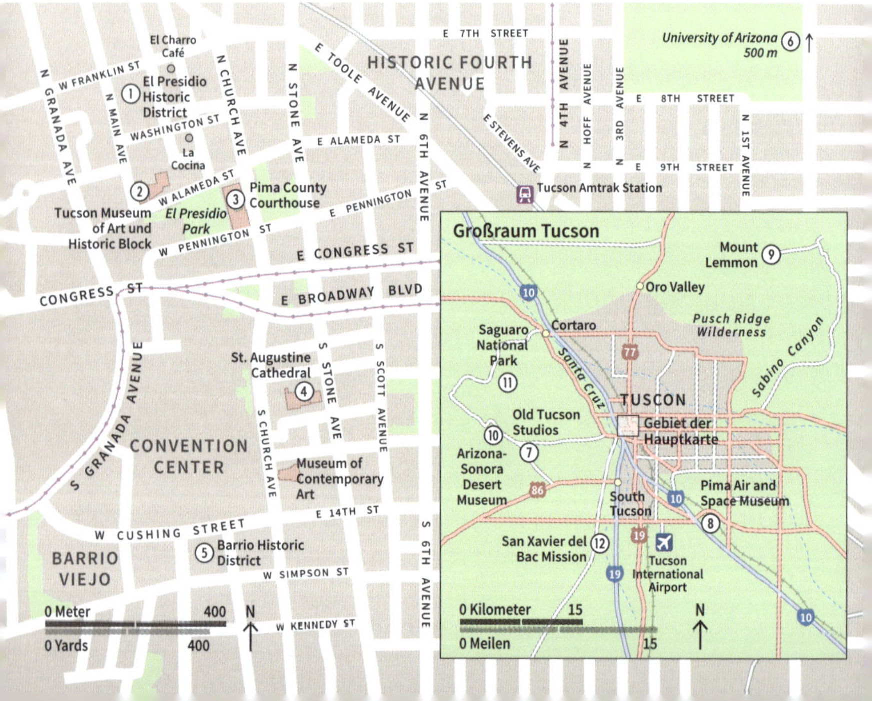

Karte Tucson (Innenstadt)

- El Charro Café
- ① El Presidio Historic District
- W FRANKLIN ST
- W GRANADA AVE
- N MAIN AVE
- N GRANADA AVE
- N CHURCH AVE
- WASHINGTON ST
- La Cocina
- N STONE AVE
- E TOOLE AVENUE
- E 7TH STREET
- HISTORIC FOURTH AVENUE
- N 6TH AVENUE
- N 4TH AVENUE
- N HOFF AVENUE
- N 3RD AVENUE
- N 1ST AVENUE
- E 8TH STREET
- University of Arizona ⑥ 500 m
- E ALAMEDA ST
- E STEVENS AVE
- E 9TH STREET
- ② Tucson Museum of Art und Historic Block
- W ALAMEDA ST
- ③ El Presidio Park
- Pima County Courthouse
- E PENNINGTON ST
- 🚉 Tucson Amtrak Station
- W PENNINGTON ST
- E CONGRESS ST
- CONGRESS ST
- E BROADWAY BLVD
- S GRANADA AVENUE
- S STONE AVENUE
- S CHURCH AVE
- S SCOTT AVENUE
- St. Augustine Cathedral ④
- CONVENTION CENTER
- Museum of Contemporary Art
- E 14TH ST
- W CUSHING STREET
- ⑤ Barrio Historic District
- W SIMPSON ST
- BARRIO VIEJO
- S 6TH AVENUE
- W KENNEDY ST
- 0 Meter 400
- 0 Yards 400
- N

Karte Großraum Tucson

- Mount Lemmon ⑨
- Oro Valley
- Pusch Ridge Wilderness
- Sabino Canyon
- Santa Cruz
- Cortaro
- 10
- 77
- Saguaro National Park ⑪
- Old Tucson Studios ⑩
- Arizona-Sonora Desert Museum ⑦
- TUCSON
- Gebiet der Hauptkarte
- South Tucson
- 86
- 10
- Pima Air and Space Museum ⑧
- San Xavier del Bac Mission ⑫
- 19
- Tucson International Airport ✈
- 19
- 10
- 0 Kilometer 15
- 0 Meilen 15
- N

↑ *Skyline von Tucson mit dem Sentinel Peak bei Sonnenuntergang*

im El Presidio Historic District. Das Museum umfasst auch fünf der ältesten, meist (über) 100 Jahre alten Häuser von El Presidio, der Historic Block zudem die Skulpturengärten und Innenhöfe des Museums.

Im Kunstmuseum ausgestellt sind Sammlungen nord- und lateinamerikanischer, asiatischer und europäischer Kunst. Eine sehenswerte Dauerausstellung präkolumbischer Kunst mit zum Teil mehr als 2000 Jahre alten Artefakten findet sich im zweiten Stock. Dort sind auch Exponate aus der spanischen Kolonialzeit mit hervorragenden Werken sakraler Kunst zu sehen. In der Casa Cordova (um 1850)

ist die von Maria Luisa Tena in den 1970er Jahren angefertigte Krippe *El Nacimiento* mit über 300 Tonfiguren aufgestellt.

Das J. Knox Corbett House (1907) präsentiert vielfältiges Kunstgewerbe (1880 –1930), zu den Höhepunkten gehört ein Stuhl von William Morris, einem Mitbegründer des Arts and Crafts Movement. Im 1868 errichteten Goodman Pavilion of Western Art (auch Edward Nye Fish House genannt) ist Kunst aus dem Südwesten zu sehen. Das Romero House zeigt Keramik, im Stevens/Duffield House ist das Restaurant.

Das Museum organisiert Führungen durch den Historic Block.

 Expertentipp
Downtown Shopping

Gegenüber dem Tucson Museum of Art liegt der Komplex Old Town Artisans mit kleinen Läden, deren Sortiment von Textilien über Keramik bis zu Gemälden reicht.

③

Pima County Courthouse
 115 N Church Ave

Die Kuppel des Gerichtshofs mit ihren bezaubernden Fliesen ist ein Wahrzeichen der Stadt. Das heutige Gebäude ersetzte 1927 ein einstöckiges Adobe-Haus von 1869. Im Hof ist der Verlauf der Originalmauer der Festung markiert, im Inneren ist von ihr noch ein etwa ein Meter dickes und vier Meter hohes Teilstück erhalten geblieben.

←

Rosafarbene Fassade des eleganten Pima County Courthouse

Im Spanischen Missionsstil gestaltete Fassade der St. Augustine Cathedral

war, getötet. Wenn eine hier für seine Seele aufgestellte Kerze eine ganze Nacht lang brennt, gehen der Sage nach die Wünsche des Spenders in Erfüllung.

University of Arizona

🏠 811 N Euclid Ave 📞 +1-520-621-5130 🕐 Mo – Fr 9 – 17 (Sep – Apr: auch Sa, So 9 – 16) 🌐 arizona.edu

Auf und nahe dem 1,5 Kilometer östlich der City gelegenen Campus finden sich einige faszinierende Museen.

Das Arizona Historical Society Museum dokumentiert Arizonas Geschichte von der Ankunft der Spanier 1540 bis zur Gegenwart. Das University of Arizona Museum of Art widmet sich europäischer und amerikanischer Kunst von der Renaissance bis zum 20. Jahrhundert. Gegenüber stellt das Center for Creative Photography Arbeiten der besten amerikanischen Fotografen des 20. Jahrhunderts aus. Das riesige Archiv kann nach Voranmeldung besichtigt werden. Im Flandrau Science Center begeistern die kindgerecht konzipierten interaktiven Ausstellungen.

Das Arizona State Museum (1893) zeigt eine der besten Sammlungen von Artefakten aus 2000 Jahren indianischer Geschichte des Landes.

Restaurants

El Charro Café

Das 1922 eröffnete Restaurant ist eines der ältesten in Familienbesitz befindlichen in den USA und bietet innovative mexikanische Küche. Probieren Sie das legendäre *carne seca* (sonnengetrocknetes Angus-Rindfleisch), mariniert in Knoblauch und Zitronensaft.

🏠 311 N Court Ave
🌐 elcharrocafe.com

💲💲💲

La Cocina

Essen Sie im Innenhof oder im farbenfrohen, mit Kunstwerken geschmückten Innenraum. Serviert werden mexikanische, südwestliche und internationale Gerichte. Oft gibt es Livemusik.

🏠 201 N Court Ave
🕐 So u. Mo abends
🌐 lacocinatucson.com

💲💲💲

④

St. Augustine Cathedral

🏠 192 S Stone Ave
📞 +1-520-623-63581
🕐 nur zu Messen (Zeiten der Website entnehmen)
🌐 cathedral-staugustine.org

Die 1896 begonnene St. Augustine Cathedral wurde im Spanischen Kolonialstil der Kathedrale von Querétaro in Zentralmexiko errichtet. An der imposanten Sandsteinfassade des leuchtend weißen Bauwerks stellen fein gearbeitete Skulptierungen drei Symbole der Sonora-Wüste dar: Yucca, Saguaro-Kaktus und Krötenechse. Über dem Hauptportal thront die Bronzestatue des hl. Augustinus, des Stadtpatrons.

⑤

Barrio Historic District

In Tucsons ehemaligem Geschäftsviertel aus dem späten 19. Jahrhundert säumen bunte Adobe-Häuser die ruhigen Straßen.

In der nahen Main Street befindet sich der »Wunschschrein« El Tiradito. Hier wurde einst ein junger Mann, der in Liebeshändel geraten

Schon gewusst?

Tucson erhielt 2015 als erste Stadt der USA die Auszeichnung »UNESCO Creative City of Gastronomy«.

Highlight

Großraum Tucson

Der Großraum Tucson reicht im Norden bis zu den Santa Catalina Mountains, wo die Panoramastraße zum Gipfel des Mount Lemmon beginnt.

Im Westen liegen die Tucson Mountains, die den westlichen Teil des Saguaro National Park umrahmen. Dessen Gegenstück erstreckt sich östlich der City.

Im Süden erhebt sich die San Xavier del Bac Mission *(siehe S. 110f)* in der Wüstenlandschaft der Tohono O'odham Indian Reservation.

⑦

Old Tucson Studios

201 S Kinney Rd · +1-520-883-0100 · Zeiten der Website entnehmen · Sep, Okt, Thanksgiving, 24., 25. Dez · oldtucson.com

Der im Stil einer Westernstadt um 1860 gehaltene Wildwest-Themenpark wurde 1939 als Kulisse für einen Western errichtet. In den Old Tucson Studios wurden berühmte Hollywood-Western gedreht, u. a. *Zwei rechnen ab* (1957) und *Rio Bravo* (1958), aber auch die in den 1970er und 1980er Jahren beliebte Fernsehserie *Unsere kleine Farm*.

Kostümierte Darsteller sorgen mit Stunt-Shows, Schießereien und Kutschenfahrten für Unterhaltung.

⑧

Pima Air and Space Museum

6000 E Valencia Rd · +1-520-574-0462 · tägl. 9–17 (letzter Einlass 15) · Thanksgiving, 25. Dez · pimaair.org

Rund 15 Kilometer südöstlich von Tucsons City beherbergt das Pima Air and Space Museum eine der größten Flugzeugsammlungen der Welt. Über 300 Luftfahrzeuge sind hier – mitten in der Wüste – ausgestellt, u. a. die Präsidentenmaschinen von Kennedy, Nixon und Johnson, ein Nachbau des berühmten Flugzeugs der Gebrüder Wright von 1903 sowie einige moderne Düsenjäger.

Die Militär- und Luftfahrtexponate verteilen sich auf vier Hangars. Es gibt auch nachgebaute Quartiere aus dem Zweiten Weltkrieg. In der Davis-Monthan Air Force Base werden weitere 2000 Flugzeuge gezeigt. Zu den Exponaten zählen B-29- und Überschallbomber.

> Entdeckertipp
> **Raketenbasis**
> Das 25 Meilen (40 km) vom Pima Air and Space Museum entfernte Titan Missile Museum widmet sich der Rakete Titan II, von denen eine während des Kalten Kriegs 1963–87 in Arizona stationiert war (www.titanmissilemuseum).

⑨

Mount Lemmon

visitmountlemmon.com

Der Mount Lemmon (2790 m) ist der höchste Berg der Santa Catalina Mountains. Von Tucson führt der Mount Lemmon Highway in einer Stunde zum Gipfel. Das Gebiet kann auf 240 Kilometer Wanderwegen erkundet werden, eine Seitenstraße führt in den Urlaubsort Summerhaven. Am Gipfel gibt es den Sky-Valley-Lift, der mehrere Monate im Jahr in Betrieb ist.

Blick vom Gipfel des Mount Lemmon auf die Bergwelt der Umgebung ↑

Arizona-Sonora Desert Museum

⌂ 2021 N Kinney Rd, Tucson ☎ +1-520-883-2702 ⊙ März – Sep:
tägl. 7:30 –17; Okt – Feb: tägl. 8:30 –17 Ⓦ desertmuseum.org

Es gibt keinen schöneren Ort, um mehr über die bunte Tier- und Pflanzenwelt in Süd-Arizona zu erfahren, als diesen beeindruckenden Naturpark. Das Wüstenareal umfasst einen botanischen Garten, eine Vielzahl von Lebensräumen und ein Museum.

Durch das Gelände schlängelt sich ein drei Kilometer langer Fußweg, der an mehr als 1200 Pflanzenarten vorbeiführt. Entlang dem 800 Meter langen Desert Loop Trail kann man Kojoten und andere Wildtiere in großzügig bemessenen Gehegen beobachten. In der Sektion Mountain Woodland sind Berglöwen, Schwarzbären und Mexikanische Wölfe zu sehen, in anderen Bereichen u. a. Präriehunde und Schlangen. Ranger beantworten Fragen der Besucher und demonstrieren anschaulich spannende Facetten des Wüstenlebens. Sehr informativ sind auch die Präsentationen im Vortragssaal des Areals.

💬 Expertentipp
Besuch

Planen Sie für einen Besuch des Geländes mindestens zwei Stunden ein – um alles in Ruhe zu erleben, besser einen halben Tag. Auf dem Desert Loop Trail gibt es wenig Schatten, denken Sie an Sonnenschutz. Legen Sie bei großer Hitze immer wieder eine Pause ein.

↑ Besucher bei einem ausgedehnten Spaziergang über das Gelände

Schon gewusst?

Das Museum leistete bedeutende Pionierarbeit bei der artgerechten Haltung der Tiere.

Highlight

Raptor Free-Flight Show

▷ Das großartige Programm, bei dem der Trainer das Können von Falken, Eulen und anderen Greifvögeln demonstrieren, findet im Winter zweimal täglich statt. Nach der Show posieren einige der Vögel für Fotos.

Hummingbird Aviary

◁ Arizona ist die Heimat vieler Arten von Kolibris. Dutzende dieser bunten kleinen Vögel schweben durch die Luft, während Sie durch die wundervolle Anlage gehen.

Cat Canyon

▷ Selten lassen sich Wildkatzen in freier Natur erleben. Im Cat Canyon können Sie u. a. Rotluchse und Ozelots beobachten.

Riparian Corridor

◁ Flüsse und Bäche bilden willkommene Oasen in der Wüstenhitze. Hier tummeln sich u. a. Flussotter, Nasenbären und Dickhornschafe.

Cactus Garden

▷ Entlang den Wegen sieht man viele einheimische Kakteen und andere Sukkulenten, darunter Saguaro-Kakteen und Chollas.

↑ Nordamerikanisches Katzenfrett (ein Kleinbär) auf dem Gelände des Arizona-Sonora Desert Museum

Blick vom Saguaro Cactus Drive über das von Kakteen geprägte Areal ↑

Saguaro National Park

🏠 3693 S Old Spanish Trail ☎ +1-520-733-5153 🕐 Tucson Mountain District (West): tägl. Sonnenauf- bis -untergang; Rincon Mountain District (Ost): tägl. 7 bis Sonnenuntergang 📅 Thanksgiving, 25. Dez 🌐 nps.gov/sagu

Das vielleicht berühmteste Symbol des gesamten amerikanischen Südwestens kommt ausschließlich in der Sonora-Wüste vor: der Saguaro-Kaktus (sprich: »sa-wah-ro«). Der zum Schutz dieser einzigartigen Pflanzen im Jahr 1994 gegründete Park umfasst zwei Landstriche am Ost- und Westrand von Tucson. Zusammen erstrecken sie sich über eine Gesamtfläche von rund 37 000 Hektar.

Beide Teile des Parks lohnen gleichermaßen einen Besuch. Auf der Westseite gelangt man auf dem 14,5 Kilometer langen, ungeteerten Bajada Loop Drive weit in den Park hinein – vorbei an Wanderwegen und Picknickplätzen. Der Signal Hill Trail führt zu den in Vulkanfelsen geritzten Felsbildern der altindianischen Hohokam-Kultur. Im östlichen Bereich gedeihen die ältesten Saguaros, einen guten Blick hat man vom 13 Kilometer langen Cactus Forest Drive. Das Netz an Wanderwegen umfasst rund 160 Kilometer. Unterwegs entdeckt man noch viele andere Arten von Kakteen.

↑ *Frühlingsbild: weiße Blüten an einem Arm eines Saguaro-Kaktus*

↑ *Felsbild der Hohokam, eines präkolumbischen indianischen Volks*

Saguaro-Kakteen

Die größte Kaktusart der USA kann bis zu 200 Jahre alt werden. Altehrwürdige Giganten erreichen eine Höhe von bis zu 15 Metern und ein Gewicht von mehr als 7000 Kilogramm. Saguaros wachsen sehr langsam, die ersten Arme wachsen erst nach 75 bis 100 Jahren. Ende April bis Mai erscheinen weiße Blüten, die von Vögeln (v. a. Kolibris), Bienen und Fledermäusen bestäubt werden. Im Juni produzieren reife Saguaros rote Früchte, die von amerikanischen Ureinwohnern geerntet und zu Gelees verarbeitet werden.

⑫ 〰️ 🏍️ 🍴 💻 🛍️ ♿

San Xavier del Bac Mission

🏠 1950 W San Xavier Rd, 10 Meilen (16 km) südl. von Tucson an der I-19
📞 +1-520-294-2624 🕐 tägl. 7–17 🌐 sanxaviermission.org

San Xavier del Bac ist die älteste und am besten erhaltene Mission im Südwesten. Das Wahrzeichen mit seinen in der Wüstensonne blendend weiß leuchtenden Mauern erhebt sich in der kargen, flachen Landschaft der Tohono O'odham Reservation.

Bereits 1700 hatte der Jesuit Eusebio Kino hier eine erste Mission gegründet. Der heutige Komplex wurde 1797 von Franziskanern fertiggestellt. Das Anwesen aus Adobe-Ziegeln gilt als schönstes Beispiel des Spanischen Kolonialstils in den USA, doch finden sich in der Kirche auch barocke Anklänge und andere Stilrichtungen. Bei einer Renovierung der Innenräume in den 1990er Jahren wurden fünf prächtige *retablos* (Altarretabel) aufwendig restauriert. Beim Betreten der Kirche fällt die Kuppeldecke mit Gemälden religiöser Figuren auf. Kräftige Zinnoberrot- und Blautöne kontrastierten mit dem weißen Steinhintergrund.

Am Glockenturm zeugt die elegante weiße Kuppel von den maurischen Elementen des Spanischen Kolonialstils.

→ *Illustration der San Xavier del Bac Mission*

In der Totenkapelle steht eine von Kerzen umrahmte Statue der Jungfrau Maria.

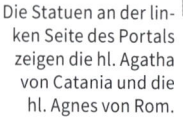

Die Statuen an der linken Seite des Portals zeigen die hl. Agatha von Catania und die hl. Agnes von Rom.

← *Die reich geschmückte Fassade der San Xavier del Bac Mission zieren Heiligenfiguren*

Schon gewusst?

Die San Xavier del Bac Mission wird poetisch »Weiße Taube der Wüste« genannt.

Bemalte Holzfiguren und Wandmalereien mit Szenen aus den Evangelien zieren die Altarkuppel und die hohen Querschiffe.

↑ *Der spektakuläre, in Gold und Rot im Stil des mexikanischen Barock gehaltene Hauptaltar*

Zu den drei Marienfiguren der Missionskirche zählt diese Statue der Gottesmutter in der Darstellung als *Mater dolorosa*.

Der Hof ist nicht zugänglich, kann aber vom Museum aus eingesehen werden.

Das Museum beherbergt einen Psalter in Schafsleder und Fotos weiterer historischer Missionen in der Tohono O'odham Reservation.

SEHENSWÜRDIGKEITEN

 3

Apache Trail

 C5 125 N 2nd St, Phoenix (+1-877-225-5749)
w visitphoenix.com

Von Phoenix führt der Highway 60 nach Osten durch die Wüste bis nach Apache Junction. Von dort geht es auf dem Highway 88 in die Superstition Mountains. Die nach den einst hier lebenden Indianern Apache Trail genannte Panoramastraße stößt nach 72 Kilometern auf den Theodore Roosevelt Lake.

Auf der Fahrt in die Berge erreicht man nach acht Kilometern den Lost Dutchman State Park. Er ist nach einer Goldmine benannt, die hier von Jacob Waltz und Jacob Weiser um 1870 entdeckt wurde. Die beiden Goldsucher, die viele riesige Goldnuggets verkauften, verrieten nie die genaue Lage.

Nach dem State Park führt die Straße, vorbei an einigen Camps, durch die zerklüftete Landschaft zum 27 Kilometer entfernten Dörfchen Tortilla Flat am Ostende des Canyon Lake. Der See war das erste von vielen Wasserreservoirs am Salt River, die zur Versorgung von Phoenix errichtet wurden. Der Canyon Lake hat eine Marina und kann auf

Dolly Steamboat bei einer Bootsfahrt erkundet werden.

Danach führt die Straße höher in die Superstition Mountains und erreicht den 84 Meter hohen Theodore Roosevelt Dam. Dort bieten sich gute Angel- und Wassersportmöglichkeiten.

Die zwei großen Ruinenkomplexe des **Tonto National Monument** befinden sich fünf Kilometer östlich des Damms. Die Pueblos (frühes 14. Jh.) wurden von den Salado aus Steinen und Lehm errichtet. Beispiele der Töpferkunst dieser Indianer sind im Heard Museum *(siehe S. 94f)* zu sehen. Ins Lower Cliff Dwelling mit 19 Räumen führt ein kurzer, steiler Pfad, die 40 Räume des Upper Cliff Dwelling sind nur mit einem Ranger zu besichtigen.

Tonto National Monument
Hwy 188 +1-928-467-2241 tägl. 8–17; Upper Cliff Dwelling: Nov–Apr: Fr–Mo 25. Dez
w nps.gov/tont

 Expertentipp
Seen am Apache Trail

Lake Apache, Lake Canyon, Lake Saguaro und Lake Roosevelt haben Häfen, in denen man Boote aller Art mieten und auf das Wasser hinausfahren kann.

4

Globe

C5 6000 Globe Chamber of Commerce, 1360 N Broad St (+1-928-425-4495)
w globemiamichamber.com

Globe liegt etwa 160 Kilometer östlich von Phoenix in den bewaldeten Dripping Spring and Pinal Mountains. 1875 stießen Prospektoren in der Nähe auf Silber. Die nach einem massiven, kugelförmigen Silbernugget aus den nahen Bergen benannte Siedlung wurde als Bergbaustadt gegründet. Die Silberadern waren bald erschöpft, doch der Kupferbergbau blühte hier bis 1931.

Globe besitzt eine Altstadt mit Häusern aus dem späten 19. und frühen 20. Jahrhundert. Das **Gila County Historical Museum** dokumentiert die Stadtgeschichte.

Gila County Historical Museum
⊗ ⊙ 🏠 1330 N Broad St
📞 +1-928-425-7385
🕐 Di – Fr 10 –16, Sa 11 –15
🚫 1. Jan, 25. Dez

Casa Grande Ruins National Monument
🅰 C5 📞 +1-520-723-3172
🕐 Mai – Sep: tägl. 9 –16;
Okt – Apr: tägl. 9 –17
🚫 4. Juli, Thanksgiving, 25. Dez 🌐 nps.gov/cagr

Von etwa 200 v. Chr. bis Mitte des 15. Jahrhunderts betreiben die Hohokam südöstlich von Phoenix im Tal des Gila River Ackerbau. Die Anlage (14. Jh.) erhielt den Namen »Großes Haus« 1694.

Astronomie in Süd-Arizona
Der Süden des Bundesstaats ist ein internationales Zentrum für Astronomie. Renommierte Observatorien wie das Kitt Peak National Observatory (+1-520-318-8720) und das Fred Lawrence Whipple Observatory (+1-520-879-4407) können besichtigt werden (vorher reservieren). Aber auch ohne leistungsstarkes Equipment kann man sich am Nachthimmel erfreuen.

Der vierstöckige wuchtige Bau mit seinen bis 1,20 Meter dicken Mauern wurde in der ersten Hälfte des 14. Jahrhunderts aus hart austrocknendem Caliche-Lehm errichtet. Im Besucherzentrum sind Exponate zur Geschichte und Kultur der Hohokam zu sehen.

Das Casa Grande Ruins National Monument liegt 24 Kilometer östlich der I-10 am Stadtrand von Coolidge.

Biosphere 2 Center
🅰 C6 🏠 5 Meilen (8 km) nordöstl. der Kreuzung Hwy 77/79 📞 +1-520-838-6200 🕐 tägl. 9 –16
🚫 Thanksgiving, 25. Dez
🌐 b2science.org

Biosphere 2 wurde 1991 errichtet. Im Inneren der einzigartigen Forschungseinrichtung finden sich fünf Habitate: Wüste, Regenwald, Steppe, Sumpf und Ozean (mit lebendem Korallenriff).

Zwei Jahre lang lebten in dem futuristischen Glas-Stahl-Bau acht Menschen vollständig von der Außen-

←
Die Superstition Mountains erreicht man über den Apache Trail

welt isoliert. Die Forschungen galten dem Einfluss der Menschen auf ihre Umwelt sowie den Auswirkungen dieser »Welt« auf die darin Lebenden.

Mittlerweile leben hier keine Menschen mehr, die Einrichtung wird als geowissenschaftliche Forschungseinrichtung genutzt.

Yuma
🅰 A6 🔟 65 000 🚂 Amtrak, 281 S Gila St 🚌 Greyhound, 1245 S Castle Dome Ave
ℹ️ Yuma Convention and Visitors' Bureau, 201 N 4th Ave (+1-800-293-0071)
🌐 visityuma.com

Yuma liegt am Zusammenfluss von Colorado und Gila River im äußersten Südwesten Arizonas. Die Siedlung erlangte um 1850 Bedeutung.

Wegen der warmen Winter ist Yuma bei Langzeitgästen beliebt, die hier »überwintern«. Seine wechselvolle Geschichte kann man in zwei historischen Parks erleben: Yuma Crossing präsentiert Flussschifffahrt und Militärleben im späten 19. Jahrhundert. Yuma Territorial Prison lässt das von 1876 bis 1909 größte Gefängnis Arizonas wiederauferstehen.

↑ *Sonnenaufgang über den Bergen des Organ Pipe Cactus National Monument*

8

Organ Pipe Cactus National Monument

🅰 B6 🏠 nahe Hwy 85, südl. von Why 📞 +1-520-387-5849 🕐 tägl. 📅 Thanksgiving, 25. Dez 🌐 nps.gov/orpi

Beim mit dem Saguaro-Kaktus *(siehe S. 109)* verwandten Orgelpfeifenkaktus verzweigen sich die vielen Arme an der Pflanzenbasis. Die Kakteenart wächst fast ausschließlich in Südwest-Arizonas Sonora-Wüste auf einem riesigen Landstrich entlang der mexikanischen Grenze. In dieser Wüstenwildnis gedeihen auch viele andere Pflanzenarten sowie eine vielfältige Fauna. Einige Tierarten wie Eselhasen, Schlan-

gen und Kängururatten kommen nur in der Kühle der Nacht aus ihren Verstecken. Weitere Kakteen wie Engelmann-Feigenkaktus und Teddybear Cholla sind am beeindruckendsten im Frühsommer, wenn ihre Blüten in voller Farbenpracht stehen.

Durch den Park führen zwei Panoramastraßen. Auf dem 34 Kilometer langen Ajo Mountain Drive durchquert man in zwei Stunden die Wüste der Vorberge. Der 60 Kilometer lange Puerto Blanco Drive führt in einer halben Stunde zur Red Tanks Tinaja, einem natürlichen Wasserreservoir, und zu dem Picknickplatz nahe Pinkley Peak. Die Bandbreite der Wanderwege reicht von

geteerten, für Rollstuhlfahrer geeigneten Wegen bis zu Naturpfaden. Im Besucherzentrum, das eine Ausstellung über die Flora und Fauna des Parks bietet, sind Karten und Campinggenehmigungen erhältlich. Im Winter werden Führungen angeboten.

Wer den rund drei Fahrstunden von Tucson entfernten Park näher erkunden möchte, sollte eine Campingübernachtung einplanen. Im 55 Kilometer nördlich gelegenen Ajo finden sich Motels und Verpflegungsmöglichkeiten.

9

Tumacácori National Historical Park

🅰 C7 🏠 1891 E I-19 Frontage Rd, Tumacácori 📞 +1-520-377-5060 🕐 tägl. 9–17 📅 Thanksgiving, 25. Dez 🌐 nps.gov/tuma

Fünf Kilometer südlich von Tubac liegt der Tumacácori National Historical Park mit

→

Mission San José de Tumacácori im Tumacácori National Historical Park

---

Vögel in den Canyons von Süd-Arizona

Auf den ersten Blick wirkt die Landschaft in Süd-Arizona sehr trocken, doch in dieser hoch gelegenen Wüstenwelt fallen jährlich etwa 280 Millimeter Regen. Deshalb blüht hier eine vielfältige Vegetation – von Kakteen bis zu bunten Wildblumen im Frühjahr. Sie ziehen viele Vogelarten an, weshalb die Region zu den wichtigsten Vogelbeobachtungsgebieten der USA zählt. Gute Spots sind die fruchtbaren Canyons zwischen Tucson und der mexikanischen Grenze. Bei der I-19 nahe Green Valley leben im Madera Canyon rund 400 Vogelarten. Der weiter entfernte Ramsey Canyon in den Huachuca Mountains ist die »Hauptstadt« der Kolibris mit 14 Unterarten.

den Überresten der Mission San José de Tumacácori. Die heutige Kirche wurde um 1800 auf den Ruinen der ursprünglichen Mission von 1691 erbaut. Die Mission wurde 1848 aufgegeben, die verwitterte Fassade und der gewölbte Eingang erinnern an frühere Zeiten.

Innen sind verblasste Reste von Wandgemälden erhalten. Erkunden Sie auf dem weitläufigen Gelände auch den Obstgarten, den Friedhof und das Lagerhaus. Zwischen Oktober und April finden gelegentlich Handwerksvorführungen statt.

Ein kleines Museum informiert über die frühen Jahre der Mission und die hier lebenden Pima-Indianer. Die Fiesta de Tumacácori *(siehe S. 55)* am ersten Wochenende im Dezember wird mit Musik und Tanz gefeiert.

⑩ Nogales

 C7 🏙 20 000 🚌
ℹ️ 123 W Kino Park
(+1-520-287-3685)
Ⓦ thenogaleschamber.org

Die Grenzstadt Nogales am Ende des mexikanischen Pacific Highway erstreckt sich auf US- und mexikanischem Territorium. Hier werden riesige

Warenmengen umgeschlagen, u. a. rund 75 Prozent des in Nordamerika verkauften Winterobstes und -gemüses. Früher suchten Schnäppchenjäger auf beiden Seiten der Grenze nach Decken, Möbeln und Handwerk.

Mittlerweile gibt es Reisewarnungen der US-Regierung, die Grenze nach Mexiko zu überqueren, weil der Drogenkrieg gefährliche Ausmaße erreicht hat. Besucher, die nach Mexiko müssen, stellen ihr Auto besser auf US-Seite auf bewachten Parkplätzen ab und überqueren die Grenze zu Fuß. Abgesehen davon, dass man kaum Parkplätze findet, sind Autos mit US-Kennzeichen attraktiv für Diebe. Zudem verbringt man mit Auto zwei bis drei Stunden beim Zoll.

Eine Visumpflicht besteht nur für Urlauber, die weiter nach Süden reisen und länger als 72 Stunden bleiben wollen. Wie US- und kanadische Reisende muss man aber seinen Pass dabeihaben. Wer keine US-Staatsbürgerschaft besitzt, sollte sicherstellen, dass er wieder in die Vereinigten Staaten einreisen darf. Für Besucher aus Ländern, die am Visa Waiver Program *(siehe S. 272)* teilnehmen, sollte dies kein Problem darstellen.

↑ *Bunt glasiertes Tongefäß aus einem Atelier der Künstlerkolonie Tubac*

⑪ Tubac

 C6 🏙 200 ℹ️ 2 Tubac Rd
(+1-520-398-2704)
Ⓦ tubacaz.com

Das königliche *presidio* (Fort) von San Ignacio de Tubac wurde 1752 zum Schutz der spanischen Ranches und Minen sowie der nahe gelegenen Missionen Tumacácori und San Xavier del Bac gegen die wiederholten Angriffe der Pima-Indianer errichtet. Tubac war außerdem der erste Zwischenstopp der berühmten Landexpedition zur Kolonialisierung der San Francisco Bay von 1776. Der Treck wurde von Juan Bautista de Anza, dem Kommandanten des Forts, geleitet.

Heute ist die Stadt eine kleine, blühende Künstlerkolonie mit vielen attraktiven Läden, Galerien und Restaurants rund um die Plaza.

Tubacs Geschichte präsentiert der **Tubac Presidio State Historic Park**, in dem sich die unterirdischen Fundamente des einstigen Forts und historische Gebäude befinden. Im dortigen Presidio Museum decken die Exponate, darunter bemalte Altarretabel und Kolonialmöbel, eine über hundertjährige Epoche ab.

Tubac Presidio State Historic Park
♿🅿️♿ 🏠 1 Burruel St
🕐 tägl. 9 –17 🕐 25. Dez
Ⓦ tubacpresidiopark.com

12 Tombstone

A D6 **M** 1500 **i** 109 S
4th St (+1-520-457-3929)
w tombstonechamber.com

Tombstones Berühmtheit
basiert auf der legendären
Schießerei, die 1881 zwi-
schen den Brüdern Earp, Doc
Hollyday und der Clanton-
Bande im **OK Corral** ausgetragen wurde. Gegründet
wurde die Stadt von Ed
Schieffelin, der 1877 das
damalige Apachen-Gebiet
erkundete. Entgegen allen
Unkenrufen, dass er dort nur
seinen Grabstein *(tombstone)*
finden würde, entdeckte er
einen Silberberg. Tombstone
zog Prospektoren, Cowboys
und Glücksspieler an und
wurde zur wildesten aller
Städte und war zeitweise
größer als San Francisco.

1962 wurde die »town too
tough to die« ein National
Historic Landmark. Besucher
genießen die Atmosphäre

↑ Wildwest-Postkutsche auf den staubigen Straßen
von Tombstone, einem National Historic Landmark

der Altstadt – vor allem in
der Allen Street mit ihren
hölzernen Gehwegen. Der OK
Corral ist heute ein Museum.
Täglich um 11, 12, 14 und
15:30 Uhr wird die berühmte
Schießerei nachgestellt.

Im **Tombstone Court-
house** in der Toughnut Street
residierte von 1882 bis 1929
das County-Gericht. Der restaurierte Gerichtssaal gehört
heute zu einem Museum, in
dem u. a. Fotografien von berühmten Persönlichkeiten
der Stadt gezeigt werden.

Auf dem Boothill Cemetery
nördlich der Stadt liegen
Tombstones (selten friedlich)
Verstorbene begraben.

OK Corral
⊗ ♿ **A** 326 E Allen St ⊙
tägl. 9–17 ✕ Thanksgiving,
25. Dez **w** ok-corral.com

Tombstone Courthouse
⊗ ⊕ ♿ **A** 223 Toughnut St
⊙ tägl. 9–17 ✕ 25. Dez
w azstateparks.com

13 Bisbee
A D7 **M** 6500 **i** 478
Dart Rd (+1-520-432-3554)
w discoverbisbee.com

Die ehemalige Bergbaustadt
boomte nach Kupferfunden
in den 1880er Jahren und
stieg um 1900 zum größten
Zentrum zwischen St. Louis

Hotels

Tombstone Monument Ranch
Die Ranch mit Zimmern
ähnelt einer alten Wes-
ternstadt und verfügt
über einen Saloon mit
Schwingtüren.
A D6 **A** 895 W Monument Rd, Tombstone
w tombstone
monumentranch.com
$ $ $

Tombstone Bordello Bed & Breakfast
Hotel im Gebäude eines
früheren Bordells.
A C6 **A** 107 W Allen St,
Tombstone **w** tomb
stonebordello.com
$ $ $

Schon gewusst?
1880–87 wurde in den
Minen Tombstones Sil-
ber im Wert von über
37 Mio. US-Dollar
abgebaut.

und San Francisco auf. Noch
heute dominieren viktorianische Bauten wie das Copper
Queen Hotel das historische
Stadtzentrum.

Besucher können frühere
einstige Minen besichtigen,
etwa die tief in die Erde
getriebene Queen Mine.

Ausstellungen über den
Bergbau und das Leben im
Alten Westen präsentiert das
Bisbee Mining and Historical
Museum.

14 Kartchner Caverns State Park
A D6 **C** +1-520-586-2283
⊙ tägl. 9–17 (Mitte Dez–
Mai: 8–18); Höhlenführun-
gen: 9–16 (vorab buchen)
✕ 25. Dez **w** azstateparks.
com/kartchner

→
*Bizarre Felsforma-
tionen im Chiricahua
National Monument*

Die Kartchner Caverns zählen zu den großen Naturwundern in Arizona. Die in den Whetstone Mountains gelegenen drei Hektar großen Höhlen mit ihren bunten Formationen wurden 1974 von zwei Höhlenkletterern entdeckt. Zum Schutz der Höhlen hielten sie ihre Existenz zunächst 14 Jahre lang geheim. Während dieser Zeit erkundeten die beiden das bunte Wunderland, das hier in Jahrmillionen aus dem Kalzit des Tropf- und Fließwassers entstanden war. 1988 erstand der Staat die Höhlen.

Vor einer Führung informiert das Discovery Center über die Geologie der Höhlen, deren Formationen nicht berührt werden dürfen, denn das Fett der menschlichen Haut stoppt ihr Wachstum. Neben Stalagmiten und Stalaktiten kann man Formationen bewundern wie den etwa 6,30 Meter hohen Soda Straw, die Turnip Shields und das Popcorn.

15
Chiricahua National Monument
🅰 D6 🏠 nahe Hwy 181
📞 +1-520-824-3560
📅 25. Dez 🌐 nps.gov/chir

In den Chiricahua Mountains lebten einst die gleichnami-

gen Apachen. Vom schier uneinnehmbaren Bergland führten sie Ende des 19. Jahrhunderts Angriffe auf Siedler aus.

In dem rund 4800 Hektar großen Gebiet finden sich fantastische Felsformationen, die durch mehrere Vulkanausbrüche vor rund 27 Millionen Jahren entstanden: massive Felsen, die auf kleinen Podesten balancieren, hoch aufragende Felsnadeln und riesige Steinsäulen.

16
Amerind Foundation
🅰 D6 ℹ 2100 N Amerind Rd, Dragoon 🕐 Di – So 10 –16 📅 Feiertage
🌐 amerind.org

Die Amerind Foundation (der Name ist eine Verkürzung von *American Indian*) widmet sich sämtlichen Aspekten indianischen Lebens und umfasst Zehntausende Artefakte verschiedenster Kulturen – von Inuit-Masken über Werkzeuge der Cree bis zu Skulpturen der mexikanischen Casas-Grandes-Kultur.

Die nahe Fulton-Hayden Memorial Art Gallery zeigt Western-Kunst, darunter Werke von Berühmtheiten wie William Leigh (1866 – 1955) und Frederic Remington (1861–1909).

17
Willcox
🅰 D6 🚂 3500 🚌 ℹ 1500 N Circle I Rd (+1-520-384-4271)
🌐 cityofwillcox.org

Die ehemalige »Viehhauptstadt des Westens«, heute Zentrum eines Weinanbaugebiets, liegt inmitten von Weideland. Das **Rex Allen Cowboy Museum** widmet sich dem Country-Sänger, das **Chiricahua Regional Museum** Geronimo und den Chiricahua-Apachen.

Rex Allen Cowboy Museum
🏠 150 N Railroad Ave
🕐 Mo 10 –13, Di – Sa 11 –15,
🌐 rexallenmuseum.org

Chiricahua Regional Museum
🏠 127 E Maley St 📞 +1-520-384-3971 🕐 Mo – Sa 10 –17

Süd-Utah

In dieser Region siedelten bereits vor 12 000 Jahren indianische Kulturen. Später blühte hier die Pueblo-Kultur, von der die *cliff dwellings* entlang dem San Juan River zeugen. Ab 1847 gründeten die Mormonen Siedlungen.

Es gibt in Süd-Utah kaum Straßen, die *nicht* durch grandiose Szenerien führen. Auf den kurvigen Highways durchquert man atemberaubende, in Rottönen schimmernde Canyons, Wüstenlandschaften mit vom Wind glatt polierten Felsen oder kühle Bergwälder mit glitzernden Bächen. Zu den bevorzugten Zielen gehören die spektakulären Nationalparks, in die alljährlich Millionen von Besuchern strömen. Süd-Utah ist zudem ein wahres Paradies für Wanderer und Mountainbiker. Rasanter unterwegs ist man bei Wildwasserfahrten und mit dem Geländewagen auf Pistentrips.

In den Zentren St. George und Cedar City, aber auch in kleineren Städten gibt es gute Motels und Restaurants – Moab bietet sogar Abendunterhaltung.

Süd-Utah

Great Salt
Lake Desert

Provo
Spanish Fork
Vernon
Santaquin
Mammoth
Jericho
Nephi
Leamington
Ephraim
Delta
Scipio
Gunnison
Sevier Lake
(Dry Lake)
Garrison
Fillmore
Meadow
Aurora
Kanosh
Richfield   Glenwood
Black Rock
Elsinore
Mount Marvine
3539 m
Frisco Peak
2944 m
Monroe
Wah Wah
Mountains
Frisco   Milford
Marysvale
Loa
Delano Peak
3710 m
Indian Peak
2984 m
Beaver
Junction
Minersville
Circleville
Otter Creek
Reservoir
Antimony
Little Salt
Lake
Paragonah
Mount Dutton
3365 m
Modena
Parowan
Panguitch
Newcastle
Cedar City
Brian Head
3446 m
Escalante
Enterprise
Kanarraville
16
Lost Peak
2291 m
17
Hatch
Cedar Breaks
National
Monument
Bryce
Canyon
National
Park
4
Tropic
15
Kodachrome
Basin State Park
Veyo
Zion
National
Park
5
Orderville
Grand Staircase
Escalante National
Monument
Santa Clara
Hurricane
La Verkin
Springdale
20 **15**
Washington
St. George
Coral Pink
Sand Dunes
State Park
19
Kanab
18
Big Water
Colorado City
Fredonia
Vermilion Cliffs
National
Monument
Grand Canyon
und Nord-Arizona
Seiten 64–87

Süd-Utah

Highlights

1. Canyonlands National Park
2. Capitol Reef National Park
3. Lake Powell und Glen Canyon National Recreation Area
4. Bryce Canyon National Park
5. Zion National Park
6. Arches National Park

Sehenswürdigkeiten

7. Dead Horse Point State Park
8. Moab
9. Green River
10. Goblin Valley State Park
11. Grand Staircase – Escalante National Monument
12. Burr Trail
13. Hole-in-the-Rock Road
14. Boulder
15. Kodachrome Basin State Park
16. Cedar City
17. Cedar Breaks National Monument
18. Kanab
19. Coral Pink Sand Dunes State Park
20. St. George

Fairview

Manti-La Sal
National Forest

Crescent
Junction

9 Green River

**Arches
National Park**

6

San Rafael Knob
2414 m

Whipup

Muddy Creek

24

**10 Goblin Valley
State Park**

**Dead Horse Point
State Park**

Green River

Colorado River

8 Moab

313

Mount Peale
3877 m

Cathedral
Valley

Island in
the Sky

1

La Sal

46

Bicknell

Caineville

24

Hanksville

Fremont River

Horseshoe
Canyon

**Canyonlands
National
Park**

Torrey

Dirty Devil River

95

**2 Capitol Reef
National
Park**

Blue Bell Knoll
3453 m

Mount Ellen
3512 m

12

711

U T A H

191

Monticello

491

14 Boulder

Mount Hillers
3268 m

Hite

Abajo Peak
3463 m

12

Burr Trail

Escalante River

Lake
Powell

Fry Canyon

95

Blanding

13

**Hole-in-the-
Rock Road**

Bullfrog

276

3

**Lake Powell und
Glen Canyon National
Recreation Area**

Four Corners
Seiten 156–187

Bluff

Tselakai Dezza

Halchita

Glen Canyon

Lake
Powell

Oljato-Monument Valley

Red Mesa

Wahweap

Page

A R I Z O N A

0 Kilometer   40
0 Meilen   40

N

Canyonlands National Park

A D2 **i** Island in the Sky Visitor Center (+1-435-259-4712); Needles Visitor Center (+1-435-259-4711) **O** tägl. 9 –16:30 (im Sommer länger) **X** 1. Jan, Thanksgiving, 25. Dez **W** nps.gov/cany

Vor Jahrmillionen schnitten sich Colorado und Green River hier tief in den Fels und schufen so ein Labyrinth von Canyons, die das Herz dieser atemberaubenden Wildnis bilden. Eine Wanderung in diesem Gelände ist ein unvergessliches Erlebnis.

Im Herzen dieser faszinierenden Szenerie fließen die beiden Flüsse zusammen und teilen den 1365 Quadratkilometer großen Park in vier Bereiche: Needles, Maze, das Grasplateau Island in the Sky und die Flüsse selbst. Wegen seiner Abgelegenheit wird Canyonlands im Allgemeinen weniger stark frequentiert als die anderen Parks in Süd-Utah. Die einzelnen Bereiche haben ihren eigenen Charakter, je nach Ausgangspunkt liegen sie mehrere Autostunden voneinander entfernt. Die meisten Gäste besuchen nur einen Abschnitt.

Island in the Sky ist der am leichtesten zugängliche und daher meistbesuchte Teil. Eine 19 Kilometer lange Panoramastraße führt vom Besucherzentrum zum Grand View Point mit grandiosem Panoramablick über die Flüsse und Canyons. Tief ins Hinterland kommt man auf dem knapp 100 Kilometer langen Wegenetz in Needles. Maze eignet sich für sehr erfahrene Wanderer.

Horseshoe Canyon

Eine lange Fahrt auf unbefestigten Straßen führt zum Ausgangspunkt der mindestens fünfstündigen Wanderung in den Horseshoe Canyon in der nordwestlichen Ecke von Maze. Dabei erreicht man auch einige der bedeutendsten Felszeichnungen Nordamerikas. Die Great Gallery zeigt gut erhaltene, detailreiche, lebensgroße menschliche Figuren und Jagdszenen, die von Jägern und Sammlern in der spätarchaischen Zeit (2000 –1000 v. Chr.) gemalt wurden.

Wanderer im Needles District des Canyonlands National Park

Faszinierende Weite: Blick vom Mesa Arch im Distrikt Island in the Sky bei Tagesanbruch

Schon gewusst?

Von Frühling bis Herbst bieten Park Ranger am Grand View Point Infos zur Geologie.

Island in the Sky: Wintermorgen am Grand View Point ↑

Schon gewusst?

Maze diente Ende des 19. Jahrhunderts für Butch Cassidy und andere Geächtete als Versteck.

Traumhafter Blick von einem der vielen Aussichtspunkte im Nationalpark ↑

Canyonlands National Park

Der Park bietet viele gut ausgebaute Wanderwege. Zu den beliebtesten in Island in the Sky gehört der kurze Pfad zum Mesa Arch. Die Aussicht durch den Bogen macht diesen Ort besonders bei Sonnenaufgang zu einem wunderbaren Fotostopp. Vom Grand View Point können Sie etwa eine Meile am Rand des Canyons entlanggehen. Zu den leichten bis mittelschweren Wanderungen in den Needles gehören der Cave Springs Trail, der zu prähistorischen Felsmalereien führt, und der Pothole Point Trail. Maze ist bei Wanderern beliebt, die Herausforderungen suchen. Für den Besuch entlegener Gebiete benötigen Sie eine Genehmigung, Informationen dazu finden Sie auf der Website des Parks (www.nps.gov/cany).

Zum **Mesa Arch** führt ein schöner, nur 500 Meter langer Fußweg. Die Aussicht durch den Bogen ist überwältigend.

Im **Horseshoe Canyon** finden sich jahrtausendealte Felsmalereien.

Vom **Grand View Point** bieten sich tolle Ausblicke in die Schluchten von Green und Colorado River.

Mit Allradantrieb ist eine Fahrt entlang der **White Rim Road** (160 km) ein Erlebnis.

Maze ist bei anspruchsvollen Wanderern beliebt.

Hunderte bizarrer Felsnadeln prägen den **Needles District**.

Map labels

Horseshoe Canyon · 313 · Island in the Sky Visitor Center · Upheaval Dome 1500 m · Island in the Sky · Upheaval Dome Overlook · WHITE RIM RD · Green River Overlook · Mesa Arch · Buck Canyon · Buck Canyon Overlook · Green River · Colorado River · Grand View Point Overlook · Horse Canyon · Maze Overview · The Maze · Colorado River Overlook · Salt Creek · Needles Visitor Center · 211 · Chimney Rock · Confluence Overlook · Cataract Canyon · Colorado River · Needles District · Salt Creek · Gothic Arch · Fortress Arch · 191

Blick vom Fluss

Den Zauber der Landschaft kann man auch vom Wasser aus erleben. Oberhalb ihres Zusammenflusses haben sowohl Colorado als auch Green River kilometerlange ruhige Abschnitte, die zu entspannten Ausflügen mit dem Kajak oder Kanu einladen. Ab der Mündung des Green River führt der Colorado durch den Cataract Canyon, eine Wildwasserstrecke (23 km) für Könner.

0 km 5
0 Meilen 5

N

Capitol Reef National Park

🅰 C2　ℹ Capitol Reef Visitor Center (+1-435-425-3791)　🕐 Sommer: tägl. 8 –18; Winter: tägl. 8 –16:30　📅 25. Dez　🌐 nps.gov/care

Der Nationalpark liegt im Herzen des Red Rock Country im Süden von Utah und ist voller farbenprächtiger Felsen, tiefer Canyons und riesiger Kuppeln. Eine reizvolle Fahrt führt an den Hauptattraktionen vorbei, Wanderwege erschließen das Hinterland.

Bis vor rund 100 Jahren endete der Weg der Prospektoren durch die Wüste an einer gigantischen, rund 160 Kilometer langen Nord-Süd-Blockade: der Waterpocket Fold. Da der riesige Felsriegel einem Riff gleicht und seine weißen Kuppeln an das Capitol in Washington, DC erinnern, wurde der Nationalpark Capitol Reef genannt. Während sich das Licht im Laufe des Tages mit dem Sonnenstand ändert, ähneln die mehrfarbigen Felsformationen

tatsächlich einem tropischen Riff. Unter den markanten Sandsteinfelsen, die vom Nationalpark durchquerenden Highway 24 aus zu sehen sind, befinden sich der rote Turm Chimney Rock und der in der Sonne geradezu weiß leuchtende Capitol Dome. Eine traumhaft schöne 13 Kilometer lange Fahrt führt vom Besucherzentrum nach Süden zu den hoch aufragenden Klippen der Capitol Gorge. Von Wanderwegen im Waterpocket

Zeichnung der indianischen Fremont-Kultur in einem Sandsteinfelsen

Fruita Historic District

In den 1880er Jahren ließen sich Mormonen im Tal des Fremont River nieder. Sie pflanzten Tausende von Apfel-, Pfirsich-, Pflaumen-, Birnen- und Aprikosenbäumen und bauten Trauben an. Dieser Tätigkeit entsprechend nannten sie ihr Dorf Fruita. Heute kann man hier die Reste einzelner Gebäude (u. a. einer Schmiede und des Schulhauses) sehen. Auch Obst wird noch kultiviert.

District hat man einen fantastischen Blick auf Waterpocket Fold. Das Cathedral Valley im nördlichen Teil des Parks birgt eine Vielzahl an spektakulären Wüstenlandschaften und Felsformationen.

Das Areal ist altes Siedlungsgebiet der Fremont-Kultur, deren Angehörige hier zwischen 300 und 1300 n. Chr. lebten. Ihre Felszeichnungen sind entlang dem Highway 24, in der Capitol Gorge und im Hinterland zu sehen.

Orangerot leuchtende Sandsteinfelsen, Capitol Reef National Park

Capitol Reef National Park

Starten Sie mit einem Bummel durch Fruita Historic District gleich hinter dem Besucherzentrum. Am Fruita Schoolhouse vorbei führt ein kurzer Weg zu einer wunderschönen Gruppe von Fremont-Petroglyphen, die in die Felsen geritzt sind. Die Felsbilder zeigen menschliche Figuren, Tierfiguren und abstrakte Muster. In der Nähe führt der Hickman Bridge Trail an den Resten weiterer von den Mormonen errichteter Gebäude vorbei.

In der Capitol Gorge, am Ende des Scenic Drive, gelangen Sie nach einem kurzen Spaziergang zum Pioneer Register, wo früher Reisende ihren Weg und ihren Namen in die Wände des Canyons ritzten. Der Cathedral Valley Scenic Backway (93 km) ist eine abenteuerliche Offroad-Runde für Mountainbiker und Fahrer von Autos mit Allradantrieb.

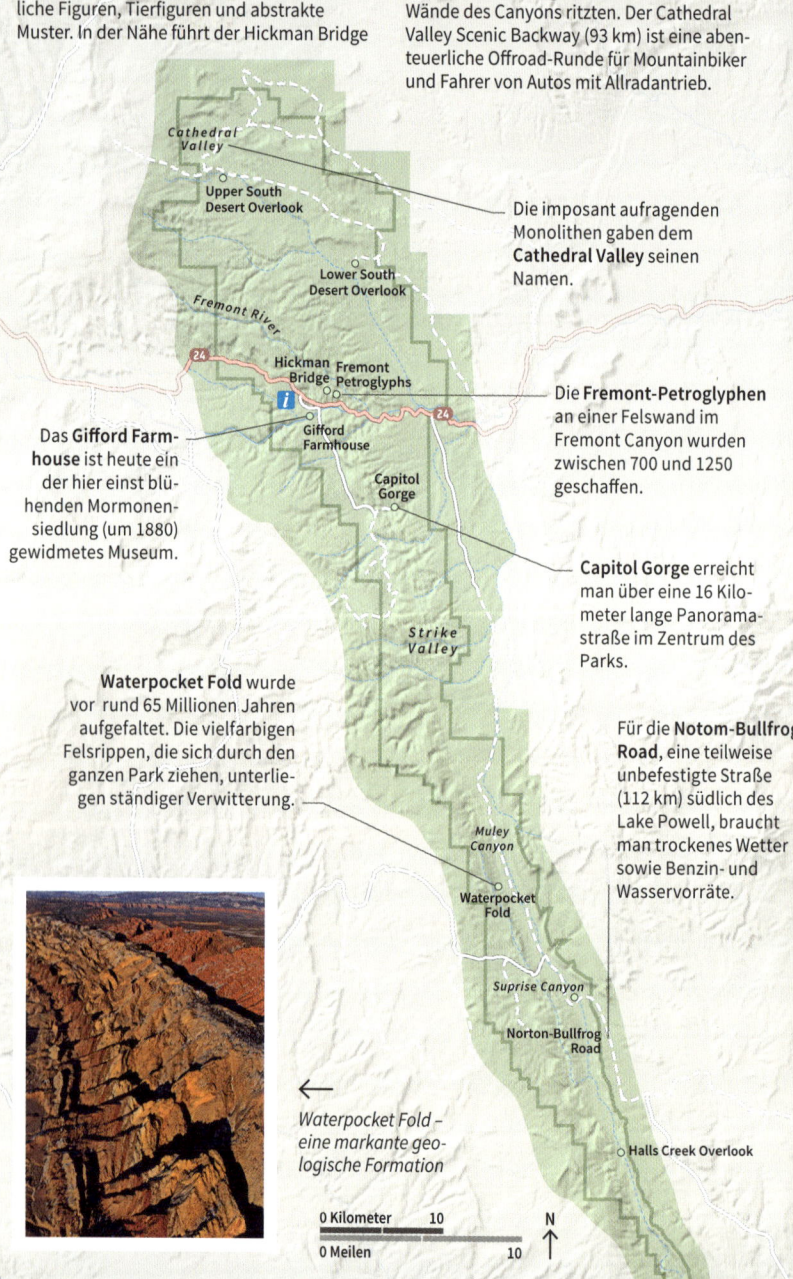

Die imposant aufragenden Monolithen gaben dem **Cathedral Valley** seinen Namen.

Die **Fremont-Petroglyphen** an einer Felswand im Fremont Canyon wurden zwischen 700 und 1250 geschaffen.

Das **Gifford Farmhouse** ist heute ein der hier einst blühenden Mormonensiedlung (um 1880) gewidmetes Museum.

Capitol Gorge erreicht man über eine 16 Kilometer lange Panoramastraße im Zentrum des Parks.

Waterpocket Fold wurde vor rund 65 Millionen Jahren aufgefaltet. Die vielfarbigen Felsrippen, die sich durch den ganzen Park ziehen, unterliegen ständiger Verwitterung.

Für die **Notom-Bullfrog Road**, eine teilweise unbefestigte Straße (112 km) südlich des Lake Powell, braucht man trockenes Wetter sowie Benzin- und Wasservorräte.

Waterpocket Fold – eine markante geologische Formation

0 Kilometer 10
0 Meilen 10

N

Schon gewusst?

Der Hickman Bridge Trail ist eine leichte, drei Kilometer lange Rundwanderung.

↑ Wanderer unter dem Hickman Bridge genannten Felsbogen

Lake Powell und Glen Canyon National Recreation Area

A C3 **⌂** 2 Meilen (3 km) nördl. von Page am Hwy 98, ab Hwy 160 **ℹ** Carl Hayden Visitor Center, Page (+1-928-608-6404) **◷** tägl. 8 – 18 **W** nps.gov/glca

Das spektakuläre Canyon- und Wüstenland der 1972 gegründeten Glen Canyon NRA bedeckt über 5000 Quadratkilometer rund um den 300 Kilometer langen Lake Powell in den US-Bundesstaaten Utah und Arizona. An Sommerwochenenden tummeln sich Erholungsuchende mit Schnell- und Hausbooten, Katamaranen, Wasserski und Jetski in den unzähligen Seitencanyons aus vielfarbigem Sandstein. Der größte Teil um den Lake Powell ist Wüste.

Fotomotiv
Glen Canyon Dam Overlook

Für einen besonders eindrucksvollen Blick auf den Colorado River steigen Sie den kurzen Pfad südlich des Carl Hayden Visitor Center zum Glen Canyon Dam Overlook hinauf. Die Mühe lohnt sich.

Der Lake Powell – nach dem Lake Mead *(siehe S. 268)* zweitgrößter künstlich angelegter See in den USA – entstand durch Aufstauen des Colorado River. Das y-förmige Erholungsgebiet reicht nach Osten entlang dem San Juan River fast bis Mexican Hat und erstreckt sich am Colorado River nach Nordosten in Richtung Canyonlands National Park *(siehe S. 122 – 125)*.

Der See ist ein wahres Mekka für Wassersportler. Das Erholungsgebiet verfügt über mehrere Yachthäfen, in denen man Motorboote, Jetskis oder Kajaks mieten kann, um sich auf dem klaren blauen See und in den knapp 100 Seitencanyons fortzubewegen. Sehr beliebt ist das Mieten von Hausbooten, mit denen man gemütlich über die zahlreichen Buchten schippert. Im Glen Canyon sind auch viele Wanderer, Mountainbiker und Offroad-Fans unterwegs.

Highlight

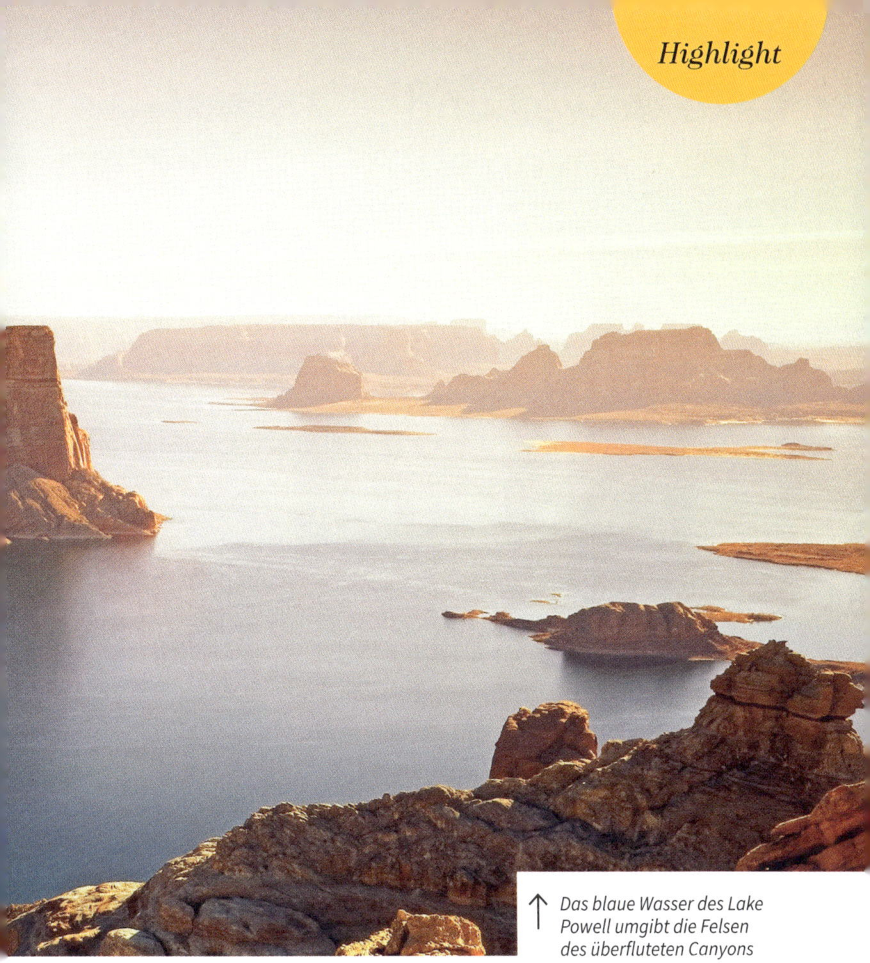

↑ Das blaue Wasser des Lake Powell umgibt die Felsen des überfluteten Canyons

1 *Kajakfahren auf dem Lake Powell ist sehr beliebt. Kajaks kann man in den Yachthäfen Wahweap und Bullfrog mieten.*

2 *Bei Bootstouren müssen vereinzelt auch sehr schmale Stellen durchfahren werden.*

3 *Rainbow Bridge National Monument, die größte Naturbrücke Nordamerikas, ist nur mit dem Boot ab Wahweap oder Bullfrog Marina zu erreichen.*

1

3

2

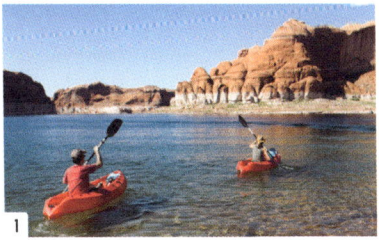

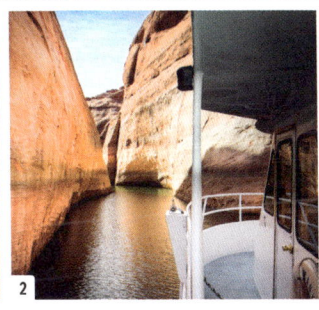

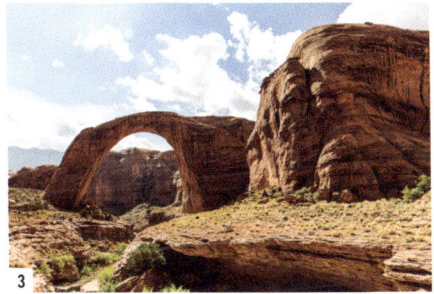

Lake Powell und Glen Canyon NRA

Der Glen Canyon Dam liegt etwas südlich der Staatengrenze auf dem Gebiet von Arizona. Man kann sich im Carl Hayden Visitor Center für eine 45-minütige Besichtigung dieser beeindruckenden Anlage anmelden. Einen kurzen Abstecher lohnt das John Wesley Powell Museum. Nach dem Entdecker, der die ersten Expeditionen entlang von Green und Colorado River durch den Grand Canyon führte, wurde der See benannt. Im Museum ist auch das Besucherzentrum von Page, in dem Sie Rafting-Touren, Bootstouren und andere Aktivitäten buchen können. In dem Gebiet gibt es auch einige Wanderwege.

Entdeckertipp
Hanging Garden

In der Nähe des Glen Canyon Dam führt ein markierter 1,5 km langer Pfad zum Hanging Garden. Hier hat das über lange Zeiträume durch die Felsspalten sickernde Wasser eine grüne Oase geschaffen.

← *Spektakulär geschwungene Sandsteinschichten im Antelope Canyon*

Die **Rainbow Bridge**, einer der meistfotografierten Anblicke in der Umgebung, wölbt sich etwa 94 Meter über den Lake Powell.

Der **Antelope Canyon** zählt wegen seiner Formen und Farben zu den eindrucksvollsten Schluchten.

Der **Glen Canyon Dam** ragt 213 Meter über das Bett des Colorado River.

Lees Ferry war im 19. Jahrhundert eine Mormonensiedlung. Heute ist man hier mit Ranger-Station und Campingplatz gut auf Besucher eingestellt.

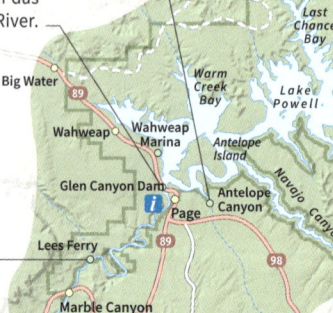

Escalante River
Waterpocket Fold
Stevens Arch
Coyote Natural Bridge
330
Hole in the Rock
Last Chance Bay
Dangle Rope Marina
Rainbow Bridge National Monument
Big Water
Warm Creek Bay
Lake Powell
West Canyon
Wahweap
Wahweap Marina
Antelope Island
Rainbow Plateau
89
Glen Canyon Dam
Navajo Canyon
Page
Antelope Canyon
Lees Ferry
89
98
Marble Canyon

0 km 10
0 Meilen 10
N

Das Hinterland von **Hite** bietet sich für viele Freizeitaktivitäten an, auch Mountainbiker sind hier unterwegs.

Green River

Orange Cliffs

Hans Flat

Panorama Point

Bagpipe Butte

Cataract Canyon

Colorado River

95

Sheep Canyon

Hite

The Horn

95

Henry Mountains

Lake Powell

Red Rock Plateau

276

Bullfrog Bay

Bullfrog

Halls Crossing

276

450

Wilsom Mesa

Great Bend

San Juan River

Monitor Butte

Muley Point

Halls Crossing hat eine Marina, in der regelmäßig die Fähre nach Bullfrog Bay ablegt.

Streit um den Staudamm

Durch den Glen Canyon Dam wurde 1963 ein Gebiet überflutet, das John Wesley Powell als »ungewöhnliche Ansammlung wunderbarer Bestandteile« beschrieb. Der Bau war von Anfang an umstritten. Umweltschützer beklagten den Verlust eines Naturwunders. Viele setzen sich nach wie vor für eine Renaturierung ein und argumentieren, dass das gesamte Ökosystem ruiniert werde. Befürworter betonen, dass durch den Damm die Wasser- und Stromversorgung gesichert und ein Erholungsgebiet entstanden sei.

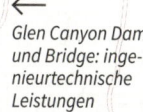

← *Glen Canyon Dam und Bridge: ingenieurtechnische Leistungen*

4

Bryce Canyon National Park

Ⓐ C2 **🏠** Hwy 63, ab Hwy 12 **ℹ** Visitor Center (+1-435-834-5322)
🕐 tägl. **🔄** 1. Jan, Thanksgiving, 25. Dez **Ⓦ** nps.gov/brca

Dieses spektakuläre Gebiet umfasst eine Serie von natürlichen Amphitheatern, in denen flammend bunte Felsen *(hoodoos)* ihren Auftritt haben. Bekannteste dieser Formationen ist Bryce Amphitheater, nach der der Park benannt ist.

Die Paiute, die früher hier jagten, beschrieben das Gewirr von zahllosen rosa, orange und rot leuchtenden Felsnadeln als »rote Felsen, die wie Menschen in einer schüsselförmigen Nische stehen«.

Durch den bis 2700 Meter hoch gelegenen Park führt am Rand des Paunsaugunt Plateau eine 30 Kilometer lange Panoramastraße entlang – vom einzigen Eingang des Nationalparks im Norden bis zu dessen höchster Erhebung im Süden. Von April bis Oktober verkehrt ein kostenloser Shuttle-Bus vom Besucherzentrum zu den vier wichtigsten Aussichtspunkten Sunrise, Sunset, Bryce und Inspiration Point. Zudem wird eine kostenlose Bustour (3:30 Std.) angeboten, die an vielen weiteren Aussichtspunkten hält und bis zum Rainbow Point führt. Von Bryce Point und Sunset Point aus können Sie über das enge Labyrinth von *hoodoos* blicken.

 Schöne Aussicht
Pretty Peaks

Bryce Canyon ist berühmt für seinen klaren Himmel. An den meisten Tagen kann man den 130 Kilometer entfernten Navajo Mountain sehen, bei besten Bedingungen auch den 240 Kilometer entfernten Humphreys Peak.

1 *Eine der größten Populationen des vom Aussterben bedrohten Präriehundes lebt in Park.*

2 *Hoodoos sind durch Erosion entstandene turmartige Formen aus Sedimentgesteinen.*

3 *Die meisten Wanderwege im Nationalpark beginnen am Rand des Canyons.*

↑ *Blick vom Inspiration Point auf das* Hoodoo-*Labyrinth des Bryce Amphitheater*

Bryce Canyon National Park

Das Labyrinth merkwürdig erscheinender Felsformationen lässt sich am besten zu Fuß erkunden. Viele Wanderwege führen hinunter in die Becken, in denen Sie zwischen *hoodoos* und anderen Felsen spazieren können. Dazu gehören recht einfache Tageswanderungen wie etwa der kurze Queens Garden Trail und der längere Rim Trail, der gemäßigte Navajo-Rundweg und die eher herausfordernden Routen Fairyland Trail und Peek-A-Boo. Viele Wanderwege sind miteinander verbunden, einige werden auch für Maultierwanderungen zum Boden des Canyons genutzt.

Der Bryce Canyon ist auch im Winter atemberaubend schön, wenn Schnee die farbigen Türme bedeckt. Nach längerem Schneefall und bei entsprechend hoher Schneedecke sind Schneeschuhwandern, Langlaufen und Winterwandern möglich. Von November bis März werden bei Vollmond geführte Schneeschuhwanderungen angeboten. In klaren Nächten ist der Sternenhimmel über dem Nationalpark traumhaft schön. Informieren Sie sich beim Besucherzentrum über Veranstaltungen zum Thema Astronomie.

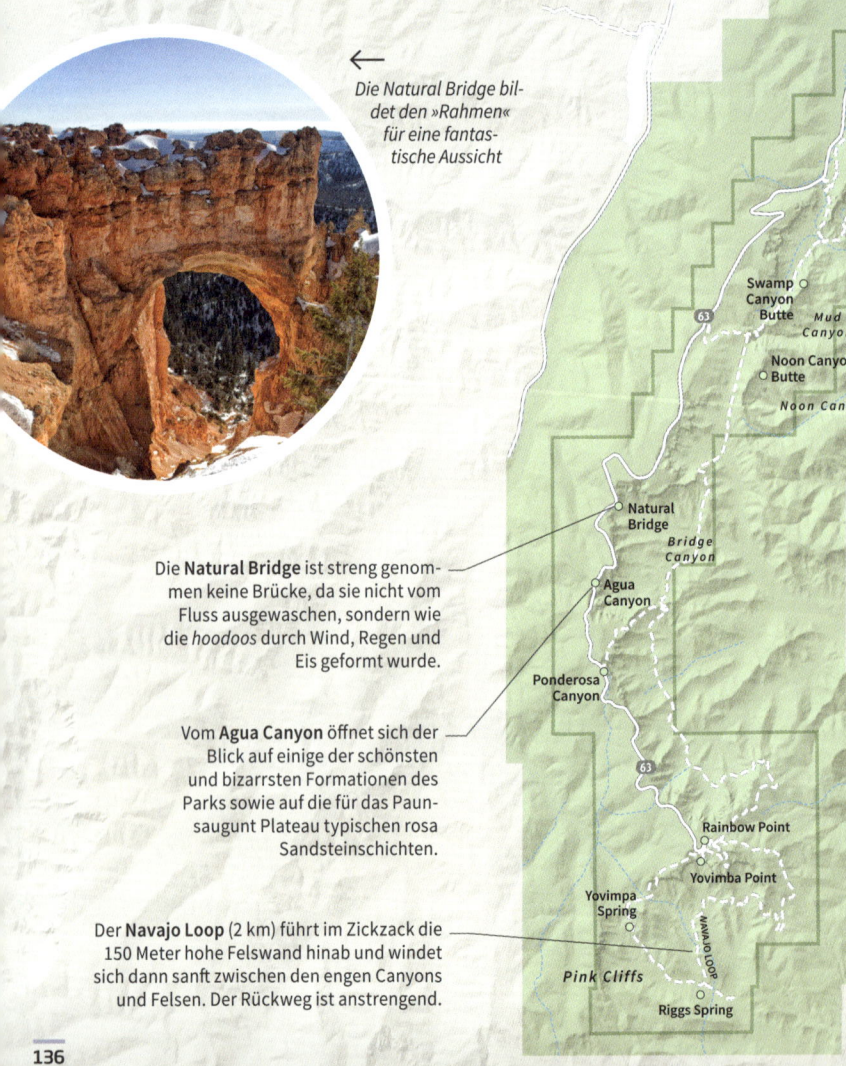

← *Die Natural Bridge bildet den »Rahmen« für eine fantastische Aussicht*

Die **Natural Bridge** ist streng genommen keine Brücke, da sie nicht vom Fluss ausgewaschen, sondern wie die *hoodoos* durch Wind, Regen und Eis geformt wurde.

Vom **Agua Canyon** öffnet sich der Blick auf einige der schönsten und bizarrsten Formationen des Parks sowie auf die für das Paunsaugunt Plateau typischen rosa Sandsteinschichten.

Der **Navajo Loop** (2 km) führt im Zickzack die 150 Meter hohe Felswand hinab und windet sich dann sanft zwischen den engen Canyons und Felsen. Der Rückweg ist anstrengend.

Swamp Canyon Butte
Mud Canyon
Noon Canyon Butte
Noon Canyo
Natural Bridge
Bridge Canyon
Agua Canyon
Ponderosa Canyon
Rainbow Point
Yovimba Point
Yovimpa Spring
NAVAJO LOOP
Pink Cliffs
Riggs Spring

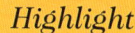

Am **Sunrise Point** versteht man den Spruch des Mormonen Ebenezer Bryce: »Ein verdammt schlechter Ort, eine Kuh zu verlieren.«

Sunset Point hat einen irreführenden Namen. Da man von hier nach Osten blickt, bieten sich grandiose Sonnenaufgänge, aber unspektakuläre Sonnenuntergänge.

Bizarr geformte *hoodoos* wie **Thor's Hammer** entstanden auf der obersten rosa »Stufe« der Grand Staircase.

Die schneebedeckten Felsnadeln des **Bryce Amphitheater** gehören zu den bekanntesten Ansichten des Parks. Das Amphitheater ist im Winter und Sommer vom Inspiration Point aus am besten zu sehen.

Map labels:
- Bryce Canyon Airport
- Shakespear Point 2390 m
- Bryce Canyon City
- Mossy Cave
- Fairyland Point
- Visitor Center
- Bryce Canyon Lodge
- FAIRYLAND LOOP TRAIL
- Sunrise Point
- Sunset Point
- Inspiration Point
- Thor's Hammer
- Bryce Point
- Bryce Amphitheater
- Paria View
- Pink Cliffs

0 Kilometer 3
0 Meilen 3

N

Vogelbeobachtung

Der Bryce Canyon bietet rund 175 Vogelarten Lebensraum, darunter auch Zugvögeln. Auf dem Rim Trail sieht man häufig violettgrüne Schwalben, entlang der Panoramastraße gibt es einige Fischadlernester. Vielleicht haben Sie auch das Glück, Wanderfalken, Adler und sogar den seltenen Kalifornischen Kondor zu sehen.

↑ *Der hoch aufragende Thor's Hammer ist einer der markantesten hoodoos im Bryce Canyon*

Der von Bäumen gesäumte Virgin River schlängelt sich durch den Zion Canyon ↑

⑤ ⚐ 🍽 🏨 ♿

Zion National Park

🅰 B3 🏠 Hwy 9, nahe Springdale ℹ Visitor Center (+1-435-772-3256)
🕐 tägl. 8 –17 (Juni – Aug: 8 –19.30) 🌐 nps.gov/zion

Der Zion Canyon, eines berühmtesten Naturwunder Utahs, wurde durch den Virgin River ausgefräst und durch Wind, Regen und Eis verbreitert. Die an beiden Seiten bis 600 Meter hohen Canyonwände sind wild zerklüftet und in Rot- und Weißschattierungen getönt.

Mormonen erreichten in den 1860er Jahren den Canyon und nannten ihn Zion – nach einem alten hebräischen Wort für »Zufluchtsort« oder »Heiligtum«. Viele der Felsformationen, wie die Three Patriarchs und Altar of Sacrifice, haben biblische Referenzen. Die Mormonen betrieben hier Landwirtschaft, 1909 wurde der Canyon zum National Monument und 1919 zu Utahs erstem Nationalpark erklärt.

Für die Entstehung des Zion Canyon ist der heute überwiegend sanft dahinfließende Virgin River verantwortlich. Die mäandrierenden unteren Abschnitte des Flusses werden von zahlreichen Bäumen wie Pappeln, Eichen und Weiden gesäumt. Deren dichtes Laub bietet Schatten für die etlichen hier lebenden Tiere, darunter Vögel, Maultierhirsche und Rotluchse. Auf den Uferwiesen blühen im Frühjahr unzählige Wildblumen. Wenn im Sommer plötzlich eintretende Unwetter Fluten verursachen, werden die flussnahen Gebiete des Parks unzugänglich.

↑ *Rosaroter Gigant – Felsformation Altar of Sacrifice (»Opferaltar«) bei Sonnenaufgang*

↑ *Wanderer auf dem schmalen Angels Landing Trail, einer beliebten Route mit zahlreichen atemberaubenden Aussichtspunkten*

Shuttle-Busse

Man kann das ganze Jahr über durch den Nationalpark fahren. Von Mitte März bis Ende November gelangt man jedoch nur mit den parkeigenen, regelmäßig fahrenden Shuttle-Bussen in den Zion Canyon. Weil das Parken in den anderen Monaten begrenzt ist, sollten Besucher dann den den kostenlosen Shuttle nehmen, der von Springdale zum Parkeingang fährt. Dort starten die parkeigenen Shuttle-Busse.

Überblick: Zion National Park

Im Park folgt der zehn Kilometer lange Scenic Drive dem Virgin River in den immer schmaler werdenen Canyon. Die am Besucherzentrum am Parkeingang startenden Shuttle-Busse halten bei dieser Rundtour an neun Stellen, die Fahrt ist kostenlos. Im Zion Human History Museum wird u. a. die frühe Besiedlung des Canyons durch indianische Ureinwohner dokumentiert. Weitere Etappenziele der Bustour sind spektakuläre geologische Formationen wie Court of the Patriarchs, Great White Throne, Weeping Rock und Angels Landing.

Auf dem Parkgelände gibt es eine Vielzahl von Wanderwegen. Einige führen zu nahe gelegenen Wasserfällen, während andere – wie die anspruchsvollen West Rim Trail und East Rim Trail – aus dem Canyon hinausführen. Am Ende des Scenic Drive beginnt der beliebteste Wanderweg: Der etwa zwei Kilometer lange, asphaltierte River Walk folgt dem Virgin River, bis die Wände des Canyons auf mehr als 600 Meter ansteigen. Die ohne Kletterei zu bewältigende Route bietet wunderschöne Blicke auf den Fluss, der hier zwischen roten Sandsteinfelsen fließt. Im Nordwesten des Parks gibt es einen separaten Eingang zu den Kolob

↑ Besucher am Weeping Rock, aus dem Quellwasser plätschert

Canyons, einem weiteren großartigen Gebiet zum Wandern. Weitere beliebte Aktivitäten im Park sind Reiten, Schwimmen im Virgin River und Radfahren. Bei vielen Verleihfirmen rund um Springdale können Sie Räder ausleihen.

> 💬 Expertentipp
> ### Angebote
> Im Park werden viele von Rangern geführte, kostenlose Aktivitäten angeboten. Dazu gehören u. a. Wanderungen und Vogelwanderungen sowie Fahrten mit dem Ranger-Shuttle.

> **Ein Weg führt zum Felsen Weeping Rock und seinen im Frühjahr mit Moosen, Farnen und Wildblumen übersäten hängenden Gärten.**

Fauna und Flora

So unterschiedliche Naturräume wie Colorado Plateau, Great Basin und Mojave Desert reichen bis in den Zion National Park – entsprechend vielfältig und artenreich präsentieren sich Tier- und Pflanzenwelt. Viele Säuger wie Maultierhirsche, Dickhornschafe und Rotluchse finden hier Lebensraum, am Himmel ziehen Raubvögel ihre Kreise. An den Ufern des Virgin River gedeiht stellenweise eine überraschend dichte Vegetation mit mehreren Baumarten.

Weeping Rock

Ein leichter Weg führt zum Weeping Rock genannten Felsen und seinen im Frühjahr mit Moosen, Farnen und Wildblumen übersäten hängenden Gärten. Die Stelle ist wegen des zwischen zwei Sandsteinschichten ablaufenden Quell- und Sickerwassers sehr fruchtbar.

The Narrows

Felswände ragen rund 300 Meter über diesem schmalsten Abschnitt des Zion Canyon auf. Wanderwege durch diese geradezu überwältigend schöne Schlucht führen direkt am Virgin River entlang. Eine ganztägige Wanderung verläuft nach Big Spring (16 km), für die Route flussabwärts (26 km) ist eine Genehmigung erforderlich.

Kolob Canyons

Hoch aufragende Gipfel aus Sandstein umrahmen dieses rund 60 Kilometer nordwestlich des häufig überlaufenen Zion Canyon gelegene Gebiet. Bei einer acht Kilometer langen Fahrt erreicht man mehrere Aussichtspunkte. Wanderwege führen zu Wasserfällen, seit langer Zeit unbewohnten Hütten und interessanten Felsformationen wie Double Arch Alcove, West Temple und Kolob Arch.

↑ *Wanderer am Virgin River in The Narrows; Wasserbecken unter einem Felshang in North Creek* (Detail)

Arches National Park

D2 ⌂ Hwy 191, 5 Meilen (8 km) nördl. von Moab **ℹ** Visitor Center (+1-435-719-2299) 🕐 Apr – Okt: tägl. 7:30 –18:30; Nov – März: tägl. 8 –16:30 **W** nps.gov/arch

Der Arches National Park birgt die weltweit größte Ansammlung von natürlichen Felsbogen – mehr als 2000 dieser seltsam anmutenden Naturwunder finden sich in diesem Gebiet. Die in der Sonne orangerot leuchtenden Felsen bilden vor allem am späten Nachmittag mit dem dann tiefblauen Himmel ein grandioses Farbenspiel.

Die Felsbogen, die sich in einem Jahrmillionen dauernden Prozess bildeten, verwittern noch heute weiter und werden irgendwann zusammenbrechen. Das Visitor Center bietet eine spannende Einführung in die Geologie dieses wunderschönen, aber höchst fragilen Landes, das weiterhin von den Naturgewalten geprägt wird. Viele der markanten Bogen sind von der Hauptstraße zu sehen, zahlreiche Wanderwege führen tiefer in die atemberaubende Landschaft hinein. Eine der besten Beschreibungen der Schönheit des Parks stammt von Edward Abbey, der hier 1956 – 57 als Ranger tätig war und den Zauber der Landschaft in seinem Buch *Desert Solitaire* festhielt.

> **Das Visitor Center bietet eine spannende Einführung in die Geologie dieses wunderschönen, aber höchst fragilen Landes.**

 Fotomotiv
Lichtspiele

Der späte Nachmittag und der frühe Abend sind die besten Zeiten für Fotos im Nationalpark. Die Bogen leuchten in der untergehenden Sonne, und es gibt ein schönes Spiel von Licht und Schatten. Das warme Morgenlicht ist ebenfalls eine gute Zeit.

Schon gewusst?

Delicate Arch ist das Staatssymbol von Utah und ziert viele Nummernschilder.

↑ *Delicate Arch – berühmtester Bogen im Arches National Park*

1 *Mit seinem Labyrinth aus Canyons und Felstürmen zählt Fiery Furnace zu den spektakulärsten Wandergebieten des Parks.*

2 *Felszeichnungen mit Darstellungen von Dickhornschafen kann man nahe der Wolfe Ranch am Delicate Arch Trail sehen.*

3 *Double Arch in der Windows Section besteht aus zwei Bogen innerhalb derselben Felsformation.*

Überblick: Arches National Park

Hauptsaison für einen Besuch des Arches National Park ist von März bis Oktober, vor allem an den Wochenenden ist der Andrang dann besonders stark. Parken an beliebten Ausgangspunkten ist in dieser Zeit fast den ganzen Tag über schwierig. Um Staus am Eingangstor und an den Parkplätzen zu vermeiden, sollten Sie möglichst frühmorgens oder spätnachmittags anreisen.

Von den Aussichtspunkten am Arches Scenic Drive kann man viele Attraktionen sehen. Er beginnt beim Visitor Center am Südende des Parks (Abfahrt vom Highway 191). Wenn Sie an jedem Aussichtspunkt zehn Minuten verbringen, benötigen Sie für die gesamte Strecke rund drei Stunden. Von den Parkplätzen der Aussichtspunkte starten leichte Wanderwege. Der Rundweg am Balanced Rock ist für Kinder geeignet, der asphaltierte Teil auch für Rollstuhlfahrer. Am Delicate Arch

> **Der Park Avenue Trail führt am Grund eines Canyons an riesigen Felsmonolithen vorbei, darunter Courthouse Towers und Nofretete.**

↑ *Kajakfahrt auf dem Colorado River vor der Kulisse orange leuchtender Felsen*

Viewpoint beginnt eine ähnlich leichte Wanderung, auch der kurze Rundweg in der Windows Section ist für Familien geeignet. Der Park Avenue Trail führt am Grund eines Canyons an riesigen Felsmonolithen vorbei, darunter Courthouse Towers und Nofretete.

Neben Wandern ist Radfahren eine beliebte Aktivität in und um den Park. Fahrräder dürfen nur eigens gekennzeichnete Straßen befahren. Einige Anbieter in Moab *(siehe S. 146)* organisieren Mountainbike-Touren. Die meisten Kletterrouten sind nur für erfahrene Kletterer geeignet. Unternehmen in und um Moab bieten Jeeptouren, Reiten sowie Rafting- und Kajaktouren auf Colorado und Green River an.

Naturgewalten

Der von geradezu fantastischen Formen geprägte Nationalpark »schwimmt« auf einem Salzlager, das sich unter dem Druck der Felsmassen verflüssigte. Vor ungefähr 300 Millionen Jahren drückte die mächtige Salzschicht nach oben und brach den darüberliegenden Sandstein auf. Die zwischen den weiter erodierten Rissen freiliegenden Felsrippen verwitterten so, dass die harten Oberflächenfelsen als feste Bogen wie beim Turret Arch oder elegant gewölbt wie beim Delicate und Landscape Arch verblieben.

Attraktionen

Petrified Dunes

▷ Diese ungewöhnlichen Formationen liegen zwischen den Courthouse Towers und der Windows Section. Sie entstanden, als sich uralte Sanddünen unter Schichten von schwerem Sediment, das später erodierte, zu Steinen verhärteten.

Fiery Furnace

▽ Das Labyrinth aus Felsen und daraus gemeißelten Canyons wurde nach dem feurigen Leuchten bei Sonnenuntergang benannt. Entdecken Sie bei von Rangern geführten Touren viele eher versteckt gelegene Bogen.

Windows Section

In diesem Abschnitt führt ein 1,5 Kilometer langer Rundweg zu den nebeneinandergelegenen Bogen North und South Arch. Zu den beliebtesten Fotomotiven des gesamten Parkgeländes gehört der Turret Arch beim Blick durch einen dieser beiden Bogen.

Wolfe Ranch

Der Park war Heimat von John Wesley Wolfe, einem Bürgerkriegsveteranen, der Ende des 19. Jahrhunderts eine kleine Ranch baute. Die Holzhütte bewohnte er mit seiner Familie.

Balanced Rock

▷ Der auf einer Sandsteinnadel balancierende Fels zählt zu den Wahrzeichen des Parks. Die gesamte Formation hat eine Höhe von 39 Metern. Einen sehr guten Blick hat man vom Wanderweg und von der Panoramastraße. Genießen Sie den Anblick dieses Wahrzeichens – irgendwann wird der obere Felsbrocken abstürzen.

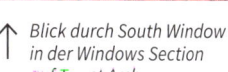

↑ Blick durch South Window in der Windows Section auf Turret Arch

SEHENSWÜRDIGKEITEN

7

Dead Horse Point State Park

A D2 **H** Hwy 313 **i** State Route 313 (+1-435-259-2614) **⏱** tägl. 6 – 22 **w** stateparks.utah.gov

Die hohe Mesa des Dead Horse Point liegt beim Eingang zum Island in the Sky (Canyonlands National Park). Kurze Wanderwege führen am Felsrand entlang, mit einmaliger Aussicht auf den Colorado River und das Gewirr der Canyons.

Der Überlieferung zufolge wurde der Park so genannt, weil das Gebiet früher als natürliche Koppel für wilde Mustangs diente. Pferde, die nicht gezähmt werden sollten, wurden in der trockenen Wildnis gelassen. Sie verdursteten kläglich, unterhalb der unerreichbaren rettenden Fluten des Flusses.

Das Gebiet ist auch als Hollywood-Kulisse berühmt. Hier stürzten sich Thelma und Louise im gleichnamigen Film (1991) in die Tiefe. Für die Anfangssequenz von *Mission: Impossible 2* (2000) erkletterte Tom Cruise die Felsen.

8

Moab

A D2 **M** 6500 **i** 25 E Center St (+1-435-259-8825) **w** discovermoab.com

Das Städtchen Moab erlebt derzeit seinen zweiten Boom innerhalb von rund 70 Jahren. In der Umgebung der Mormonensiedlung wurden 1952 Uranlager entdeckt. Quasi über Nacht wurde Moab eine der reichsten Gemeinden der Vereinigten Staaten. Seit dem Niedergang des Uranmarkts in den 1970er Jahren lebt die Stadt vom Fremdenverkehr und von ihrer Nähe zu den Nationalparks Arches und Canyonlands.

Heute ist Moab ein beliebtes Reiseziel für Outdoor-Fans. Die Mountainbiker locken der berühmte Slickrock Bike Trail sowie der herausfordernde Weg zum Moab Rim (16 km). Zudem kann man wandern oder die Landschaft mit dem Geländewagen bzw. per Flug erkunden. Moab ist auch ein Zentrum für Wildwasser-Rafting auf dem Colorado. Die Stadt bietet gute Unterkünfte, Restaurants und Unterhaltung.

In der nahen **Matheson Wetlands Preserve** führen Wanderwege durch ein Feuchtgebiet, in dem etwa 175 Vogelarten und viele Säugetiere leben.

Die Stadt ist wegen ihres milden Klimas als Zweitwohnsitz beliebt. Sie bietet zudem viele Geschäfte, Restaurants und Galerien.

Matheson Wetlands Preserve
H nahe Kane Creek Blvd **C** +1-435-259-4629 **⏱** tägl. Sonnenauf- bis -untergang

Schon gewusst?

Moab wurde nach dem gleichnamigen alttestamentarischen Kleinstaat in Palästina benannt.

Überwältigender Fernblick von einem Aussichtspunkt im Dead Horse Point State Park

Ruderer beim Kampf mit den Stromschnellen des stellenweise wilden Green River

⑩ Goblin Valley State Park

🅰 C2 🏠 nahe Hwy 24
📞 +1-435-275-4584
🕐 tägl. 6 – 22
🌐 stateparks.utah.gov

Die »Goblins« (Kobolde) des Parks sind zu seltsamen Pilzformen erodierte, bis zu drei Meter hohe Felsen. Man kann zwischen den sogenannten *hoodoos* umhergehen oder auf zwei gepflasterten und mehreren nicht befestigten Wegen hinunter zum Talgrund wandern.

💬 Expertentipp
Besuch eines State Park

Wie die Nationalparks erheben auch die meisten State Parks Eintritt. Wenn Sie mehrere Parks besuchen wollen, prüfen Sie vor Ort, ob dies mit nur einem einzigen Ticket möglich ist.

---

⑨ Green River

🅰 D2 🏔 1000 ℹ 460 E Main St (+1-435-564-3448)

Der Ort liegt in einem ausgedehnten Talkessel und ist ein Dienstleistungszentrum. Green River entwickelte sich im 19. und frühen 20. Jahrhundert an einer Furt des in diesem Bereich reißenden Green River. In dem Ort starten die Wildwasserfahrten auf Green und Colorado River.

Im Jahr 1871 begann hier zudem John Wesley Powells kühne Expedition zur Erforschung von Colorado River und Grand Canyon. Die Erkenntnisse ermöglichten die Anfertigung der ersten Landkarten dieser Gegend. Die interessante Entdeckungsgeschichte des Gebiets dokumentiert das **John Wesley Powell River History Museum**, das auch einen Film über den Verlauf der Expedition präsentiert.

John Wesley Powell River History Museum
 🏠 1765 E Main St
🕐 Apr – Okt: Mo – Sa 9 –19, So 12 –17; Nov – März: Di – Sa 9 –17 🚫 Feiertage
🌐 johnwesleypowell.com

Wie Pilze aus dem Boden: Sandsteinformationen im Goblin Valley State Park (siehe S. 147)

⑪ Grand Staircase – Escalante National Monument

🅰 C3 ℹ️ 755 W Main St, Escalante (+1-435-335-7308)
🆆 blm.gov

Im 1996 zum National Monument erklärten, mehr als 400 600 Hektar großen Gebiet locken Felscanyons, Berge und hohe Wüstenplateaus. Das Grand Staircase – Escalante National Monument grenzt an den Capitol Reef National Park, die Glen Canyon National Recreation Area und den Bryce Canyon National Park. Benannt wurde es nach den vier Felsschichten namens Vermilion, Grey, White und Pink, die sich stufig vom Bryce Canyon zum Grand Canyon über das Colorado Plateau ziehen.

Die Schönheit der einzelnen Parkregionen erlebt man am besten auf Autotouren auf teils geteerten, teils ungeteerten Straßen, die man mit Tageswanderungen verbindet. Der Highway 89 verläuft an der Südgrenze zum Fuß des Vermilion-Felsens.

⑫ Burr Trail

🅰 C2 ℹ️ 755 W Main St, Escalante (+1-435-826-5499) 🆆 nps.gov/glca/planyourvisit/driving-the-burr-trail.htm

Der spektakuläre Burr Trail windet sich in zahlreichen Haarnadelkurven durch das Grand Staircase – Escalante National Monument. Auf den ersten 64 Kilometern führt er als Asphaltstraße entlang dem Deer Creek und hoch durch das rote Felsenlabyrinth des Long Canyon. An dessen Ausgang öffnet sich der Blick auf die Täler der Circle Cliffs und des Capitol Reef. Die Panoramastraße (nur für Geländewagen!) verläuft als ungeteerte Piste östlich von Boulder durch den Capitol Reef National Park und endet in Bullfrog Marina am Lake Powell *(siehe S. 130 –133)*.

> 🔍 Entdeckertipp
> **Lower Calf Creek Falls**
>
> Diesen 38 Meter hohen, in einen smaragdgrünen Teich stürzenden Wasserfall erreicht man über einen Pfad, der am Calf Creek Campground bei Boulder beginnt.

⑬ Hole-in-the-Rock Road

🅰 C3 ℹ️ 755 W Main St, Escalante (+1-435-826-5499) 🆆 nps.gov/glca

1879 verließen 230 Mormonen Panguitch, um eine neue Siedlung in Südost-Utah zu gründen. Ihr Weg endete am 600 Meter tiefen Abgrund des Glen Canyon. Die Gläubigen sprengten kurzerhand ein Loch in eine Felswand und erschlossen einen einfachen Weg, der an den steilen Canyonwänden entlang in die Tiefe führte. Auf diesem brachten sie Wagen und Vieh an Seilen zum Canyongrund hinunter. Die Prozedur

> **Benannt wurde es nach den vier Felsschichten namens Vermilion, Grey, White und Pink, die sich stufig vom Bryce Canyon zum Grand Canyon über das Colorado Plateau ziehen.**

← Jacob Hamblin Arch im
Grand Staircase – Escalante
National Monument

in einer – angesichts der wenigen Leitplanken und der Abgründe – schwindelerregenden Fahrt den steilen Bergkamm Hogsback und die Hell's Backbone Bridge. Nach Boulder führt die Route zum 2820 Meter hohen Boulder Mountain.

15 ⊘
Kodachrome Basin State Park
Ⓐ C3 ⌂ 2905 S Kodachrome State Park Rd ☎ +1-435-679-8562 🕐 tägl. 6 – 22
Ⓦ stateparks.utah.gov

Ein paar Meilen östlich des Bryce Canyon und 14 Kilometer südlich des Highway 12 bietet der Kodachrome Basin State Park ca. 70 Felsnadeln und -kamine. Seinen Namen erhielt er von den Teilnehmern einer Expedition, die für eine Fotoreportage im National Geographic einen gleichnamigen Film verwendeten, um die farbenprächtigen Formationen unter tiefblauem Himmel möglichst gut abzulichten. Wanderpfade unterschiedlicher Schwierigkeitsgrade führen zu Aussichtspunkten.

wurde anschließend an der anderen Wand in entgegengesetzter Richtung wiederholt. 1880 konnte die mutige Gruppe schließlich den Ort Bluff (siehe S. 184) gründen.

Dem Weg der Pioniere folgt heute die Hole-in-the-Rock Road. Eine ca. 29 Kilometer lange anspruchsvolle Wanderung führt zu den stellenweise kaum 30 Zentimeter breiten Canyons Peekaboo und Spooky. Für die letzten zehn Kilometer zum 15 Meter breiten Felsloch und dem wunderbaren Blick auf den Lake Powell ist ein Wagen mit Allradantrieb erforderlich.

welt abgeschlossen und der letzte Ort der USA, dessen Post auf Mulis zugestellt wurde. Heute ist er ein Zwischenstopp am Highway 12, der vom Highway 89 zum Capitol Reef National Park führt. Die Straße zählt zu den landschaftlich schönsten des ganzen Landes.

Zwischen Escalante und Boulder schlängelt sich der Highway 12 vorbei an farbenprächtigen Felsformationen und kurvigen Canyons.

Kurz vor Boulder überwindet man auf dem Highway 12

14
Boulder
Ⓐ C2 🏠 200 ℹ 460 Hwy 12 (+1-435-335-7308)

Der malerische Ort wird von Bergen umrahmt. Von hier aus kann man im Anasazi State Park restaurierte altindianische Ruinen besichtigen. Ein Museum informiert über die von etwa 1050 bis 1200 ansässigen Anasazi. Vor dem Bau des Highway 12 war Boulder von der Außen-

Slot Canyons
Der Südwesten ist berühmt für Slot Canyons. Diese tiefen, oft nur wenige Zentimeter breiten Schluchten entstehen, wenn sich Wasser durch weichen Fels bahnt und dabei schmale Gänge herausmodelliert. Für die Ureinwohner waren Slot Canyons spirituelle Orte. Beachten Sie für Wanderungen: Bei Regen füllen sich die Schluchten sehr schnell mit Wasser.

> Dem Pioniergeist der Mormonen ist das Frontier Homestead State Park Museum gewidmet. Unter den dort ausgestellten alten Fahrzeugen befindet sich eine Reisekutsche.

16
Cedar City
🅰 B2 🔼 30 000 🚏 🚐 ℹ️
581 N Main St (+1-435-586-5124) 🌐 visitcedarcity.com

Das 1851 von Mormonen gegründete Städtchen war Ende des 19. Jahrhunderts ein Zentrum der Eisengewinnung und -verarbeitung. Heute gibt es in dem eine Fahrstunde vom Zion National Park *(siehe S. 138–141)* entfernten Ort Hotels und Restaurants. Dem Pioniergeist der Mormonen ist das **Frontier Homestead State Park Museum** gewidmet. Unter den über 300 dort ausgestellten alten Fahrzeugen befindet sich eine Reisekutsche von Wells Fargo. Das Shakespeare Festival von Juni bis Oktober ist in einem Nachbau des Londoner Globe Theatre beheimatet. Es lockt alljährlich zahlreiche Theaterfans aus der Umgebung an.

Frontier Homestead State Park Museum
〰 🏠 635 N Main St 📞 +1-435-586-9290 🕐 Juni–Aug: tägl. 9–18; Sep–Mai: Mo–Sa 9–17 🚫 1. Jan, Thanksgiving, 25. Dez

17
Cedar Breaks National Monument
🅰 B2 🏠 nahe Hwy 14 ℹ️ 2390 W Hwy 56 (+1-435-586-9451) 🌐 nps.gov/cebr

Cedar Breaks National Monument liegt 32 Kilometer öst-

lich von Cedar City am Highway 14 und bietet ein spektakuläres geologisches Amphitheater rosa- und orangefarbener Felsen, auf denen tiefgrüne Wälder gedeihen. Mit seinen markanten Formationen gilt das Gebiet im Allgemeinen als kleinere Verion des deutlich stärker frequentierten Bryce Canyon National Park *(siehe S. 134–137)*.

Im Winter sind hier viele Langläufer unterwegs. Im Sommer präsentiert Cedar Breaks wahre Teppiche voller bunter Blumen, im Juli findet ein jährliches Wildblumenfestival statt.

18
Kanab
🅰 B2 🔼 4000 ℹ️ 745 E Hwy 89 (+1-435-644-5033) 🌐 visitsouthernutah.com

Das Städtchen wurde nach dem 1864 errichteten Fort

Kanab benannt, das bereits zwei Jahre später aufgrund der ständigen Indianerangriffe verlassen wurde. Das heutige Kanab wurde 1874 von Mormonen gegründet und lebt vor allem von den Urlaubern, die auf der Strecke zwischen den Nationalparks Grand Canyon, Zion und Bryce Canyon gern die preiswerten Lokale und Unterkünfte ansteuern. Kanab gilt als »Tor zum Lake Powell« und als Utahs »Klein-Hollywood« – in und um den Ort wurden seit 1963 um die 200 Kino- und TV-Filme gedreht – von *Butch Cassidy and the Sundance Kid* (1969) über *Planet of the Apes* (1968 und 2001) bis *Mission: Impossible 2* (2000). Im Besucherzentrum erfährt man Besichtigungszeiten der Drehorte.

Schon gewusst?
Die Farben der Felsen in Cedar Breaks stammen vom hohen Eisen- und Mangangehalt der Gesteine.

⟶

Winterliche Szenerie: schneebedeckte Felsen im Cedar Breaks National Monument

19

Coral Pink Sand Dunes State Park

🅰 B4 📞 +1-435-648-2800
🕐 Sonnenauf- bis -untergang 🆆 stateparks.utah.gov

Etwa 16 Kilometer westlich von Kanab erstreckt sich die einmalige Wüstenlandschaft des Coral Pink Sand Dunes State Park. Hier haben die Kräfte der Erosion ein über 1200 Hektar großes Meer aus sich ständig verändernden rosa schimmernden Sanddünen geschaffen. Der Sand stammt von den roten Sandsteinfelsen der Umgebung. Über die Geologie des Parks informieren Schautafeln. Beliebt sind Rutschpartien von den riesigen Dünen, zu denen ein Pfad hinführt. Wer es aufregender mag, düst mit ATV (all-terrain vehicle) oder Buggy durch das Sandmeer.

20

St. George

🅰 B3 🔢 76 000 ✈ 🚌
ℹ 20 N Main St (+1-435-634-5747) 🆆 visitstgeorge.com

↑ Brigham Young Winter Home Historic Site – früherer Wohnsitz des Mormonenführers

Die 1861 von Mormonen (siehe S. 154f) gegründete Stadt boomt seit ihrer Entwicklung als Rentneroase. Pensionäre aus den ganzen USA schlagen hier wegen des milden Klimas und des ruhigen Ambientes ihren Altersruhesitz auf.

Im ganzen Ort ist die goldene Spitze des ältesten Mormonentempels Utahs (1877) sichtbar. Der dominante Bau gehörte zu den Lieblingsprojekten des Mormonenführers Brigham Young (1801–1877). Den Tempel selbst dürfen nur Mormonen betreten, das Visitor Center steht allen offen.

Youngs Verbindung zu St. George begann 1871 mit dem Bau seines Winterhauses, in dem er mit Familie lebte. Heute ist in dem Gebäude ein Museum untergebracht. In der großen, eleganten **Brigham Young Winter Home Historic Site** stehen noch viele Originalmöbel des ersten Besitzers.

Brigham Young Winter Home Historic Site

 🏠 67 West 200 North St 📞 +1-435-673-2517
🕐 Apr – Sep: Mo – Fr 9 – 19, So 13 – 19; Okt – März: Mo – Fr 9 – 17, So 13 – 17

> 💬 Expertentipp
> **Per Rad zum Snow Canyon**
>
> Der Snow Canyon State Park liegt acht Kilometer nordwestlich von St. George am Highway 18. Er bietet Wanderwege und einen asphaltierten Radweg, der durch den Park und zurück in die Stadt führt.

Mormonen

Die Kirche Jesu Christi der Heiligen der Letzten Tage wurde im Staat New York von dem Farmarbeiter Joseph Smith (1805–1844) gegründet, dem 1820 der Engel Moroni erschienen sein soll. Der Engel übergab ihm zwei Goldplatten, deren Inschriften Smith übersetzte und als *Book of Mormon* veröffentlichte. Das Werk wurde zum Grundpfeiler der neuen, schnell wachsenden Religionsgemeinschaft, die wegen ihrer wirtschaftlichen und politischen Vorstellungen und der von ihr praktizierten Polygamie angefeindet wurde. Die Mormonen flohen 1839 nach Illinois.

Der große Mormonentreck nach Westen

In Illinois wurde Smith 1844 von einer aufgebrachten Menge gelyncht. Sein Nachfolger Brigham Young (1801–1877) führte 1846 den Flüchtlingstreck der Mormonen nach Westen an. Im Salt Lake Valley hofften sie, Sicherheit zu finden. Young wünschte sich einen Ort, »wo niemand sonst leben möchte«. Die Pioniere bewältigten auf diesem ungewöhnlichen Zug mit ihren primitiven Ochsenwagen oder Handkarren, auf denen sie ihre gesamte Habe transportierten, raue Prärien und hohe Berge. Sie überstanden strenge Winter und die Hitze des Sommers. Nach etwa einem Jahr erreichten sie im Juli 1847 Utah.

Salt Lake City wurde im unwirtlichen und zuvor unbesiedelten Salt Lake Basin

↑ *Eine Mormonenfamilie Ende des 19. Jahrhunderts vor ihrem Blockhaus im Great Salt Lake Valley. Heute sind rund 55 Prozent der Einwohner Utahs Mormonen*

Schon gewusst?

Die von den Mormonen praktizierte Mehrehe wurde im Jahr 1890 abgeschafft.

↑ *St. George Utah Temple (1877) –*
ältester Tempel der Mormonen

Brigham Young

Der Schreiner, Maler und Glaser Brigham Young wurde 1801 in Vermont als Sohn von Protestanten geboren. 1832 trat er in Ohio den Mormonen bei. 1846 bis 1847 führte er deren Treck von Illinois nach Salt Lake City. Das von ihm 1849 gegründete Territorium, das heutige Utah, nannte er »Deseret«. Die Mormonen verwandelten die Wüste in fruchtbares Farmland. Trotz seiner politischen Amtsenthebung 1857 blieb Young bis zu seinem Tod 1877 der religiöse Führer der Mormonen.

nach einem von breiten Straßen durchzogenen, schachbrettartigen Grundriss angelegt. Familien bekamen ausreichend große Häuser und Land zur Selbstversorgung. Bis zum Jahr 1900 wurden zahlreiche Farmen und über 300 Städte im Westen und Südwesten gegründet – darunter auch Las Vegas, wo 30 von Brigham Young ausgesandte Mormonen eine Mission und ein kleines Fort gründeten.

Der St. George Utah Temple ist für die weltweit rund 15 Millionen Mormonen ein starkes Symbol ihres Glaubens dessen Grundpfeiler Arbeit, Mäßigung, Zusammenarbeit und soziale Verantwortung bilden.

↑ *Mormonen auf dem großen*
Treck nach Westen von Illinois
nach Utah (1846/47)

Four Corners

Am »Vierländereck« treffen die Bundesstaaten Utah, Colorado, Arizona und New Mexico aufeinander. Mit Mesas, Canyons und Wüsten präsentieren sich die auch landschaftlich eindrucksvollen Four Corners als Reiseziel für alle, die sich für indianische Kultur und den »echten Westen« interessieren.

Obwohl hier jährlich weniger als 25 Zentimeter Regen fallen, siedeln in dem ariden Landstrich schon seit Urzeiten Menschen. Den Anfang machten vor etwa 12 000 Jahren die Paläo-Indianer. Die Anasazi lebten vom 6. bis zum 13. Jahrhundert hier. Sie hinterließen imposante Ruinen, u. a. im Chaco Canyon und in Mesa Verde.

Zu ihren Nachfahren zählen die Hopi, deren Pueblos als die ältesten ständig bewohnten Siedlungen Nordamerikas gelten. Spirituelles Zentrum der im 15. Jahrhundert eingewanderten Navajo ist der Canyon de Chelly. Das Monument Valley erlangte als Filmkulisse Weltruhm – die Region ist zudem ein ideales Revier für Wanderer, Angler und Fans von Wildwasser-Rafting.

Four Corners

Highlights

1. Monument Valley Navajo Tribal Park
2. Canyon de Chelly National Monument
3. Chaco Culture National Historical Park
4. Mesa Verde National Park

Sehenswürdigkeiten

5. Hopi Indian Reservation
6. Navajo National Monument
7. Hubbell Trading Post National Historic Site
8. Canyons of the Ancients National Monument
9. Telluride
10. Farmington
11. Aztec
12. Ouray
13. Silverton
14. Durango
15. Bluff
16. Window Rock
17. Tuba City
18. Four Corners Monument Navajo Tribal Park
19. Hovenweep National Monument
20. Ute Mountain Tribal Park
21. Blanding

Moab

Spanish Valley

La Sal

Monticello

21 Blanding

UTAH

Bullfrog

Grand Staircase – Escalante National Monument

Süd-Utah
Seiten 118–155

Lake Powell

San Juan River

15 Bluff

San Juan River

Big Water

Mexican Hat

Navajo Mount 3166 m

Goulding's Lodge

Left Mitten   Right Mitten

Marble Canyon

Page

Mitchell Butte
Three Sisters

Elephant Butte

Red Mesa

1 **Monument Valley Navajo Tribal Park**

Mexican Water

Navajo National Monument

Kayenta

6

Tsegi

Round Rock

Echo Cliffs

Kaibito Plateau

Grand Canyon und Nord-Arizona
Seiten 64–87

Tuba City

17

Tonalea

ARIZONA

Navajo Indian Reservation

Chinle

2 **Canyon de Chelly National Monument**

Cameron

Painted Desert

Polacca

Keams

Burnside

Hopi Indian Reservation

5

Hubbell Trading Post National Historic Site

7

Ganado

Little Colorado River

Moenkopi Wash

Indian Wells

Pueblo Colorado Wash

Tolani Lake

Dilcon

Leupp

Winona

Flagstaff

Winslow

Joseph City

Holbrook

Mormon Lake

Four Corners

RIDGWAY

Gateway

Dominguez-Escalante
National
Conservation Area

Montrose

Uravan

Uncompahgre
National Forest

Naturita

12 Ouray

9 Telluride

Mount Wilson
4342 m

13 Silverton

Dove Creek

COLORADO

Electra
Lake

Windom Peak
4292 m

Canyons of
the Ancients
National Monument

Hesperus Mountain
4033 m

Vallecito
Reservoir

8

Mancos

19

Cortez

160

Durango

Pagosa Springs

Hovenweep
National
Monument

4 Mesa Verde
National Park

14

160

550

20 Ute Mountain
Tribal Park

Dulce

18

Aztec

11

Chama

Four Corners
Monument Navajo
Tribal Park

Shiprock

Kirtland

Bloomfield

64

Navajo
Lake

Pastora Peak
2869 m

Ship Rock
2188 m

10

64

Farmington

Tierra Amarilla

550

171

NEW
MEXICO

Huerfano Mountain
2278 m

537

Newcomb

Nageezi

White Rock

Counselor

550

Cuba

3

491

Chaco Culture
National
Historical Park

Santa Fe und
Nördliches New Mexico
Seiten 188–217

Tohatchi

371

Fort Defiance

Crownpoint

16

264

Gamerco

Window
Rock

Houck

40

Gallup

Thoreau

Albuquerque und
Südliches New Mexico
Seiten 218–243

Bernalillo

Albuquerque

Albuquerque
International Sunport

Black Rock

Grants

0 Kilometer   40

0 Meilen   40

N

❶ ✏️ Ⓜ️ 🍴 🛍️

Monument Valley Navajo Tribal Park

🅰️ D3 🅿️ Hwy 163 📞 +1-435-717-5870 🕐 tägl. von Sonnenauf- bis -untergang
📅 25. Dez 🌐 navajonationparks.org/tribal-parks/monument-valley

Das Monument Valley im Navajo-Reservat ist bekannt für seine faszininierenden Sandsteinformationen, die aus einer scheinbar grenzenlosen Wüste emporsteigen.

Die hoch aufragenden Felsen symbolisieren den weiten amerikanischen Westen – besonders, weil Hollywood diese atemberaubenden geologischen Monumente seit den 1920er Jahren als Kulisse für Hunderte von Kinofilmen, TV-Shows und Werbespots verwendet.

Das Monument Valley ist eigentlich kein Tal. Erodiertes Material aus den Rocky Mountains bildete im Lauf von Jahrmillionen mächtige Sedimentschichten, der Druck unter der Oberfläche hob das Becken zu einem Plateau an. Dieses unterlag seinerseits der Abtragung durch Wind und Wasser, wodurch das nicht erodierte härtere Gestein spektakuläre Formationen bildete, die bis etwa 300 Meter über dem Talboden aufragen.

Die Three Sisters zählen zu den prägnanten Felsnadeln im Monument Valley. Gleichfalls von auffälliger Form sind der Totem Pole und die Mittens. Auf dem Parkgelände finden sich Spuren der Pueblo-Kultur, die hier bis etwa 1300 lebte. Mehr als 100 Stätten und Ruinen, darunter auch Felsbilder, sind aus der Zeit dieser Zivilisation erhalten.

Noch heute ist das Land den Navajo heilig. Mit Ausnahme eines landschaftlich reizvollen Fahr- und Wanderwegs sind die anderen Bereiche des Parks nur mit lizenziertem Führer zugänglich.

↑ *Three Sisters und andere Felsformationen beim Blick in den Rückspiegel eines Autos*

↑ *Der Park ist auch nachts eindrucksvoll, wenn die Sterne der Milchstraße glitzern*

Hollywood im Monument Valley

Das Monument Valley war Schauplatz für Dreharbeiten vieler legendärer Filme. Der Regisseur George B. Seitz nutzte die Landschaft als Kulisse für *The Vanishing American* (1924). John Wayne – und das Genre des Western – wurden mit *Stagecoach* (1939), John Fords erstem Film, berühmt. Ford drehte hier neun weitere Streifen, u. a. *The Searchers* (1956), einen der besten Western aller Zeiten. Weltruhm erlangte Sergio Leones *Once Upon a Time in the West* (»Spiel mir das Lied vom Tod«; 1968). Auch Szenen für *2001: A Space Odyssey* (1968), *Easy Rider* (1969), *Thelma and Louise* (1991) und *Forrest Gump* (1994) entstanden hier.

Ikonen der Wüste: Left Mitten, ↑
Right Mitten und Merrick Butte
(von links) *bei Sonnenuntergang*

Ein Navajo zu Pferd bei einer Führung durch das Monument Valley

Überblick: Monument Valley

Durch den Monument Valley Navajo Tribal Park verläuft der 27 Kilometer lange Valley Scenic Drive, eine Route mit elf Aussichtspunkten. Die Gebühr für die Benutzung ist am Visitor Center zu entrichten. Die Fahrt verläuft auf einer gut markierten Schotterstraße bei mitunter steilem Gefälle. Es empfiehlt sich die Benutzung eines Fahrzeugs mit großer Bodenfreiheit. Der beliebteste Zwischenstopp auf der Strecke ist John Ford's Point. Der Blick von dort soll die Lieblingsaussicht des Regisseurs über das Tal gewesen sein. Von hier hat man auch den besten Blick auf die Felsformation Three Sisters, eines der beliebtesten Fotomotive des Parks. An diesem Haltepunkt bieten Verkaufsstände Kunsthandwerk der

Navajo an, in einem *hogan* (einem traditionellen Navajo-Haus) zeigen Navajo-Weberinnen ihre Kunst. Für die Herstellung eines Teppichs, der mehrere Tausend Dollar kosten kann, benötigen sie Monate.

Um die stark frequentierten Routen zu verlassen, können Sie unter Leiung eines Navajo Wanderungen, Ausritte oder Geländewagentouren in faszinierende und weniger besuchte Teile des Monument Valley unternehmen. Die Guides bringen den Teilnehmern Mythen und Geschichte hier lebender indianischer Völker näher. Das Angebot an Touren ist groß, die Anmeldung erfolgt im Visitor Center oder in der Goulding's Lodge. Dieser ehemalige Handelsposten beherbergt ein Museum über die Geschichte des Monument Valley im amerikanischen Kino und bietet zuden Unterkünfte an. Die Touren führen auch zu Felsbildern (u. a. Darstellungen von Dickhornschafen), die man rund um die indianischen Ruinen findet.

Wandern auf eigene Faust ist nur auf dem gut sechs Kilometer langen Wildcat Trail erlaubt. Dieser Rundweg führt zu einigen der landschaftlich reizvollsten Formationen (u. a. Merrick Butte).

> **Von hier hat man auch die beste Aussicht auf die Felsformation Three Sisters, eines der beliebtesten Fotomotive des Parks.**

Markant aufragende Felsnadeln: The Gossips (links) und Totem Pole

Highlight

📷 Fotomotiv
Beste Tageszeit
Bei Sonnenauf- und
-untergang sind die
Felsen in tiefrotes Licht
getaucht und beson-
ders schön. Ihre langen
Schatten betonen die
speziellen Texturen der
Wüstenlandschaft.

1 *Navajo-Frauen gelten als
die besten Weberinnen im
Südwesten.*

2 *Vom North Window Overlook hat man den besten Blick
auf einige der berühmtesten
Formationen wie die Mittens.*

3 *Der Teardrop Arch in der
Nähe der Goulding's Lodge ist
nicht nur ein landschaftliches
Highlight, sondern auch ein
Aussichtspunkt über weite
Teile des Monument Valley.*

Spider Rock (»Spinnenfelsen«), eine der gewaltigsten geologischen Formationen des Parks ↑

2 ⊘ ⊘ 🍴 ⊘ ♿

Canyon de Chelly
National Monument

🅰 D3 🏠 2 Meilen (3,5 km) östl. von Chinle und Hwy 191 📞 +1-928-674-5500
🕐 tägl. 8–17 🔒 25. Dez 🌐 nps.gov/cach

Der Canyon de Chelly, einer der ältesten Siedlungsplätze Nordamerikas, erzählt von einer wechselvollen Geschichte. Archäologen konnten belegen, dass hier Vertreter vier verschiedener Kulturen lebten. Bis zu 300 Meter hohe Sandsteinwände überragen den Boden des Canyons, in dem vom Chinle Wash bewässerte Büsche und Bäume gedeihen.

Die ersten hier gefundenen Siedlungsspuren stammen von der Basketmaker-Kultur (um 300 n. Chr.). Ihnen folgten die Anasazi, die im 12. Jahrhundert die *cliff dwellings* (»Klippenhäuser«) errichteten. Danach bewirtschafteten die Hopi rund 300 Jahre lang die fruchtbaren Böden. Sie zogen im 18. Jahrhundert auf die Mesas, kamen jedoch jeden Sommer zurück, um Felder zu bestellen. Heute ist der Canyon das kulturelle und geografische Zentrum der Navajo Nation. Der Name de Chelly wird »d'schäi« ausgesprochen und ist eine spanische Verballhornung des indianischen Worts *tsegi* (»Felsschlucht«).

Der Canyon de Chelly ist eine wahre Oase inmitten der Wüste, die sich an seinen Rändern erstreckt. Die am Schluchteingang neun Meter hohen roten Felswände ragen in ihrem weiteren Verlauf über 300 Meter über eine geschützte Welt am Canyongrund auf.

Etwa 40 Navajo-Familien leben heute im Park. Am Grund des Canyons stehen *hogans* (siehe S. 167), Frauen hüten Schafe und fertigen an Webstühlen im Freien Decken. Überall in der Schlucht sieht man altindianische Ruinen. Zu den eindrucksvollsten gehören die zwischen 1060 und 1275 bewohnten White House Ruins, in deren Räumen die Zeit fast spurlos vorbeigegangen zu sein scheint. Der Weg dorthin bietet herrliche Ausblicke. Von Navajos geführte Geländewagentouren führen zu vielen Sehenswürdigkeiten.

↑ *Der Felsen Navajo Fortress war 1864 Schauplatz einer Belagerung durch Kit Carson, die mit der Niederlage der Navajo endete*

Massacre Cave - Massakerhöhle

1805 drangen spanische Soldaten unter Antonio Narbona in das Gebiet ein, um die Navajo zu unterwerfen. Einige Navajo konnten auf den Rand des Canyons klettern, andere flohen in eine Höhle, in die die Spanier gnadenlos feuerten. Narbona gab später an, 115 Navajo, u. a. 90 Krieger, getötet zu haben. Einem Bericht der Navajo zufolge waren jedoch die meisten Krieger abwesend (wahrscheinlich auf der Jagd), zu den Todesopfern zählten vor allem Frauen, Kinder und Alte.

← *Ein steiler, fünf Kilometer langer Rundweg führt auch zu den White House Ruins*

White House Ruins – Reste einer Wohneinheit in einer schmalen Felsöffnung ↑

Überblick: Canyon de Chelly

Die White House Ruins sind die einzige Stätte im Canyon, die ohne Navajo-Führer zugänglich ist. Ansonsten können Sie auf eigene Faust Fahrten am Nord- und Südrand des Canyons unternehmen. Der 60 Kilometer lange South Rim Drive ist eine Rundstrecke, die u. a. zu White House Ruins, Sliding House und Junction Ruins mit Blick auf Spider Rock, Defiance Plateau und Chuska Mountains führt. Auf dem ebenfalls als Rundstrecke (55 km) angelegten North Rim Drive erreicht man *cliff dwellings* wie Antelope House, Mummy Cave und Yucca sowie Aussichtspunkte mit Blick in die Canyons Chelly und del Muerte.

> 💬 Expertentipp
> **Geführte Touren**
>
> Eine Übersicht der Agenturen, die Wanderungen, Ausritte und Geländewagentouren anbieten, finden Sie auf der Website *(siehe S. 165)*. Für März bis Oktober sollte man möglichst früh reservieren.

↑ Auf den Sandböden des Canyon de Chelly National Monument kommt man mit Pferden gut voran

Highlight

Antelope House Ruin

▷ Die ältesten Ruinen des Antelope House (um 700), das nach einer von Navajo um 1830 gefertigten Felszeichnung benannt wurde, sind vom Antelope House Overlook aus zu sehen.

Tsegi Overlook

▽ Diese Biegung am South Rim Drive bietet einen Panoramablick über den überraschend stark bewachsenen Grund des Canyons sowie über die Landschaft der Umgebung. Eine Besonderheit ist die lang gestreckte Felsformation Blade Rock. Am Tsegi Overlook gibt es mehrere Stände, an denen Navajo Schmuck, Keramik und andere kunsthandwerkliche Objekte verkaufen.

Spider Rock

▷ Den Überlieferungen der Navajo zufolge lebte auf dem 245 Meter hohen Felsen die Spider Woman (Spinnen-Frau), die sie das Handwerk der Weberei lehrte.

Behausungen

Der *hogan* ist das Zentrum der Navajo-Familie. Das Rauchloch im flachen Balkendach ist die Verbindung zum Himmel, der Lehmboden zur Erde. Durch die Tür in der Ostwand wird die aufgehende Sonne begrüßt.

Vegetation im Canyon

▷ Im Canyon säumen Pappeln und Eichen die Gewässer. Auf den Feldern gedeihen Alfalfa und Mais. Obstgärten bringen reiche Ernte.

Kit Carson und der »Lange Marsch«

Ab 1863 »loste« Kit Carson auf Befehl der US-Regierung das Problem der Navajo-Angriffe: Seine Soldaten verwüsteten die von den fliehenden Indianern verlassenen Dörfer. Im Januar 1864 drang Carson in den Canyon de Chelly vor und nahm die Navajo gefangen, die sich in der Schlucht versteckt hatten. Sie sollten zu den 9000 Navajo gehören, die 1864 auf dem »Langen Marsch« (595 km) von Fort Defiance in ein Reservat in New Mexico deportiert wurden. Dort starben über 3000 von ihnen. Später erlaubte die US-Regierung den Indianern, in die Four Corners zurückzukehren.

③ ✍️ Ⓜ️ ♿

Chaco Culture National Historical Park

🅰 E4 🏠 25 Meilen (40 km) südöstl. von Nageezi nahe US 550 📞 +1-505-786-7014 🕐 tägl. 8–17 🚫 1. Jan, Thanksgiving, 25. Dez 🌐 nps.gov/chcu

Chaco Canyon zählt zu den imposantesten Hinterlassenschaften der komplexen Pueblo-Kultur und sicher zu den beeindruckendsten Sehenswürdigkeiten im Südwesten. Das von der UNESCO zum Welterbe erklärte Gebiet gilt den indianischen Völkern der Hopi und der Pueblo als heilig.

Die Ruinen im Chaco Canyon spiegeln die bemerkenswerten architektonischen und organisatorischen Fähigkeiten der Pueblo-Zivilisation wider, die in diesem Gebiet etwa zwischen 850 und 1250 n. Chr. existierte. Der ausgedehnte Canyon mit den 16 »Großen Häusern« (Pueblos mit Hunderten Räumen) und vielen kleineren Anlagen war einst das politische, religiöse und kulturelle Zentrum der Siedlungen in den Four Corners.

Zu seiner Blütezeit im 11. Jahrhundert gehörte Chaco zu den eindrucksvollsten präkolumbischen Städten Nordamerikas. Den großen Komplex bewohnten jedoch wahrscheinlich nur wenige Menschen, da das Land nur eine geringe Bevölkerung ernähren konnte. Archäologen nehmen an, dass er wohl als Zeremonialzentrum diente, in dem weniger als 3000 Personen ständig lebten. Die soziale Elite betrieb vor allem Handel. Im Handwerk dominierten die Herstellung von von Perlen und Türkisschmuck. Die *kivas* (runde, zeremonielle Kammern) wurden für Versammlungen und Zeremonien genutzt.

Pueblo Bonito, das geräumigste »Große Haus«, hatte über 600 Räume, Chetro Ketl mehr als 500, die *kiva* Casa Rinconada war die größte Kultkammer in Chaco.

Petroglyphen

Auf einigen Wander-wegen kommt man an Felsen mit auffälligen Ritzungen und Zeich-nungen vorbei. Einige zeigen Sonnen- und Mondfiguren in einer Linie, was auf astro-nomische Tätigkeit der Pueblo-Kultur hindeu-tet. Auf anderen Felsen sieht man Figuren von Menschen, Tieren und Fantasiewesen. Beson-ders hoch ist die Dichte am Petroglyph Trail, der zwischen Pueblo Bonito und Chetro Ketl verläuft, und auf dem Weg nach Una Vida.

←

Pueblo Bonito – größtes und berühmtestes »Großes Haus« auf dem Gelände

1 *Fajada Butte, eines der mar-kantesten Wahrzeichen des Parks, erhebt sich 135 Meter über den Canyon-Boden.*

2 *Petroglyphen auf einem Fel-sen nahe Una Vida stellen Tiere und geheimnisvolle Figuren dar.*

3 *Von Mai bis Oktober finden regelmäßig Führungen durch den riesigen Komplex von Pueblo Bonito statt.*

Überblick: Chaco Culture
National Historical Park

Das Areal erreicht man über eine 21 Kilometer lange unbefestigte Straße, die bei heftigen Niederschlägen überflutet werden kann. Innerhalb des Parkgeländes verläuft der 15 Kilometer lange asphaltierte Canyon Loop Drive, der zu vielen Attraktionen führt. An allen Sehenswürdigkeiten gibt es Parkplätze. Ein Wanderpfad verläuft vom Besucherzentrum nach Una Vida und passiert dabei sehenswerte Petroglyphen. Zu den spannendsten Stopps gehört Pueblo Bonito, hier wird die besondere Architektur der »Großen Häuser« exemplarisch deutlich. Für eine Rundtour zu Fuß stehen vier Wanderwege zwischen fünf und 13 Kilometern Länge zur Auswahl. Sie führen zu entlegeneren Orten, unterwegs bieten sich immer wieder schöne Ausblicke. Auf dem Canyon Loop Drive kann man auch Rad fahren.

💬 Expertentipp
Führungen

Führungen durch die »Großen Häuser« finden von April bzw. Mai bis Oktober statt, Details erfahren Sie im Besucherzentrum. Night-Sky-Programme gibt es von April bis Oktober.

Die vielen *kivas* wurden wohl von Besuchern genutzt, die zu religiösen Zeremonien herkamen.

Schon gewusst?

Als internationaler Dark Sky Park zählt Chaco zu den besten Orten der USA, um Sterne zu beobachten.

← *Blick über die Ruinenstätte Pueblo Bonito*

Den Baumeistern standen für ihre schön gearbeiteten Mauern nur Steinwerkzeuge zur Verfügung.

↑ *Detail einer Tür im Pueblo Bonito*

Das Pueblo Bonito war einst vier Stockwerke hoch.

Der D-förmige Komplex umfasste mehr als 600 Räume.

Hunderte von Räumen im Pueblo Bonito zeigen nur geringe Spuren früherer Nutzung. Vermutlich wurden sie als Lagerräume oder für die Unterbringung von Gästen genutzt.

↑ *Darstellung des Pueblo Bonito, die zeigt, wie es ausgesehen haben könnte*

④ 🛶 🎿 🏛 🍴 🖥 ♿

Mesa Verde National Park

🅰 E3 🏠 Hwy 160, 35 Meilen (56 km) westl. von Durango ☎ +1-970-529-4465
🕐 Zeiten der Website entnehmen 📅 1. Jan, Thanksgiving, 25. Dez
🌐 nps.gov/meve

Die bewaldete Mesa über dem Montezuma Valley war über 700 Jahre Siedlungsgebiet der Anasazi. In den Canyons, die die Mesa durchschneiden, thronen einige der am besten erhaltenen und schönsten *cliff dwellings*.

Der Name Mesa Verde, »Grüner Tisch«, wurde dem Gebiet bereits im 18. Jahrhundert von den Spaniern verliehen – die Ruinen wurden jedoch erst Ende des 19. Jahrhunderts von Viehzüchtern entdeckt. Zum Schutz dieses kulturellen Erbes wurde das Gelände 1906 zum Nationalpark erklärt.

Rund 5000 archäologische Stätten wurden im Park gefunden, darunter etwa 600 *cliff dwellings* – faszinierende Zeugnisse früherer Zivilisationen – von der Basketmaker-Periode (ab 550) bis zu der komplexen Gesellschaft, die die vielräumigen Gebäude zwischen 1000 und 1250 errichtete. Die Menschen lebten in großen Familienverbänden, jagten, sammelten und züchteten auf der fruchtbaren Mesa Vieh.

Die Pueblo-Gebäude unter den überhängenden Klippen reichten von schlichten Lagerräumen bis zu gewaltigen Anlagen mit für Zeremonien genutzten *kivas* und Aussichtstürmen.

> Expertentipp
> **Twilight Tour**
> Die auf 15 Teilnehmer beschränkte Cliff Palace Twilight Tour ist ein besonderes Erlebnis. Abseits großer Massen können Sie bei untergehender Sonne die spezielle Atmosphäre spüren, wenn das Spiel aus Licht und Schatten tolle Fotomotive bietet.

↑ Besucher auf einer Aussichtsplattform im Mesa Verde National Park

Diese Wohneinheiten bestanden aus Sandsteinblöcken, die mit Lehm zusammengehalten wurden. Mit mehr als 150 Zimmern und 23 *kivas* ist Cliff Palace das größte bekannte *cliff dwelling* der Pueblo-Kultur und die Stätte, auf die sich die meisten Besucher konzentrieren. Der Komplex zeigt eine bemerkenswerte Symmetrie. Weitere herausragende Sehenswürdigkeiten sind Square Tower House, Long House, Step House und Balcony House, zu dem man über drei Leitern und durch einen schmalen Tunnel gelangt.

Um 1300 wurde die Anlage verlassen, ihre Bewohner zogen südwärts nach New Mexico und Arizona, wo sie sich mit den Vorfahren der heutigen Pueblo-Gemeinden zusammenschlossen. Ob Dürren, Konflikte oder andere Ursachen zur Aufgabe von Mesa Verde führten, ist nicht geklärt.

↑ Cliff Palace – eindrucksvolles architektonisches Zeugnis der Pueblo-Kultur

Chronik

Highlight

um 550
Bau der ersten Gebäude während der Basketmaker-Periode

um 700
Entstehung der ersten komplexeren Anlagen in Mesa Verde

1100–1300
Umfangreicher Ausbau der Anlage mit der Errichtung von ungefähr 600 *cliff dwellings*

1300
Die Anlage wird verlassen, die Gründe für die Abwanderung sind bisher nicht geklärt

1888
Auf der Suche nach entlaufenen Tieren entdecken Viehzüchter Cliff Palace, woraufhin auch die Erkundung anderer Stätten eingeleitet wird

1906
Wegen seiner Bedeutung wird Mesa Verde zum Nationalpark erklärt

1908
Beginn der bis heute andauernden archäologischen Ausgrabungen und Konservierungen

1910er Jahre
Markanter Anstieg der Besucherzahlen auf dem Gelände

1976
Umfassende Erweiterung des als Mesa Verde National Park geschützten Areals

1978
Aufnahme des Nationalparks in die Liste des UNESCO-Welterbes

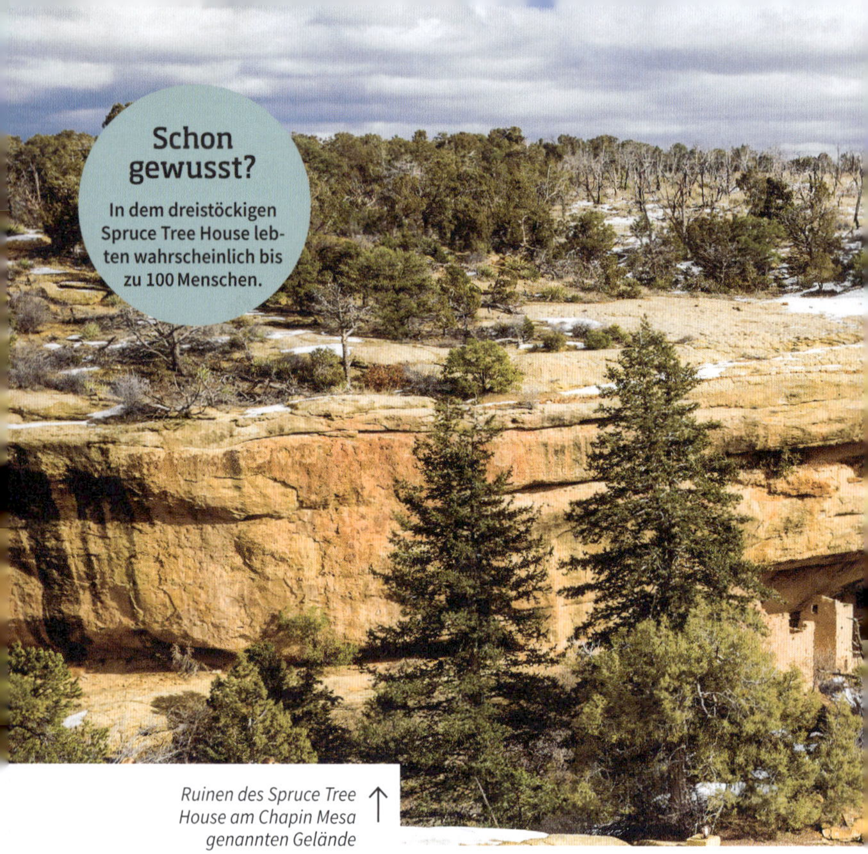

Schon gewusst?

In dem dreistöckigen Spruce Tree House lebten wahrscheinlich bis zu 100 Menschen.

Ruinen des Spruce Tree House am Chapin Mesa genannten Gelände ↑

Führungen

Viele Attraktionen können auf eigene Faust besichtigt werden. Für den Besuch von Cliff Palace, Balcony House und Long House ist die Teilnahme an einer Führung nötig. Dabei sind auch Leitern und Tunnel zu überwinden. Tickets gibt es bis zu zwei Tage im Voraus.

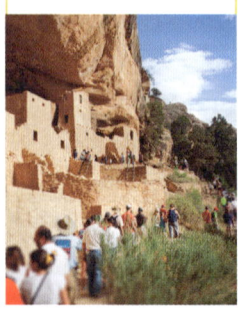

Überblick: Mesa Verde National Park

Fahren Sie vom Visitor and Research Center zum Areal Chapin Mesa, das die höchste Konzentration an für Besucher zugänglichen Stätten aufweist. Dorthin gelangt man auf der Mesa Top Loop Road, einer zehn Kilometer langen, asphaltierten Panoramaroute mit zahlreichen Aussichtspunkten. Wetherill Mesa im weniger stark besuchten westlichen Bereich des Parks wartet mit Attraktionen wie Long House, Kodak House, Step House und Badger House Community auf. Die meisten dieser Sehenswürdigkeiten sind über Wanderwege zu erreichen.

Zum Schutz der archäologischen Schätze sind individuelle Outdoor-Aktivitäten weitgehend auf das Wandern auf ausgewiesenen Wegen beschränkt. Zudem gibt es in der Hochsaison geführte Touren ins Hinterland sowie mit dem Fahrrad, im Winter laden die Wege zum Langlaufen und Schneeschuhwandern ein – ein magisches Erlebnis.

Ausstellungen

In Mesa Verde wurden etwa drei Millionen Objekte gefunden, von Keramik über Körbe bis zu Steinwerkzeugen. Ausstellungen im Visitor and Research Center sowie im Chapin Mesa Archeological Museum bieten Einblicke in frühere Epochen.

Petroglyph Point Trail

Der nahe dem Museum beginnende vier Kilometer lange Rundweg führt an einer großen mit Zeichnungen geschmückten Felswand vorbei. Der Trail ist schmal und felsig und verläuft stellenweise entlang von Steilhängen.

Highlight

1 *Eine große Felszeichnung am Petroglyph Point Trail zeigt Darstellungen u. a. von Handabdrücken, menschlichen und tierischen Figuren.*

2 *Das Long House in Wetherill Mesa erreicht man über eine Leiter.*

3 *Balcony House, das am schwersten zugängliche* cliff dwelling, *verfügt über etwa 40 Räume.*

 Schöne Aussicht
Überblick

Vom Park Point, der höchsten Erhebung des Parks, genießt man einen Panoramablick. Weitere gute Aussichtspunkte sind Kodak House Overlook und Soda Canyon Overlook mit sehr schönem Blick auf Balcony House.

Frühe Pueblo-Kultur

Die trotz Verfalls immer noch kunstvoll wirkenden Ruinen, die die frühen Vertreter der Pueblo-Kultur hinterlassen haben, faszinieren noch heute. Die Bauten wurden von Anasazi errichtet, deren Name in der Sprache der Navajo »alte Feinde« bedeutet. Sie gelten als die Vorfahren heutiger Pueblo-Völker. Es wird angenommen, dass sich die ersten Pueblo-Vorfahren zu Beginn des 6. Jahrhunderts n. Chr. in Mesa Verde niederließen. Um 800 hatten sie beachtliche Fähigkeiten als Maurer entwickelt und begannen mit dem Bau von komplexen Wohnanlagen aus Sandstein. Zahlreiche Objekte aus dem 12./13. Jahrhundert belegen große handwerkliche Fertigkeiten in den Bereichen Weberei und Töpferei sowie in der Herstellung von Schmuck und Werkzeug.

Weitere Entwicklung

Zu Beginn des 14. Jahrhunderts verließen die sogenannten Pueblo-Ahnen viele ihrer seit Langem bestehenden Siedlungen und wanderten Richtung Süden, wo sie neue Siedlungszentren gründeten. Noch heute wird über ihre Abwanderung spekuliert, als mögliche Gründe gelten Ernteverluste aufgrund lang anhaltender Dürreperioden, zunehmender Siedlungsdruck sowie Konflikte infolge sozialer Spannungen, die möglicherweise aus dem zunehmenden Handel mit Stämmen bis Zentralmexiko resultierten. Einigkeit hingegen besteht unter Archäologen, dass die Völker nicht verschwanden, sondern als Vorfahren späterer Pueblo-Kulturen gelten, die ihre Ursprünge auf Mesa Verde, Chaco und andere heilige Stätten zurückführen.

Die von Pueblo-Indianern noch heute verwendete *kiva* war zeremonielles Zentrum des Pueblo-Lebens der Ahnen. *Kivas* waren oft fensterlos und wurden durch ein Loch im Dach erreicht.

←

Aufwendig verziertes Tongefäß der Pueblo-Ahnen (um 1100–1125)

TOP 4 Ruinen der Pueblo-Vorfahren

Canyon de Chelly National Monument
Einer der ältesten Siedlungsplätze Nordamerikas *(siehe S. 164 –167).*

Chaco Culture National Historical Park
Areal mit vielen gut erhaltenen *cliff dwellings* *(siehe S. 168 –171).*

Mesa Verde National Park
Etwa 5000 archäologische Stätten *(siehe S. 172 –175).*

Aztec Ruins National Monument
500 Räume, u. a. eine große *kiva (siehe S. 181).*

Die in ihren Ausmaßen gewaltige Anlage Pueblo Bonito im Chaco Canyon hatte über 600 Räume ↑

Schon gewusst?

Kivas sind runde, meist unterirdisch angelegte Räume mit Balkendecken.

↑ *Blick in die rekonstruierte kiva im Aztec Ruins National Monument*

↑ Ansammlung bizarrer Felsbrocken in der Hopi Indian Reservation

SEHENSWÜRDIGKEITEN

5 🚫 🍴 🛍️

Hopi Indian Reservation

🅰️ D4 ⛰️ 10 000 ℹ️ Hopi Cultural Center, Hwy 264, Second Mesa (+1-928-734-2401) 🕐 Mai – Sep: tägl. 6 – 21; Okt – Apr: tägl. 7 – 20 🌐 hopiculturalcenter.com

Die Hopi sind die einzigen in Arizona ansässigen Pueblo-Indianer. Sie gelten als die direkten Nachfahren der Pueblo- bzw. Anasazi-Kultur (die sie als »Hisatsinom«

Kunsthandwerk in der Hopi Indian Reservation

Die Handwerker auf jeder Mesa sind auf ein bestimmtes Genre spezialisiert. Auf der First Mesa gibt es vor allem geschnitzte Figuren und bemalte Töpferwaren, auf der Second Mesa Silberschmuck, auf der Third Mesa Weidenkörbe und gewebte Teppiche. Sie können die Waren direkt bei den Produzenten oder in Shops kaufen.

bezeichnen). Die Hopi Indian Reservation liegt mitten im Navajo-Land in einer rauen und trockenen Landschaft, deren Böden von den Hopi seit rund 1000 Jahren bewirtschaftet werden. Ihrem Glauben zufolge verbringen die *kachinas*, die Geister der Pflanzen und Tiere, alljährlich die fruchtbare Jahreszeit (Dez – Juli) mit dem Stamm. Das weitläufige Gelände erkundet man am besten im Rahmen einer geführten Tour. Das Angebot an Routen und Möglichkeiten zur Reservierung finden Sie online (www.experiencehopi.com).

Das alte Pueblo Walpi auf der First Mesa ist bereits seit dem 12. Jahrhundert bewohnt und relativ schwer zu erreichen. Von Pollaca führt eine Straße die Mesa hinauf zum kleinen Ort Sichomovi. Am nahe gelegenen Ponsi Visitor Center beginnen die einstündigen Touren nach Walpi. Das Pueblo wurde aus Gründen der besseren Verteidigung gegen Angriffe auf einem exponierten Felszacken erbaut, der auf der Kuppe der First Mesa aufragt. Neben dem stellenweise nur 30 Meter breiten Dorf fallen

Schon gewusst?

Nach dem Glauben der Hopi haben alle Tiere, Pflanzen und Felsen einen Geist und eine Seele.

auf beiden Seiten steile Felswände ab. Bei der Tour durch Walpi haben Besucher reichlich Gelegenheit, *Kachina*-Figuren und typische handgefertigte Keramiken zu kaufen oder das traditionelle *Piki*-Brot der Hopi zu kosten.

Wer seine Einkaufstour fortsetzen möchte, findet auf der Second Mesa in Galerien und Läden eine große Auswahl an Kunsthandwerk der Hopi. Das Hopi Cultural Center lockt mit einem Restaurant, dem einzigen Hotel im Umkreis sowie einem Museum mit Hopi-Fotografien.

Auf der Third Mesa ist das im 12. Jahrhundert gegründete Pueblo Old Oraibi interessant, weil es möglicherweise die älteste ständig bewohnte Siedlung Nordamerikas ist.

6 Navajo National Monument

A C3 📞 +1-928-672-2700
🕐 Juni – Mitte Sep: tägl.
8 –17:30; Mitte Sep – Mai:
tägl. 9 –17 🚫 1. Jan,
Thanksgiving, 25. Dez
W nps.gov/nava

Im nach seinem Standort in der Navajo Reservation benannten Park liegen berühmte Ruinen der Pueblo-Kultur. Am leichtesten zugänglich ist das schöne, 135 Räume umfassende Pueblo Betatakin in einer riesigen Felsnische im Tsegi Canyon. Ein einfacher Weg (1,5 km) führt vom Visitor Center zu einem Aussichtspunkt, von dem das gegenüberliegende Betatakin nahe dem Canyongrund gut zu sehen ist. Ein anstrengender Rundweg (27 km) führt zu den Ruinen von Keet Seel. Das ab etwa 1250 erbaute Keet Seel war eine größere und erfolgreichere Gemeinschaft als Betatakin, wurde aber wohl ab 1300 wieder verlassen.

7   Hubbell Trading Post National Historic Site

A D4 📍 AZ264, nahe
Ganado 📞 +1-928-755-3475
🕐 Apr – Sep: tägl. 8 –18;
Okt – März: tägl. 8 –17
W nps.gov/hutr

Die Hubbell Trading Post National Historic Site liegt in der Kleinstadt Ganado mitten im Navajo-Reservat. Das älteste ständig betriebene Handelszentrum der Navajo Nation wurde um 1870 von John Lorenzo Hubbell gegründet. Die Navajo tauschten u. a. Schafe, Decken, Wolle und Türkise gegen Werkzeuge, Haushaltswaren und Lebensmittel. Trading Posts spielten auch eine Rolle in Notzeiten. Hubbells Haus wurde 1886 bei einer Pockenepidemie zum Krankenhaus umfunktioniert.

Das Geschäft läuft immer noch gut. Ein Raum ist als normaler Gemischtwarenladen eingerichtet, in dem Pfannen, Eisenwaren, Medikamente, Stoffe und Lebensmittel verkauft werden. In einem weiteren findet man *Kachina*-Figuren, Navajo-Körbe sowie handgewebte Decken. In einer weiteren Abteilung begeistert der wunderschöne, in Glasvitrinen ausgestellte Silber- und Türkisschmuck.

Besucher können John Lorenzo Hubbells restauriertes Wohnhaus und eine bedeutende Sammlung von Kunst des Südwestens besichtigen. Im Visitor Center demonstrieren Navajo-Frauen an Webstühlen ihr Handwerk.

8 Canyons of the Ancients National Monument

A D3 📍 9651 Rd N, Cortez
📞 +1-970-882-5600
🕐 tägl. 10 –16 W blm.gov

Diese ausgedehnte Stätte umfasst die größte Dichte an archäologischen Zeugnissen der Pueblo-Vorfahren. Auf

↑ *Tongefäß im Anasazi Heritage Center, Canyons of the Ancients*

dem Gelände finden sich mehr als 6000 Dokumente, darunter Felsenwohnungen, *kivas* (zeremonielle Kammern), Petroglyphen (Felszeichnungen) und Kultstätten. Zu den Höhepunkten zählen die *kiva* im Lowry Pueblo und der Painted Hand Pueblo. Ohne Karte kann es schwierig sein, die Stätten zu finden. Besuchen Sie daher zuerst das Anasazi Heritage Center, das gleichzeitig Besucherzentrum ist. Das Museum zeigt interaktive Exponate zur alten Pueblo-Kultur der Region. Wanderwege unterschiedlicher Schwierigkeitsgrade durchziehen die Landschaft. Nehmen Sie genug Wasser mit.

↑ *Handgewebte Navajo-Teppiche, Hubbell Trading Post National Historic Site*

↑ *Main Street in Telluride vor gebirgiger Kulisse; Spaß bei einer rasanten Skiabfahrt* (Detail)

❾ Telluride

🅰 E2 🗻 2500 🔀 🚌 ℹ 236 W Colorado Ave (+1-888-605-2578) 🆆 visittelluride.com

Die einstige Bergbaustadt ist heute ein Skizentrum. Das exklusive Mountain Village liegt hinter einem Bergkamm und ist mit einer kostenlosen Seilbahnfahrt (12 Min.) leicht zu erreichen.

In das Wintersportgebiet strömen im Sommer Wanderer, Reiter und Angler. In der Stadt findet zudem jährlich ein internationales Filmfestival statt.

❿ Farmington

🅰 E3 🗻 46 000 🔀 🚌 ℹ 3041 E Main St (+1-505-326-7602) 🆆 farmingtonnm.org

Die staubige Rancherstadt ist ein guter Ausgangsort für Ausflüge zu den Attraktionen der Umgebung. Hier befindet sich mit dem **Bolack Museum of Fish and Wildlife** die weltgrößte Sammlung von ausgestopften Wildtieren. Das **Farmington Museum** widmet sich der lokalen Geschichte und Geografie.

Umgebung: Etwa 40 Kilometer westlich von Farmington liegt Shiprock. Der Ort ist nach einem 457 Meter hohen Felsen benannt, der acht Kilometer westlich aufragt. Den für die Navajo heiligen Felsen können Besucher nur von den Highways 64 oder 33 aus betrachten.

Zwölf Kilometer südlich liegen die **Salmon Ruins**. Die Ruinen einer Chaco-Siedlung (11./12. Jh.) wurden von der Familie Salmon, die sich hier nach 1870 niederließ, vor Grabräubern beschützt. Deshalb konnten Archäologen 100 Jahre später über eine Million Artefakte finden, die heute zum Teil in dem Museum gezeigt werden.

Bolack Museum of Fish and Wildlife

♿ 🕙 ♿ 🏠 3901 Bloomfield Hwy 🕐 Mo – Sa 9 –15 🗓 Feiertage 🆆 bolackmuseums.com

Farmington Museum

🕙 ♿ 🏠 3041 E Main St 🕐 Mo – Sa 8 –17 🆆 farmingtonmuseum.org

Salmon Ruins

♿ 🕙 🏠 6131 Hwy 64 🕐 Mo – Fr 8 –17, Sa, So 9 –17 (Nov – Apr: So ab 12) 🗓 1. Jan, Ostern, 4. Juli, Thanksgiving, 25. Dez 🆆 salmonruins.com

⓫ Aztec

🅰 E3 🗻 6000 ℹ 110 North Ash St (+1-505-334-6174) 🆆 aztecnm.com

Das Städtchen ist nach den zum National Monument erklärten Ruinen einer Ende des 13. Jahrhunderts blü-

Schon gewusst?

In den Salmon Ruins haben vermutlich rund 300 Menschen gelebt.

henden Anasazi-Siedlung benannt, die frühe Siedler irrtümlich für aztekische Bauten hielten. Zu den rund 500 Räumen des **Aztec Ruins National Monument** gehört eine rekonstuierte *kiva*.

Aztec Ruins National Monument

 🅰 nördl. des Hwy 516 an der Ruins Rd 🕐 tägl. 8 –18 (Winter: 9 –16) 🚫 1. Jan, Thanksgiving, 25. Dez 🌐 nps.gov/azru

⑫ Ouray

🅰 E2 ⛰ 1000 ℹ 1230 North Main St (+1-970-325-4746) 🌐 ouraycolorado.com

Der Ort 37 Kilometer nördlich von Silverton ist ideale Basis für Wanderer und Offroad-Fans. Nördlich des Orts liegen die Ouray Hot Springs. Im Süden führt eine Straße zum Box Canyon Falls Park.

Restaurants

Chop House Restaurant

Das Restaurant serviert Bio Geflügel und Fische nicht vom Aussterben bedrohter Arten.

🅰 E2 🏠 233 W Colorado Ave, Telluride 🌐 newsheridan.com

💲💲💲

221 South Oak

Kerzenlicht und weiße Tischdecken geben dem feinen Restaurant ein edles Ambiente. Das Angebot ist vielseitig.

🅰 E2 🏠 221 South Oak St, Telluride 🕐 mittags 🌐 221southoak.com

💲💲💲

⑬ Silverton

🅰 E2 ⛰ 600 ℹ 414 Greene St (+1-970-387-5654) 🌐 silvertoncolorado.com

Ganz Silverton ist National Historic Landmark. Die Fassaden in der Blair Street haben sich seit dem Silberboom Ende des 19. Jahrhunderts kaum verändert. In der Greene Street steht das 1902 erbaute County Jail, in dem sich das **San Juan County Historical Museum** der Bergbaugeschichte widmet. Nördlich führt die Greene Street East zur Geisterstadt Animas Forks (21 km entfernt), die nach dem Ende des Silberabbaus verlassen wurde.

San Juan County Historical Museum

⊘ 🏠 1557 Greene St 🕐 Ende Mai – Sep: tägl. 10 –17; Anfang Okt – Mitte Okt: tägl. 10 –15 🌐 sanjuancountyhistoricalsociety.org

⑭ Durango

🅰 E3 ⛰ 15 000 🚗 🚆 ℹ 802 Main Ave (+1-970-247-3500) 🌐 durango.org

Durango am Animas River ist ein Städtchen mit Alleen und viktorianischer Architektur.

Mittlerweile ist Durango die größte Gemeinde in diesem Teil Colorados.

Die Stadt ist für die **Durango and Silverton Narrow Gauge Railroad** bekannt, mit der man die wohl malerischste Bahnreise in den USA machen kann. Die Dampfeisenbahn aus den 1920er Jahren bringt über 200 000 Passagiere jährlich durch das Tal des Animas River und über steile Steigungen sowie Canyon- und Berglandschaften nach Silverton. Die dreieinhalbstündige Reise kann in viktorianischen Passagierwaggons oder im offenen »Gondelwagen« unternommen werden. Von den vielen Haltestellen aus ziehen Wanderer und Angler ins Hinterland des San Juan National Forest.

Durango and Silverton Narrow Gauge Railroad

⊘ 🏠 479 Main Ave 🕐 Zeiten der Website entnehmen 🌐 durangotrain.com

↑ *Der Animas River nördlich von Durango schlängelt sich durch eine idyllische Landschaft*

Durango and Silverton Narrow Gauge Railroad im Tal des Animas River (siehe S. 181)

⓯ Bluff

🅰 D3 🗺 300
🌐 bluffutah.org

Bluff wurde 1880 von den Mormonen besiedelt, die durch das berühmte »Hole in the Rock« *(siehe S. 150f)* gekommen waren. Bluff ist Ausgangsbasis zur Erkundung von Utahs äußerstem Südosten. Die Bootstouren auf dem San Juan River halten bei Ruinen der Pueblo-Kultur, die nur vom Wasser aus erreichbar sind.

Umgebung: Südlich von Bluff führt eine 27 Kilometer lange, ungeteerte Straße ins Valley of the Gods mit spektakulären Felsformationen.

⓰ Window Rock

🅰 D4 🗺 5000
📞 +1-928-871-6436
🌐 discovernavajo.com

Die Hauptstadt der Navajo ist nach einem Bogen benannt, der sich 1,5 Kilometer nördlich in den Felsen erhebt. Das **Navajo Nation Museum** (1997) zählt zu den größten Indianermuseen der USA. Die Ausstellungen in dem in Form eines *hogan* gehaltenen Gebäude widmen sich der Historie der Pueblo-Kultur und der Navajo.

Navajo Nation Museum
⊛ 📍 Hwy 264 / Post Office Loop Rd 🕐 Mo – Fr 8 – 17, Sa 9 – 17 🌐 navajonation museum.org

---

Südlich von Bluff führt eine 27 Kilometer lange, ungeteerte Straße ins Valley of the Gods mit spektakulären Felsformationen.

⓱ Tuba City

🅰 C4 🗺 9000 ℹ Tuba City Trading Post, 10 N Main St (+1-928-283-5441)

Das nach dem zur Religion der Mormonen konvertierten Hopi Tuuvi benannte Tuba City ist vor allem wegen der 65 Millionen Jahre alten Dinosaurierspuren bekannt, die acht Kilometer südwestlich der Stadt nahe dem Highway entdeckt wurden.
Darüber hinaus ist die größte Gemeinde im Westen der Navajo Reservation ein guter Ausgangspunkt für Fahrten zum Navajo National Monument *(siehe S. 179)* und zur Hopi Indian Reservation *(siehe S. 178)*.

⓲ Four Corners Monument Navajo Tribal Park

🅰 D3 📍 Kreuzung von Hwy 160 und Hwy 41 📞 +1-928-871-6647 🕐 1. Jan, Thanksgiving, 25. Dez 🌐 discovernavajo.com

Am einzigen »Vierländereck« der USA vergnügen sich Be-

---

sucher meist damit, gleichzeitig je eine Hand und einen Fuß in einem anderen Staat zu platzieren – und anderen bei ihren Verrenkungen zuzuschauen.

⓳ Hovenweep National Monument

🅰 D3 📍 östl. von Hwy 191 📞 +1-970-562-4282 🕐 1. Jan, Thanksgiving, 25. Dez 🌐 nps.gov/hove

Die Ruinen in Hovenweep liegen am Rand eines niedrigen Canyons auf einem abgelegenen Hochplateau im äußersten Südwesten von Colorado. Sie zählen zu den rätselhaftesten Stätten der Pueblo-Kultur. Die hiesige Kultur erlebte zwischen 1200 und 1275 ihren Höhepunkt. Die gut erhaltenen Ruinen bestehen aus sechs Dörfern aus der Pueblo-Zeit, die zwischen 1200 und 1300 erbaut wurden. Zu ihnen gehören einzigartige runde, viereckige und D-förmige Türme. Sie sehen heute noch fast genauso aus wie 1854, als sie von W. D. Huntington, dem Anführer einer Mormonenexpedition, gesichtet wurden. Die Stätte wurde 1874 nach einem Wort aus der Sprache der Ute-Indianer

benannt, das »wüstes Tal« bedeutet. Bislang ist nur wenig über die Kultur bekannt, Rückschlüsse erlauben Keramiken und Werkzeuge. Die Türme geben Anlass zu Spekulationen: Dienten sie der Verteidigung, als astronomische Observatorien, Lagerspeicher oder Sakralbauten?

Zu den sechs verstreut liegenden Ruinenkomplexen führen Wanderpfade.

20 (symbols)

Ute Mountain Tribal Park

A D3 **i** Kreuzung von Hwy 160 und Hwy 491 **C** (+1-970-565-9653) **W** utemountaintribalpark.info

Die Ruinen des Ute Mountain Tribal Park sind ein Geheimtipp. Die Region wurde ab etwa 400 n. Chr. von Menschen der Pueblo-Kultur besiedelt, deren Zivilisation der von Mesa Verde *(siehe S. 172–175)* glich. Sie hinterließen viele *cliff dwellings*,

← *Ruinen einer Pueblo-Stätte im Hovenweep National Monument*

Ruinen und Felsbilder (Detail) im Ute Mountain Tribal Park ↑

darunter das 80 Räume umfassende Lion House. In den schwer erreichbaren Ruinen gibt es nur wenige Besucher. Man kann mit dem Auto an der von Ute geleiteten Halb- oder Ganztagestour teilnehmen oder sich fahren lassen.

21

Blanding

A D3 **M** 4000 **i** 12 N Grayson Parkway (+1-435-678-3662) **W** blandingutah.org

In dem Mormonenort am Fuß der Abajo Mountains liegt der **Edge of the Cedars State Park Museum**. Dort können Ruinen der Pueblo-Kultur und eine kleine *kiva*, eine Kultkammer, besichtigt werden. Attraktion des Parks ist das Museum mit einer interessanten Ausstellung über die altindianischen Kulturen.

Edge of the Cedars State Park Museum
(symbol) **A** 660 W 400 N **O** tägl. 9–14 **X** 1. Jan, Thanksgiving, 24., 25., 31. Dez **W** stateparks.utah.gov

Hotels

Cameron Trading Post
Das Motel ist im traditionellen Stil des Südwestens eingerichtet.

A C4 **A** 466 Hwy 89, Cameron **W** camerontrading post.com

$ $ $

The View Hotel
Die Zimmer des von Navajo betriebenen Hotels am Rande des Monument Valley verfügen über einen Balkon mit herrlicher Aussicht.

A D3 **A** Hwy 163 Monument Valley Tribal Park **W** monumentvalley view.com

$ $ $

Tour: San Juan Skyway

Länge 235 Meilen (380 km) **Route** Highway 550 von Durango, dann Highway 145 und 160. **Rasten** Vom Ridgeway State Park am Highway 550 bietet sich eine schöne Aussicht auf die San Juan Mountains.

Der San Juan Skyway verläuft 380 Kilometer in einer Schleife durch eine der schönsten Landschaften Amerikas. Die Route führt auf drei Highways (550, 145 und 160) über die San Juan Mountains vorbei an Bergbauorten aus dem 19. Jahrhundert, an 14 über 4200 Meter hohen Gipfeln, durch Wälder und Canyons. Zwischen Silverton und Ouray heißt die Straße Million Dollar Highway – Gerüchten zufolge entweder weil für sie goldhaltiger Kies verwendet wurde oder weil ihr Bau so teuer war.

← *Auf dem San Juan Skyway in Richtung Gebirgswelt*

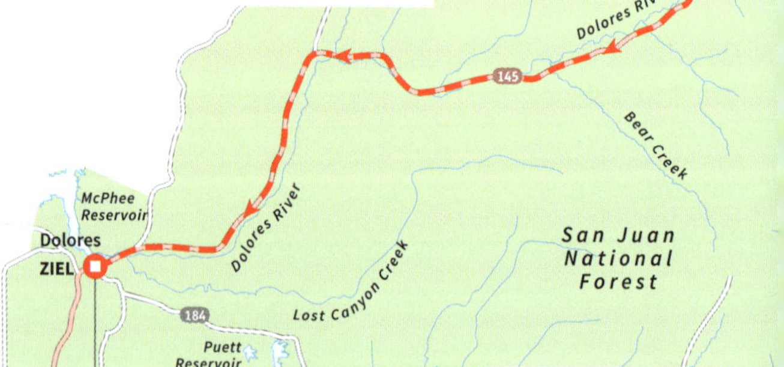

Im Anasazi Heritage Center in **Dolores** gibt es zwei Anasazi-Pueblos aus dem 12. Jahrhundert und ein Museum über die Pueblo-Kultur.

Zur Orientierung
Siehe Karte S. 158f

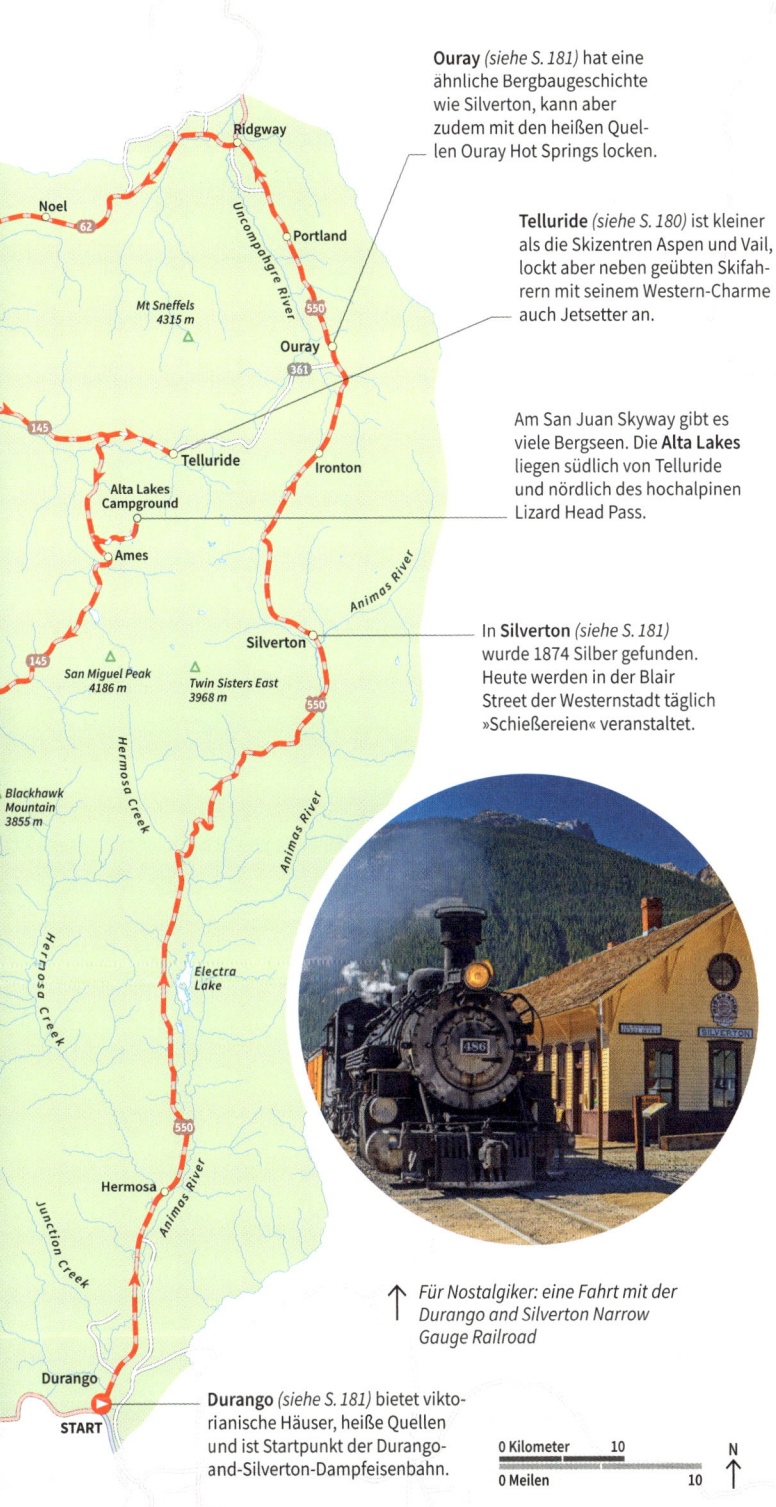

Ouray *(siehe S. 181)* hat eine ähnliche Bergbaugeschichte wie Silverton, kann aber zudem mit den heißen Quellen Ouray Hot Springs locken.

Telluride *(siehe S. 180)* ist kleiner als die Skizentren Aspen und Vail, lockt aber neben geübten Skifahrern mit seinem Western-Charme auch Jetsetter an.

Am San Juan Skyway gibt es viele Bergseen. Die **Alta Lakes** liegen südlich von Telluride und nördlich des hochalpinen Lizard Head Pass.

In **Silverton** *(siehe S. 181)* wurde 1874 Silber gefunden. Heute werden in der Blair Street der Westernstadt täglich »Schießereien« veranstaltet.

Ridgway

Noel

62

Portland

Uncompahgre River

Mt Sneffels 4315 m

550

Ouray

361

145

Telluride

Ironton

Alta Lakes Campground

Ames

Animas River

Silverton

145

San Miguel Peak 4186 m

Twin Sisters East 3968 m

550

Hermosa Creek

Animas River

Blackhawk Mountain 3855 m

Hermosa Creek

Electra Lake

550

Hermosa

Animas River

Junction Creek

↑ *Für Nostalgiker: eine Fahrt mit der Durango and Silverton Narrow Gauge Railroad*

Durango

START

Durango *(siehe S. 181)* bietet viktorianische Häuser, heiße Quellen und ist Startpunkt der Durango-and-Silverton-Dampfeisenbahn.

0 Kilometer   10

0 Meilen   10

N ↑

Santa Fe und Nördliches New Mexico

Der fruchtbare Landstrich lockte schon im 12. Jahrhundert Menschen der Pueblo-Kultur an. Ihre Nachkommen fertigen Kunsthandwerk (u. a. Töpferwaren) und leben noch heute in den Pueblos. Taos Pueblo, das größte, ist für seine Adobe-Architektur und die farbenprächtigen Zeremonialtänze bekannt.

Nach der Ankunft der Spanier Anfang des 16. Jahrhunderts versuchten katholische Priester, das Pueblo-Volk zum Christentum zu bekehren. Jahrzehntelange Unterdrückung durch spanische Kolonialherren führte zu Unruhen. Bei einem Aufstand 1680 wurden die Spanier vertrieben, Kirchen zerstört und viele Gebäude in Santa Fe niedergebrannt. Die Spanier nahmen die Region jedoch zwölf Jahre später wieder ein. Bis in die 1750er Jahre war die Anzahl der Pueblo-Dörfer um die Hälfte zurückgegangen. New Mexico stand bis 1821 unter spanischer Herrschaft, als Mexiko seine Unabhängigkeit von Spanien erlangte. Nach Ende des Mexikanisch-Amerikanischen Krieges 1848 wurde New Mexico an die USA abgetreten.

Durango

Pagosa Springs

Antonito

Navajo Lake

Dulce

Amargo

15 Chama

Costilla

Bloomfield

Tierra Amarilla

Questa

Tres Piedras

Four Corners
Seiten 156–187

Cebolla

Taos Pueblo

Huerfano Mountain
2278 m

Canjilon

4

Taos **2**

D. H. Lawrence Ranch **9**

Nageezi

Counselor

Abiquiu Lake

14 Abiquiu

3

Gallina

Ranchos de Taos

Chaco Culture National Historic Park

Regina

La Jara

Coyote

Dixon

518

Cuba

Espanola

12 Chimayó

Pueblo Pintado

Puye Cliff Dwellings **10**

Truchas Peak
3993 m

Torreon

Los Alamos **6**

Whitehorse

Pojoaque

Jemez Springs **7**

11

Santa Fe **1**

San Luis

Jemez Pueblo

Bandelier National Monument

Pecos National Historical Park

8

San Ysidro

Kewa Pueblo

Lamy

San Felipe Pueblo

Mount Taylor
3445 m

Milan

Rio Rancho

Bernalillo

Grants

Alameda

Laguna

Clines Corners

San Rafael

Albuquerque

Albuquerque International Sunport

Acoma Pueblo

Isleta Pueblo

Albuquerque und Südliches New Mexico
Seiten 218–243

Los Lunas

Willard

Belen

Manzano Peak
3078 m

Mountainair

Rio Salado

Ladron Peak
2797 m

Alamo

Corona

Polvadera

Claunch

Los Pinos Mountains

Socorro

Sante Fe und Nördliches New Mexico

San Antonio

N E W   M E X I C O

Rio Grande

0 Kilometer   40

0 Meilen   40

N

Santa Fe und
Nördliches New Mexico

Highlights
1 Santa Fe
2 Taos

Sehenswürdigkeiten
3 Ranchos de Taos
4 Taos Pueblo
5 Taos Ski Valley
6 Los Alamos
7 Jemez Springs

8 Pecos National Historical Park
9 D. H. Lawrence Ranch
10 Puye Cliff Dwellings
11 Bandelier National Monument
12 Chimayó
13 Las Vegas
14 Abiquiu
15 Chama

↑ Auch in der Architektur von Santa Fe zeigt sich das indianische Erbe der Stadt

❶

Santa Fe

🅰 F4 🏞 84 000 ✈ 10 Meilen (16 km) südwestl. der Stadt
🚌 18 Meilen (30 km) südl. der Stadt ℹ Plaza Galeria, 66 E
San Francisco St (+1-505-827-7336) 🎨 Spanish Market (Juli);
Indian Market (Aug); Santa Fe Fiesta (Sep) 🆆 santafe.org

Historisches Flair und reizvolle Architektur sind Markenzeichen des Künstlerzentrums Santa Fe. In der Stadt ist jeder sechste Einwohner professionell mit Kunst beschäftigt. Das Flair Santa Fes prägt ein lebhafter Mix aus hispanischem, indianischem und angloamerikanischem Lebensgefühl.

①

Santuario de Guadalupe

🏠 417 Agua Fria St 📞 +1-505-983-8868 🕐 Mo – Fr 9 –12, 13 –16 🆆 santuario deguadalupesantafe.com

Das Adobe-Gebäude von 1795 ist der Jungfrau von Guadalupe geweiht, der Patronin der Mexikaner und Pueblos. Das Santuario war Endpunkt des alten Camino Real (»Königsweg«), der Haupthandelsroute nach Mexiko. Ein mit der Jungfrau bemaltes Altarstück (1783) ziert den Innenraum.

②

Georgia O'Keeffe Museum

🏠 217 Johnson St 📞 +1-505-946-1000 🕐 tägl. 10 –17 (Fr bis 19) 🚫 1. Jan, Ostern, Thanksgiving, 25. Dez
🆆 okeeffemuseum.org

Das Museum ist New Mexicos berühmtester Künstlerin gewidmet: Georgia O'Keeffe (siehe S. 213). Die Sammlung zeigt einige ihrer Lieblingsarbeiten, etwa Jimson Weed (1932), Purple Hills II und Ghost Ranch, New Mexico (1934). Zu sehen sind außerdem Skulpturen und weniger bekannte Arbeiten, darunter die Bilder von New York oder Lake George.

③

Palace of the Governors

🏠 Palace Ave, Santa Fe Plaza 🕐 Nov – Apr: Di – So 10 –17 (Fr bis 19); Mai – Okt: tägl. 🚫 Feiertage 🆆 palaceofthegovernors.org

Der Palace of the Governors an der Nordseite der Plaza ist das älteste ständig ge-

> 💬 Entdeckertipp
> **Native Crafts Market**
> Schmuck, Tonwaren und anderes Kunsthandwerk indianischer Künstler können Sie täglich auf diesem Markt am Palace of the Governors kaufen.

> Der Palace of the Governors ist das älteste ständig genutzte öffentliche Gebäude Amerikas. Der Bau (1610) war 300 Jahre lang Sitz der Regionalregierung.

1598
▽ Juan de Oñate gründet die Kolonie New Mexico und Santa Fe

1610
Santa Fe wird unter Gouverneur Don Pedro de Peralta Hauptstadt

1848
New Mexico wird an die USA abgetreten

1680
Siedler fliehen nach Pueblo-Revolte aus der Kolonie

1821
△ Mexiko erlangt Unabhängigkeit von Spanien

1912
New Mexico wird 47. US-Bundesstaat mit Santa Fe als Hauptstadt

Highlight

nutzte öffentliche Gebäude Amerikas. Der Bau (1610) war 300 Jahre lang Sitz der Regionalregierung. Die Ausstellungen beschäftigen sich mit der Geschichte und Kultur New Mexicos von 1540 bis 1912. Zu den Höhepunkten gehören seltene indianische Fellbilder und eine Postkutsche. Von April bis Oktober werden Stadtrundgänge in der Innenstadt angeboten.

New Mexico History Museum
🏠 113 Lincoln Ave ⏰ tägl. 10–17 📞 +1-505-476-5100 🚫 Nov–Apr: Mo; Feiertage 🌐 nmhistorymuseum.org

Das Museum neben dem Palace of the Governors präsentiert die faszinierende Geschichte des amerikanischen Westens. Jede Galerie beleuchtet mit interaktiven Exponaten ein anderes Kapitel der reichen Vergangenheit – von den Ureinwohnern bis zur Neuzeit.

IAIA Museum of Contemporary Native Arts
🏠 108 Cathedral Pl 📞 +1-505-424-2325 ⏰ Mo, Mi–Sa 10–17, So 12–17 🚫 Feiertage 🌐 iaia.edu

Das Museum beherbergt die National Collection of Contemporary Native American Art. Traditionelle Töpferwaren, Textilien und Perlenarbeiten werden hier neben modernen Gemälden und Multimedia-Exponaten ausgestellt.

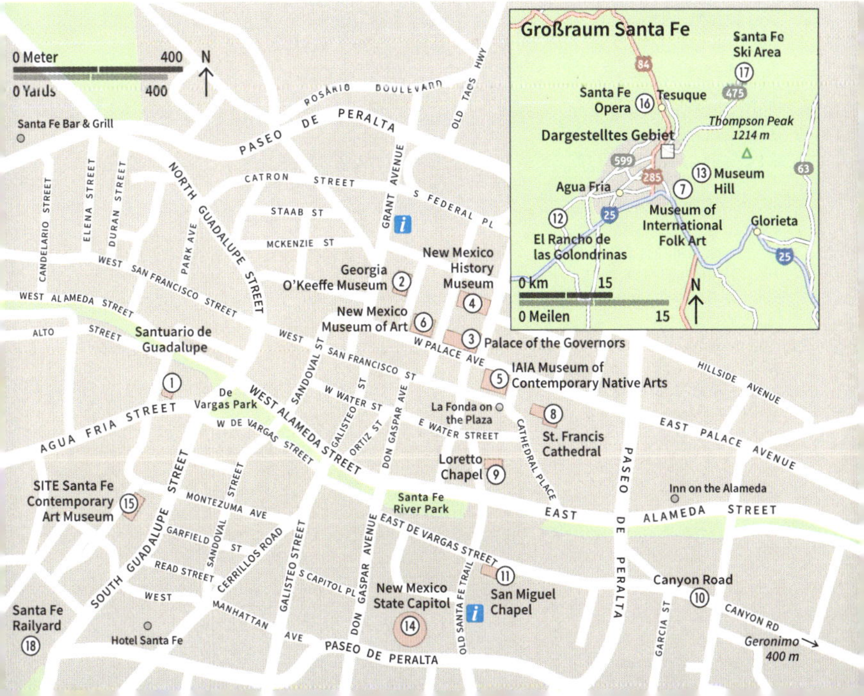

Santa Fe – Stadtplan

0 Meter 400 / 0 Yards 400 N

Santa Fe Bar & Grill

POSÁRIO BOULEVARD
OLD TAOS HWY
PASEO DE PERALTA
CATRON STREET
STAAB ST
MCKENZIE ST
GRANT AVENUE
S FEDERAL PL

NORTH GUADALUPE STREET
PARK AVE
WEST SAN FRANCISCO STREET
CANDELARIO STREET
ELENA STREET
DURAN STREET

Georgia O'Keeffe Museum ②
New Mexico Museum of Art ⑥
New Mexico History Museum ④
Palace of the Governors ③
IAIA Museum of Contemporary Native Arts ⑤

WEST ALAMEDA STREET
ALTO STREET
Santuario de Guadalupe
De Vargas Park ①
W PALACE AVE
SANDOVAL ST
GALISTEO ST
W SAN FRANCISCO ST
W WATER ST
DON GASPAR AVE

La Fonda on the Plaza ⑧
W DE VARGAS STREET
W WATER STREET
Loretto Chapel ⑨
CATHEDRAL PLACE
St. Francis Cathedral
PASEO DE PERALTA

AGUA FRIA STREET
SITE Santa Fe Contemporary Art Museum ⑮
MONTEZUMA AVE
GARFIELD ST
SANDOVAL STREET
READ STREET
MANHATTAN AVE
CERRILLOS ROAD
GALISTEO STREET
S CAPITOL ST
DON GASPAR AVENUE
EAST DE VARGAS STREET
Santa Fe River Park
New Mexico State Capitol ⑭
San Miguel Chapel ⑪
OLD SANTA FE TRAIL
PASEO DE PERALTA

HILLSIDE AVENUE
EAST PALACE AVENUE
Inn on the Alameda
EAST ALAMEDA STREET
PASEO DE PERALTA
GARCIA ST
Canyon Road ⑩
CANYON RD
Geronimo → 400 m

SOUTH GUADALUPE STREET
Santa Fe Railyard ⑱
Hotel Santa Fe

Großraum Santa Fe

84
Santa Fe Ski Area ⑰
475
Santa Fe Opera ⑯
Tesuque
Thompson Peak 1214 m △
599
Agua Fria
285
Museum Hill ⑬
63
El Rancho de las Golondrinas ⑫
25
Museum of International Folk Art ⑦
Glorieta
25

Dargestelltes Gebiet

0 km 15
0 Meilen 15
N

Fassade (1917) und Garten des New Mexico Museum of Art ↑

kunst auf dem Museum Hill reicht von Spielzeug, Miniaturtheatern, Puppen und Gemälden bis hin zu traditioneller und Sakralkunst.

Im Ostflügel beherbergt der Girard Wing die größte Sammlung. Hier sind Hunderttausende Objekte aus über 100 Ländern ausgestellt, u. a. Ikonen, Gemälde, Puppen und andere Figuren aus Ton, Holz und Papier. Auch an den Decken der Ausstellungsräume sind Objekte angebracht. Highlights der Sammlung sind die in Krippen- (aus Polen) oder Taufszenen (aus Mexiko) aufgestellten Tonfiguren.

Der Hispanic Heritage Wing präsentiert spanische Kolonial- und hispanische Volkskunst, darunter seltene Ledermalereien und handgeschnitzte Figuren. Im East Bartlett Wing sind Teppiche, Decken, Stoffe sowie Kleidungsstücke aus Afrika, Asien und Südamerika ausgestellt. An jedem einzelnen Stück erkennt man hohe Handwerkskunst.

⑥

New Mexico Museum of Art

🏠 107 W Palace Ave
📞 +1-505-476-5072
🕐 Di – So 10 –17 (1. Fr im Monat bis 19) 🔒 Feiertage
🌐 nmartmuseum.org

Der 1917 als Schaukasten für die Werke der wachsenden Kunstszene New Mexicos errichtete Bau gehört zu den ältesten Beispielen des Pueblo-Revival-Stils – ein Mix aus spanischem Kolonialstil und indianischen Stilen. Die Architektur lehnt sich an die der Pueblo-Missionskirchen an. Die Sammlung umfasst über 20 000 Exponate der Kunst des Südwestens.

→

Masken und andere Objekte im Museum of International Folk Art

⑦

Museum of International Folk Art

🏠 706 Camino Lejo
📞 +1-505-476-1200 🕐 tägl. 10 –17 🔒 Feiertage
🌐 internationalfolkart.org

Die breite Palette des Museums für internationale Volks-

Schon gewusst?

Bei seiner Eröffnung 1953 war das Museum of International Folk Art das weltweit erste seiner Art.

Expertentipp
New Mexico Culture Pass

Der New Mexico Culture Pass gewährt Zutritt zu vier der besten Museen in Santa Fe und elf weiteren Attraktionen New Mexicos. Er ist ein Jahr lang gültig und kann bei staatlichen Museen oder historischen Stätten erworben werden.

St. Francis Cathedral

🏠 131 Cathedral Pl
📞 +1-505-982-5619
🕐 Zeiten der Website entnehmen 🌐 cbsfa.org

Obwohl der französisch-romanische Stil ihrer Fassade im Herzen der Adobe-Stadt leicht deplatziert wirkt, ist die honigfarbene, im Nachmittagslicht glänzende Kathedrale ein schönes Wahrzeichen. Der 1869 unter Santa Fes erstem Erzbischof Jean Baptiste Lamy fertiggestellte Bau ersetzte die ältere Adobe-Kirche La Parroquia. Von ihr blieb nur die Seitenkapelle Our Lady of the Rosary übrig. In dieser steht *La Conquistadora*, die älteste Marienstatue Nordamerikas. Sie wurde 1625 in Mexiko geschnitzt und in Santa Fe als Wunderstatue verehrt, nachdem vor der Pueblo-Revolte von 1680 *(siehe S. 58)* fliehende Siedler beschworen, von Maria gerettet worden zu sein.

Loretto Chapel

🏠 207 Old Santa Fe Trail
📞 +1-505-982-0092 🕐 Mo – Sa 9 –16:30, So 10:30 –16:30
🌐 lorettochapel.com

Die eindrucksvolle neogotische Kapelle wurde von den Baumeistern der St. Francis Cathedral nach dem Vorbild der Pariser Sainte-Chapelle errichtet.

Berühmt ist sie vor allem für ihre Wendeltreppe, die in einer grandiosen Spirale über 33 Stufen und zwei ganze Umdrehungen in sechs Meter Höhe führt. Die weder durch Nagel noch durch eine Mittelsäule gestützte Treppe ist ein faszinierendes Beispiel vollendeter Handwerkskunst. Sie soll von einem geheimnisvollen Meister gebaut worden sein, der verschwand, ohne bezahlt werden zu wollen. Untersuchungen legen nahe, dass der hochqualifizierte Handwerker der Franzose François Jean Rochas war.

← *Statue der Jungfrau Maria vor St. Francis Cathedral*

Hotels

Hotel Santa Fe

Das einladend wirkende, vom Indianervolk der Picuris betriebene Hotel ist stilvoll eingerichtet. In den öffentlichen Räumen und in den Zimmern ist viel Kunsthandwerk der amerikanischen Ureinwohner zu sehen. Das Restaurant serviert köstliche Gerichte aus regionalen Zutaten.

🏠 1501 Paseo de Peralta
🌐 hotelsantafe.com
Ⓢ Ⓢ Ⓢ

La Fonda on the Plaza

Das luxuriöse Hotel steht an einem historischen Platz. Von lokalen Künstlern produzierte Werke, darunter auch fantastische handgeschnitzte und handbemalte Möbel, schmücken das Interieur. Die saisonal betriebene Cocktailbar im Freien ist ein beliebter Treff.

🏠 100 E San Francisco St 🌐 lafondasantafe.com
Ⓢ Ⓢ Ⓢ

Inn on the Alameda

In diesem bezaubernden Boutique-Hotel findet jeden Nachmittag eine genussvolle Stunde statt, zu der die Gäste kostenlosen Wein und Käse gereicht bekommen. Die Zimmer sind im farbenfrohen Südweststil möbliert.

🏠 303 East Alameda St 🌐 innonthealameda.com
Ⓢ Ⓢ Ⓢ

Canyon Road

Auf dem alten Indianerweg zwischen Rio Grande und dem Pecos Pueblo wurde mit Eseln Feuerholz aus den Bergen transportiert. Die nun edle Canyon Road säumen in historischen Adobe-Häusern untergebrachte Galerien, Ateliers, Restaurants, Boutiquen und Läden. In diesen werden Kunsthandwerk wie Schmuck und Keramik sowie Möbel (auch Antiquitäten) verkauft. Besucher der Canyon Road erleben hier auch viel Kunst im öffentlichen Raum.

San Miguel Chapel

🏠 401 Old Santa Fe Trail
📞 +1-505-983-3974 🕐 Zeiten der Website entnehmen
🌐 sanmiguelchapel.org

Die Kapelle von San Miguel wurde wohl um 1610 erbaut und zählt zu den ältesten Kirchen der USA. Sie wurde vom Indianervolk der Tlaxcalteken errichtet, das mit den frühen spanischen Siedlern aus Mexiko hierherkam. Der ursprüngliche Lehmboden und die Adobe-Stufen sind

noch heute vor dem Altar zu sehen. Die dicken Dachbalken des einfachen Gotteshauses wurden 1692 erneuert, nachdem sie bei der Pueblo-Revolte 1680 in Brand gesetzt worden waren. Ein hölzerner *reredo* (Altarschrein) umrahmt die zentrale Statue von San Miguel, die Seitenwände zieren auf Wild- und Bisonleder gemalte religiöse Szenen.

El Rancho de las Golondrinas

🏠 334 Los Pinos Rd
📞 +1-505-471-2261
🕐 Juni – Sep: Mi – So 10 –16
🌐 golondrinas.org

El Rancho de las Golondrinas (Schwalben-Ranch) ist eine historische Raststelle am Camino Real, der königlichen Handelsstraße von Mexiko nach Santa Fe. Auf der An-

fang des 18. Jahrhunderts in einem fruchtbaren Tal südlich von Santa Fe erbauten 89-Hektar-Ranch lebte rund 200 Jahre lang die Familie Baca. Hier rasteten Siedler und Pioniere und tränkten ihre Tiere, bevor sie in die Stadt aufbrachen.

In den schön restaurierten Gebäuden dieser Museums-Ranch wird in authentischem Ambiente das Leben auf einer spanischen Hazienda des 18. Jahrhunderts eindrucksvoll dokumentiert. Es gibt Mais- und Kürbisanbau, das Ackerland wird mit Pferden und Eseln bewirtschaftet.

Museum Hill

Auf dem Museum Hill gibt es neben dem Museum of International Folk Art *(siehe S. 194)* drei weitere sehenswerte Museen.

Santa Fe School of Cooking

Lernen Sie an einer der berühmtesten Kochschulen der USA, wie man köstliche Salsas oder Tacos zubereitet. Die dreistündigen Kochkurse konzentrieren sich meist auf ein typisches Gericht des Südwestens. Sie können auch Restauranttouren unternehmen, um Verkostungen mit den besten Köchen der Stadt zu genießen (125 N Guadalupe St; www.santafeschoolofcooking.com).

El Rancho de las Golondrinas: Lagerhaus und Reste eines Karrens

Das **Museum of Indian Arts and Culture** ist der traditionellen indianischen Kunst und Kultur gewidmet. Seine Hauptausstellung *Here, Now & Always* erzählt die Geschichte der ältesten Gesellschaften des Südwestens mit den Worten der Pueblo-Indianer, Navajo und Apachen.

Das im Jahr 1937 von der vermögenden Bostoner Philanthropin Mary Cabot Wheelwright gegründete **Wheelwright Museum of the American Indian** ist in Form eines Navajo-*hogan* gebaut. Das Museum bietet spannende Wechselausstellungen mit Werken zeitgenössischer indianischer Künstler. Im Untergeschoss verkauft die exzellente, den ersten Handelszentren der Navajo Reservation nachempfundene Case Trading Post traditionelles Kunsthandwerk (u. a. Schmuck).

Das **Museum of Spanish Colonial Art** birgt eine der größten Sammlungen spanischer Kolonialkunst mit über 3000 Objekten, darunter Textilien, Möbel und Keramikwaren. Viele Galerien versetzen den Besucher in die Zeit der frühen Entwicklung der spanischen Kolonialkunst in New Mexico.

Museum of Indian Arts and Culture
🎨🏧♿ 🏠 710 Camino Lejo
🕐 Di – So 10 –17 (Mai – Okt: tägl.) 🗓 Feiertage
🌐 miaclab.org

Wheelwright Museum of the American Indian
🎨♿ 🏠 704 Camino Lejo
🕐 tägl. 10 –17 🗓 Feiertage
🌐 wheelwright.org

Museum of Spanish Colonial Art
🎨♿ 🏠 750 Camino Lejo
🕐 Di – So 10 –17 (Mai – Aug: tägl.) 🌐 spanishcolonial.org

Restaurants

Geronimo

Das gemütliche Restaurant in einem alten Gebäude (1756) serviert hervorragende Fusionsgerichte des Südwestens wie mit Cherry eingeriebenes Elchfilet und gegrillte Hummerschwänze aus Maine.

🏠 724 Canyon Rd
🍽 mittags 🌐 geronimo restaurant.com
$ $ $

Santa Fe Bar & Grill

Saftige, langsam geröstete Rippchen und als Dessert das Pastetengericht *mud pie* sind beliebt. Auf der umfangreichen Getränkekarte stehen Tequila und Margarita ganz oben. Bunte mexikanische Möbel, Töpferwaren und Kunstwerke schmücken den Speisesaal.

🏠 187 Paseo de Peralta
🌐 santafebargrill.com
$ $ $

Apache Mountain Spirit Dancer – Skulptur von Craig Dan Goseyun im Museum of Indian Arts and Culture

(14)

New Mexico State Capitol

🏠 Ecke Old Santa Fe Trail und Paseo de Peralta
📞 +1-505-986-4589 🕐 Mo – Fr 7 –18 (Memorial Day – Aug: auch Sa, Feiertage 9 –17) 🌐 nmlegis.gov

Der runde, dem Sonnensymbol der Zia-Pueblo-Indianer nachempfundene Bau des State Capitol beherbergt auf vier Etagen Werke von Künstlern New Mexicos aus der Capitol Art Collection. Zu den besten Exponaten zählt die Skulptur *The Buffalo* (1992) von Holly Hughes.

(15)

SITE Santa Fe Contemporary Art Museum

🏠 1606 Paseo de Peralta
📞 +1-505-989-1199
🕐 Mi – Sa 10 –17 (Fr bis 19), So 12 –17 🌐 sitesantafe.org

Das Museum im Stadtteil Railyard entwickelte sich aus bescheidenen Anfängen in einem alten Bierlager zu einem aufregenden Kunstmuseum, das auch für seine spektakuläre Architektur und seine Kunstshows gelobt wird. Wechselausstellungen internationaler Künstler präsentieren innovative Kunst unserer Zeit auf neue und überzeugende Weise.

Das Museum ist auch bekannt für seine renommierten Biennalen, die internationale Kunst und Kunst Amerikas zeigen.

(16)

Santa Fe Opera

🏠 5 Meilen (8 km) nördl. von Santa Fe am Hwy 84/285
📞 +1-505-986-5900
🕐 Ende Juni – Aug: tägl.
🌐 santafeopera.org

Nördlich von Santa Fe, nahe dem Pueblo-Dorf Tesuque,

Sky Terrace des SITE Santa Fe und Detail des Bildes The Storm on the Sea of Galilee (2015) von Kota Ezawa ↓

findet auf der Open-Air-Bühne der Stadt eines der schönsten Sommer-Opernfestivals der Welt statt. Der seit 1957 betriebene Musiktempel ist bekannt für seine innovativen Produktionen. Auf dem Programm stehen pro Spielzeit fünf Opern, die jeweils im Wechsel aufgeführt werden. Dabei treten auch viele internationale Stars auf. Ein modernes elektronisches System ermöglicht dem Publikum, die Übersetzung der Libretti auf den Vordersitzen mitzulesen. Besucher sollten sich auf das launische Wetter in Santa Fe einstellen und warme Kleidung, Schirme und Regenmäntel mitbringen. Bühnenführungen werden im Juli und August angeboten.

Ein Herzstück von Railyard ist der Bauernmarkt am Samstag, auf dem Stände vielfältige Produkte der Region wie Käse, Obst und Gemüse anbieten.

Santa Fe Ski Area

⌂ Hwy 475 ☎ +1-505-982-4429 ⏰ Ende Nov – Anfang Apr: tägl. 9 – 16, je nach Witterung 🌐 skisantafe.com

Das Skigebiet auf 3600 Meter Höhe in den Sangre de Cristo Mountains liegt nur rund eine halbe Fahrstunde von Santa Fes Innenstadt entfernt.

Auf insgesamt 79 Pisten können sich hier Skifahrer austoben, auch für Snowboarder ist bestens gesorgt. Zu den umfangreichen Service-Einrichtungen zählen Lodge, Skiverleih, Skischule und Babysitter. Von Ende September bis in den Oktober kann man vom Sessellift

↑ *Santa Fe Farmers' Market im Stadtviertel Santa Fe Railyard*

die fantastische Aussicht auf die herbstlich bunte Bergwelt genießen. Mit dem RTD Mountain Trail Shuttle erreicht man das Skigebiet von Santa Fes Innenstadt auch ohne Auto sehr gut.

Santa Fe Railyard

⌂ Guadalupe St ☎ +1-505-982-3373 ⏰ Farmers' Market: Sa 8 – 13; Artists' Market: Sa 9 – 14 🌐 railyardsantafe.com

Der Stadtteil Railyard im Bereich eines früheren Bahngeländes ist das lebhafte Kunst- und Unterhaltungsviertel von Santa Fe. Neben Galerien für zeitgenössische Kunst, urigen Läden, geradezu verlockenden Restaurants und vielfältigen Ausgehmöglichkeiten bietet es auch Bühnen für besondere Veranstaltungen und Festivals.

Ein Herzstück von Railyard ist der unter freiem Himmel stattfindende Bauernmarkt am Samstag, auf dem – zu Livemusik – Stände vielfältige Produkte der Region wie Käse, Obst und Gemüse anbieten. Es gibt auch einen Künstlermarkt, auf dem Sie fantastische Kunst und

Kunsthandwerk aus dem nördlichen New Mexico kaufen können.

Zu den größten Sehenswürdigkeiten gehören auch El Museo Cultural (ein hispanisches Kunst- und Kulturzentrum), Santa Fe Clay (ein Keramikkunstzentrum mit Galerie) und das renommierte SITE Santa Fe Contemporary Art Museum.

In Railyard liegt die nördliche Endstation des New Mexico Rail Runner, eines 160 Kilometer Zugnetzes, das Santa Fe auch mit Albuquerque verbindet.

Expertentipp
Friday for Art Lovers

An jedem letzten Freitag im Monat veranstalten die zahlreichen Galerien für zeitgenössische Kunst im Stadtteil Santa Fe Railyard zwischen 17 und 19 Uhr den kostenlosen Last Friday Art Walk. SITE Santa Fe bietet samstags von 10 bis 12 Uhr während des Santa Fe Farmers' Market freien Eintritt.

Spaziergang um die Santa Fe Plaza

Länge 1,5 km **Dauer** 25 Minuten **Bus** 1

Die älteste Hauptstadt Nordamerikas wurde vom spanischen Konquistadoren Don Pedro de Peralta gegründet, der hier 1610 eine Siedlung errichtete. Diese Kolonie wurde nach der Pueblo-Revolte 1680 verlassen, doch bereits 1692 zurückerobert. Als Mexiko 1821 unabhängig wurde, fand Santa Fe Anschluss an die Welt. Nun kamen auch Händler und Siedler aus den USA über den Santa Fe Trail hierher. Die zentrale Plaza, das alte Herz von Santa Fe, ist der ideale Ausgangspunkt für eine Stadterkundung. Hier findet man Läden, Cafés und Galerien und einen indianischen Markt unter dem Portal des Palace of the Governors.

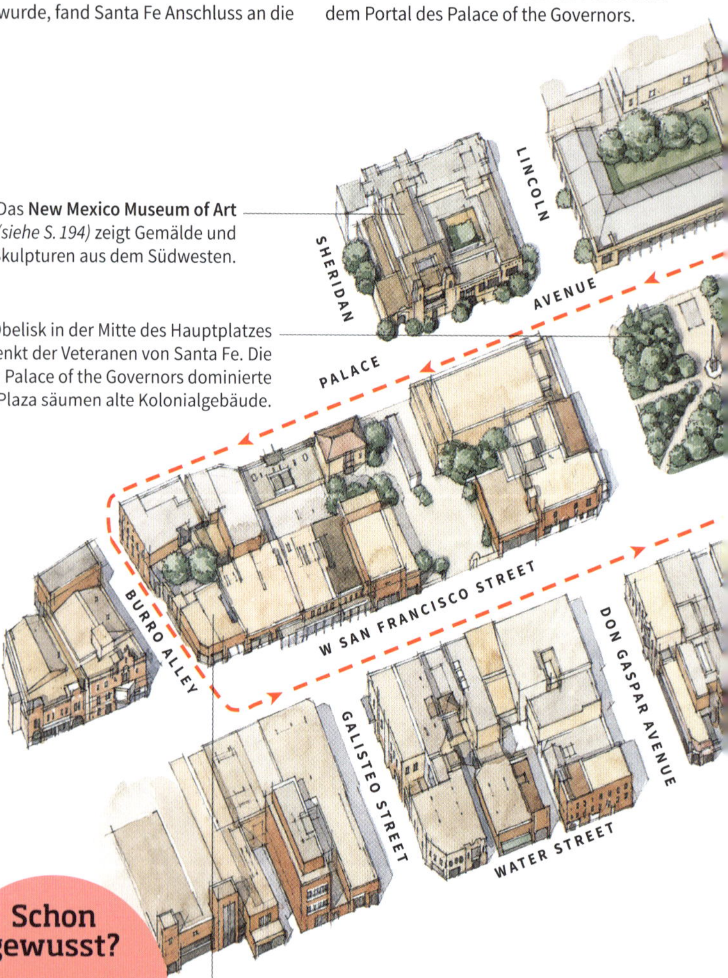

Das **New Mexico Museum of Art** *(siehe S. 194)* zeigt Gemälde und Skulpturen aus dem Südwesten.

Der Obelisk in der Mitte des Hauptplatzes gedenkt der Veteranen von Santa Fe. Die vom Palace of the Governors dominierte Plaza säumen alte Kolonialgebäude.

LINCOLN

SHERIDAN

AVENUE

PALACE

BURRO ALLEY

W SAN FRANCISCO STREET

DON GASPAR AVENUE

GALISTEO STREET

WATER STREET

Schon gewusst?

Santa Fe ist mit über 2000 Metern Höhe die höchstgelegene Hauptstadt aller US-Bundesstaaten.

Original Trading Post, die alte Handelsstation, verkauft hispanische und indianische Kunst sowie Antiquitäten.

0 Meter   60
0 Yards   60

N

↑ *Fassade des New Mexico Museum of Art (1917) –
Musterbeispiel für den Pueblo-Revival-Stil*

Der einstöckige **Palace of the Governors**
(siehe S. 192f) aus dem frühen 17. Jahrhundert ist heute Teil des New Mexico
History Museum.

Das **IAIA Museum of
Contemporary Native
Arts** *(siehe S. 193)* zeigt
indianische Kunst.

START

CATHEDRAL PLACE

E SAN FRANCISCO STREET

PLAZA

OLD SANTA FE TRAIL

E WATER STREET

St. Francis Cathedral
(siehe S. 195) birgt eine
Holzmadonna, die
zur Kirche (17. Jh.)
an dieser Stelle gehör-
te, auf der 1869 die
Kathedrale erbaut
wurde.

La Fonda
Hotel

ZIEL

Die um 1870 im goti-
schen Stil errichtete
Loretto Chapel *(siehe
S. 195)* mit der eleganten
Wendeltreppe ist den
Schwestern von Loretto
geweiht.

← *Innenraum der Loretto
Chapel mit der beeindru-
ckenden Wendeltreppe*

2

Taos

🅰 F3 🏛 6000 ℹ 1139 Paseo del Pueblo Sur (+1-575-758-3873) 🎭 Fiesta de Taos (Ende Juli); Yuletide in Taos (Ende Nov – Neujahr) 🌐 taos.org

Das Städtchen ist wie Santa Fe ein Kunstzentrum. Die vielen Handwerksläden, Cafés und Galerien rund um die Plaza liegen meist in Adobe-Häusern. Etwa 1000 Jahre lang lebten in diesem Gebiet die Taos-Indianer, der heutige Ort entstand jedoch erst mit der Neubesiedelung unter Don Diego de Vargas nach der Pueblo-Revolte von 1680.

①

Harwood Museum of Art

🏠 238 Ledoux St 📞 +1-575-758-9826 🕐 Mi – Fr 10 –17, Sa, So 12 –17 🚫 1. Jan, 4. Juli, Thankgiving, 25. Dez 🌐 harwoodmuseum.org

Das Museum ist in einem zur University of New Mexico gehörigen Adobe-Anwesen aus dem 19. Jahrhundert untergebracht. Hier werden Gemälde, Drucke, Skulpturen, Zeichnungen und Fotos ausgestellt.

1898 hielten die Künstler Ernest Blumenschein und Bert Phillips in Taos, um ein zerbrochenes Wagenrad zu reparieren. Sie waren von der Schönheit des Tals sehr angetan und verließen es nie. 1915 gründeten sie die Taos Society of Artists, die bis 1927 bestand und die Basis für das Wachstum der Künstlerkolonie Taos zu einem international bedeutenden Kunstzentrum bildete. Die Mitglieder der Society malten hauptsächlich Indianer, frühe amerikanische Siedler und Landschaften New Mexicos. Das Harwood Museum of Art zeigt Werke dieser Künstler sowie von Malern der Moderne, die in den 1940er und 1950er Jahren nach Taos kamen, und zeitgenössischen Künstlern aus der Region. Außerdem sieht man Werke der in Kanada geborenen amerikanischen Künstlerin Agnes Martin, hispanische Gemälde, Zinngegenstände und Holzschnitzereien.

Ladenpassage in Taos mit Kunstgalerie, Juwelier und Skulpturengarten

mit russisch inspirierten Holzarbeiten wie handgefertigten Türen, Fenstern und Möbeln versah.

Dieses Haus ist heute ein Museum, in dem einige seiner Werke sowie die von zahlreichen Mitgliedern der Taos Society of Artists ausgestellt sind.

③
Taos Plaza

Die von den Spaniern gebaute und nach der Pueblo-Revolte von 1680 befestigte Plaza wurde mehrfach verändert, ist mit ihren Bänken und Bäumen jedoch bis heute der Mittelpunkt der Stadt. Der Musikpavillon wurde von Mabel Dodge Luhan gestiftet, New Mexicos wichtigster Kunstmäzenin der 1920er Jahre.

Hier hissten Kit Carson und andere im Bürgerkrieg die Fahne der Union, um Taos gegen die Anhänger der Konföderierten zu schützen – seitdem hängt sie dort.

Mabel Dodge Luhan (1879–1962)

Taos Ruf als Künstlerkolonie wuchs in den 1920er Jahren, nachdem Mabel Dodge Luhan, eine wohlhabende Frau aus New York, hierher gezogen war. Sie gründete einen Literatursalon, wurde Kunstmäzenin und hatte Kontakt zu Künstlern und Schriftstellern wie Georgia O'Keeffe und D. H. Lawrence. Ihr Haus in der Morada Lane 240 wurde zu einem National Historical Landmark erklärt.

Highlight

②
Taos Art Museum at Fechin House

🏠 227 Paseo del Pueblo Norte 📞 +1-575-758-2690 🕐 Mai–Okt: Di–So 10–17; Nov–Apr: Fr–So 10–16 🌐 taosartmuseum.org

Der 1881 in Russland geborene Nicolai Fechin schuf Gemälde, Zeichnungen und Skulpturen. Das Holzschnitzen hatte er von seinem Vater gelernt. Fechin zog 1927 mit seiner Familie nach Taos, wo er sein Adobe-Haus

Ausstellungsraum mit Werken von Agnes Martin im Harwood Museum of Art

Umgebung von Taos

Rio Grande Gorge Bridge ⑥

Arroyo Seco

Millicent Rogers Museum ⑤

Rio Grande

Dargestelltes Gebiet

TAOS

0 km 8
0 Meilen 8

N

Zentrum von Taos

LUND STREET

BROOKS STREET
MONTANO LANE

Taos Art Museum at Fechin House ②

CAMINO DE LA PLACITAS

BEDFORD LN
HINDE STREET
CLEVELAND LANE

PASEO DEL PUEBLO NORTE

CIVIC PLAZA DRIVE

MARTYRS LANE

Lambert's of Taos ○ ④ Governor Bent House and Museum

BENT ST

○ Doc Martin's Restaurant

Kit Carson State Park

DON FERNANDO ST

DONA LUZ STREET

TERESINA LN

Taos Plaza ③

RANCHITOS RD

Blumenschein Home and Museum

Hotel La Fonda

LEDOUX ST
COMANCHE RD
OJITOS ROAD

① ⑧

Harwood Museum of Art

LA PLACITA

PASEO DEL PUEBLO SUR

QUESNEL STREET

Kit Carson Home and Museum ⑦

KIT CARSON ROAD

DRAGOON LANE

MORADA LANE

ROBERTS LANE

0 Meter 250
0 Yards 250

N

(4)

Governor Bent House and Museum

🏠 117 Bent St 📞 +1-575-758-2376 🕐 Apr – Okt: tägl. 9 –17; Nov – März: Di – So 10 –16

Charles Bent wurde 1846 erster angloamerikanischer Gouverneur von New Mexico. Hispanier und Indianer, die sich gegen die amerikanische Herrschaft auflehnten, töteten ihn 1847. Das Loch in der Adobe-Mauer, durch das Bent fliehen wollte, ist noch heute zu sehen. Zu den Exponaten des Museums zählen Waffen, indianische Artefakte und Tierhäute.

(5)

Millicent Rogers Museum

🏠 1504 Millicent Rogers Rd 📞 +1-575-758-2462 🕐 Apr – Okt: tägl. 10 –17; Nov – März: Di – So 10 –17 🕐 Feiertage 🌐 millicentrogers.org

Die Mäzenin Millicent Rogers (1902 –1953) zog 1947 nach Taos. Ihre Kollektionen bildeten den Grundstock eines der besten Museen für die Kunst des Südwestens. Es wurde 1956 eröffnet. Im Fokus stehen indianischer Silber- und Türkisschmuck sowie Navajo-Webarbeiten. Zu sehen sind auch Keramiken der berühmten Pueblo-Künstlerin Maria Martínez (1887–1980).

(6)

Rio Grande Gorge Bridge

Die 1965 erbaute Rio Grande Gorge Bridge ist die zweit-

Rio Grande Gorge Bridge: ein Meisterwerk der Ingenieurskunst ↑

höchste Hängebrücke der USA. Schwindelerregende 195 Meter über dem Rio Grande bietet sie eine überwältigende Aussicht auf die schroffen Abhänge der Schlucht und das umliegende weitläufige Plateau.

(7)

Kit Carson Home and Museum

🏠 113 Kit Carson Rd 📞 +1-575-758-4945 🕐 März – Okt: tägl. 10 –17:30; Nov – Feb: tägl. 10 –16:30 🕐 1. Jan, Thanksgiving, 25. Dez 🌐 kitcarsonmuseum.org

Nachdem er sich als 17-jähriger Ausreißer einem Wagentreck angeschlossen hatte, wurde Christopher »Kit« Carson (1809 –1868) eine

der berühmtesten Personen im Westen. Während seines bemerkenswerten Lebens arbeitete er als Koch, Dolmetscher und Trapper, als Scout für kartografische Expeditionen, Indianeragent und Offizier *(siehe S. 167)*. 1843 kaufte er in Taos ein Haus für seine 14-jährige Braut Josefa Jaramillo und lebte hier bis zu seinem Tod. Das Museum befasst sich mit Carsons Geschichte und dem rauen Leben im »Wilden Westen«. Zu den Exponaten zählen alte Feuerwaffen, Fallen, Fotografien und Möbel.

(8)

Blumenschein Home and Museum

🏠 222 Ledoux St 📞 +1-575-758-0505 🕐 Mo – Sa 10 –17, So 12 –17 🌐 taoshistoric museums.com

Ernest Blumenschein (1874 – 1960), Bert Phillips und Joseph Henry Sharp waren 1915 federführend bei der

> Schwindelerregende 195 Meter über dem Rio Grande bietet die Brücke eine überwältigende Aussicht auf die schroffen Abhänge der Schlucht und das umliegende weitläufige Plateau.

Restaurants

Doc Martin's Restaurant

Das nach dem ersten Arzt des County benannte Restaurant bietet gehobene regionale Küche. Wählen Sie zwischen Festpreismenüs und Gerichten von der Karte. Tipps: *blue corn chicken enchiladas* und *chile relleno*.

🏠 125 Paseo del Pueblo Norte
Ⓦ taosinn.com
$$$

Lambert's of Taos

Das Restaurant serviert Fleisch- und Wildgerichte sowie eine Auswahl an Seafood – von Rubinforellen bis Hummerrisotto. Zu jedem Gericht wird der passende Wein empfohlen.

🏠 123 Bent St
Ⓦ lambertsoftaos.com
$$$

Gründung der Taos Society of Artists zur Unterstützung der Arbeit ihrer Mitglieder sowie anderer Künstler aus Taos. Sie verhalf der Stadt zu ihrem Ruf als Kunstzentrum. Das Museum in Blumenscheins ehemaligem Haus (um 1790) **zeigt** Gemälde von Blumenschein, Utensilien seiner Familie und Arbeiten der Taos Society of Artists. Die Räume sind mit spanischen Kolonialmöbeln und europäischen Antiquitäten ausgestattet. Das prächtige Haus illustriert auf wunderbare Weise das Leben der Taos-Künstler in der ersten Hälfte des 20. Jahrhunderts.

←

Blumenschein Home and Museum mit Gemälden und persönlichen Gegenständen

SEHENSWÜRDIGKEITEN

❸
Ranchos de Taos

🅰 F3 ℹ 1139 Paseo de Pueblo Sur, Taos (+1-575-758-3871) 🆆 taos.org

Fünf Kilometer südwestlich von Taos ragt an einer ruhigen Plaza die imposante Adobe-Kirche **San Francisco de Asis** auf. Sie wurde 1710 bis 1755 erbaut und zählt zu den schönsten Beispielen der Missionsarchitektur im Südwesten. Der Bau inspirierte zahlreiche Künstler – u. a. hat Georgia O'Keeffe *(siehe S. 213)* ihn oft gemalt.

Die 1804 erbaute **Hacienda Martínez** zählt zu den wenigen verbliebenen spanischen Kolonialhäusern. Schwere Tore *(zaguan)* in den 60 Zentimeter dicken Adobe-Mauern führen zu zwei Innenhöfen und 21 rustikal eingerichteten Räumen.

Antonio Severino Martínez, der erste Besitzer und Bürgermeister von Taos, war durch den Handel mit Mexiko reich geworden. Einige Waren, die er vertrieb, sind ausgestellt.

San Francisco de Asis
♿ 🏠 60 St Francis Plaza
🕐 Mo – Sa 9 –16
🗓 Anfang – Mitte Juni

Hacienda Martínez
⊘ 🏠 708 Hacienda Way
🕐 Zeiten der Website entnehmen 🆆 taos historicmuseums.org

❹
Taos Pueblo

🅰 F3 🏠 120 Veterans Hwy, Taos (+1-575-758-1028)
🕐 Mo – Sa 8 –16:30, So 8:30 – 16:30 🆆 taospueblo.com

Das seit etwa 1000 Jahren ständig bewohnte Pueblo zählt zu den ältesten der

Rio Grande
Von seiner Quelle in Colorado fließt der fünftlängste Strom der USA (3000 km) nach Südosten zum Golf von Mexiko. Er quert New Mexico und bildet die Grenze zwischen Texas und Mexiko. Am bereits von der Pueblo-Kultur zur Bewässerung genutzten Strom entstanden im 16. Jahrhundert spanische Siedlungen. Heute wachsen am Ufer Baumwolle, Zitrusfrüchte und Gemüse.

USA. An der zentralen Plaza stehen sich North und South House gegenüber, zwei mehrstöckige Adobe-Gemeinschaftshäuser. Diese größten Pueblo-Bauten der USA stammen wohl aus dem frühen 18. Jahrhundert. Hier leben das ganze Jahr über gut 100 Menschen – traditionell wie ihre Vorfahren ohne Strom und mit Wasser aus dem Bach. Sehenswert sind die St. Jerome Chapel (1850), die Ruinen der San Geronimo Church (1619) und die zentrale Plaza. Dort stehen Gestelle zum Trocknen von Mais und Chilis sowie Adobe-Öfen *(hornos)*. Einige Häuser sind Kunsthandwerksläden. Es gibt Führungen durch das Gelände. Wer Fotos machen will, muss eine Gebühr zahlen und beim Fotografieren von Personen diese zuvor um Erlaubnis bitten. Bei Zeremonialtänzen herrscht Fotografierverbot, auch wenn Besucher bei einigen Festen willkommen sind.

←

Fassade der Kirche San Francisco de Asis mit der Marmorstatue eines Heiligen

Skifahrer auf einer Piste im Taos Ski Valley am Wheeler Peak

Taos Ski Valley

A F3 **i** 10 Thunderbird Rd (+1-575-776-2291)
w taosskivalley.com

Vor 100 Jahren war das Taos Ski Valley ein Bergarbeitercamp. 1955 begann der in der Schweiz geborene Skifahrer Ernie Blake mit der Erschließung des Skigebiets an den nördlichen Hängen des Wheeler Peak, des höchsten Bergs New Mexicos (4011 m).

In dem Areal 30 Kilometer nördlich von Taos bringen 14 Lifte Skifahrer zu 113 Abfahrten aller Schwierigkeitsgrade. Die anspruchsvolleren Strecken sind legendär. Die Saison dauert je nach Wetter von Thanksgiving bis Anfang April.

Auch im Sommer ist das Tal beliebt: In niedrigeren Lagen findet man Erholung von der Hitze.

Los Alamos

A F4 **▲** 12 000 **i** 109 Central Park Sq (+1-505-662-8105) **w** visitlosalamos.org

Los Alamos war im Zweiten Weltkrieg Standort des geheimen Manhattan-Projekts *(siehe S. 208)* der US-Regierung zur Entwicklung der Atombombe. 1943 zogen von

der Regierung beauftragte Wissenschaftler ein. 1945 wurde auf dem Trinity-Testgelände in der Wüste bei Alamogordo die erste Atombombe gezündet *(siehe S. 239)*.

Heute arbeiten Forscher im Los Alamos National Laboratory. Das **Bradbury Science Museum** zeigt Ausstellungen über Sicherheit und Technik sowie Modelle von Little Boy und Fat Man, den Atombomben, die 1945 auf Hiroshima und Nagasaki abgeworfen wurden. Das **Los Alamos History Museum** widmet sich der Geologie der Region.

Bradbury Science Museum

⊛ A 1350 Central Ave
○ Di – Sa 10 –17, So, Mo 13 –17 **⊗** Feiertage
w lanl.gov/museum

Los Alamos History Museum

⊛⊛⊛ **A** 1050 Bathtub Row **○** tägl. 10 –16 (Sommer: 9 –16) **⊗** Feiertage
w losalamoshistory.org

> Zu den berühmten heißen Quellen um Jemez Springs zählen die Spence Hot Springs mit Open-Air-Pools und Wasserfällen.

Jemez Springs

A E4 **▲** 500 **i** 80 Jemez Springs Plaza
w jemezsprings.org

Hier, im San Diego Canyon des Jemez River, stand einst das Giusewa Pueblo. Die Ruinen, auch die einer Missionskirche (17. Jh.), gehören nun zum **Jemez Historic Site**. Reste der Missionsmauern und Nachbauten der Haupttore sind noch zu sehen. Im etwas südlich am Highway 4 gelegenen **Jemez Pueblo** leben rund 3400 Stammesangehörige. Der Hauptort Walatawa ist nur an Feiertagen und bei Festivals zugänglich (Informationen gibt es beim täglich geöffneten Visitor Center).

Zu den berühmten heißen Quellen der Region zählen die Spence Hot Springs (11 km nördlich) mit Open-Air-Pools und Wasserfällen. In der Stadt findet man viele Spas.

Jemez Historic Site

⊛⊛ **A** nahe Hwy 4
○ Mi – So 8:30 –17 **⊗** Feiertage **w** nmhistoricsites.org/jemez

Jemez Pueblo

i Walatawa Visitor Center, 7413 Hwy 4
w jemezpueblo.com

Atomzeitalter

Die USA befürchteten im Zweiten Weltkrieg, dass Deutschland eine Atombombe entwickeln würde, und starteten ein eigenes Nuklearwaffenprogramm. Ab 1942 betrieben Großbritannien und die USA die Forschungen gemeinsam. Basis für diese als Manhattan-Projekt bezeichnete Kooperation war Los Alamos. Heute sind das Los Alamos National Laboratory und das Sandia National Laboratory in Albuquerque die größten US-Kernforschungseinrichtungen, New Mexicos größte Arbeitgeber und neben der White Sands Missile Range wichtige Militärforschungszentren.

Raketenforschung

Robert Goddard (1882–1945) wird oft als »Vater der modernen Raketentechnik« bezeichnet. In seinem Labor in Roswell in New Mexico *(siehe S. 240)* leistete er entscheidende Pionierarbeit. 1926 startete seine erste Flüssigkeitsrakete in Massachusetts, in den 1930er Jahren fanden in Roswell weitere Testflüge statt. 1935 trugen von ihm entwickelte Raketen Kameras und zeichneten Daten auf.

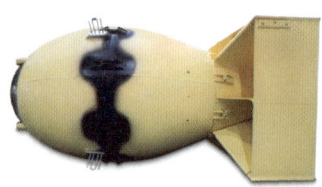

↑ *Nachbildung der »Fat Man« genannten Atombombe, die im August 1945 auf Nagasaki abgeworfen wurde*

Manhattan-Projekt

1943 wurde die harmlose ehemalige Knabenschule Los Alamos Ranch School auf dem einsamen Pajarito Plateau zur Forschungsstätte für das streng geheime Manhattan-Projekt. Die von dem Physiker J. Robert Oppenheimer und General Leslie R. Groves geleiteten Arbeiten begannen unverzüglich. Innerhalb von zwei Jahren wurde die erste Atombombe entwickelt und am 16. Juli 1945 auf der abgesperrten Trinity Test Site (heute White Sands Missile Range), 370 Kilometer südlich von Los Alamos, gezündet.

Der Kriegseinsatz der Bombe war heftig umstritten, einige an ihrer Entwicklung beteiligte Wissenschaftler unterschrieben eine Petition gegen ihren Abwurf. Ausstellungen zum Projekt beherbergen das Bradbury Science Museum und das Los Alamos History Museum *(siehe S. 207)*.

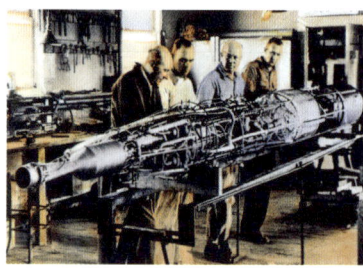

↑ *Robert H. Goddard und seine Mitarbeiter inspizieren eine von Goddard konzipierten Rakete*

Raumfahrt

Der Bundesstaat New Mexico spielt eine wichtige Rolle als Testgelände für NASA-Weltraummissionen.

1 Weltraumschimpanse Ham

Der Schimpanse Ham war im Rahmen des US-amerikanischen Weltraumprogramms 1961 der erste Primat im All. Hier wird ihm nach geglückter Mission aus seiner Kapsel geholfen.

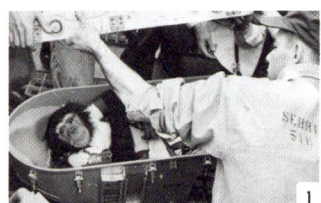

2 Astronautentraining

New Mexico ist ein wichtiges Zentrum der Astronautenausbildung und -auswahl. Im Bild trainieren die Astronauten Steven Robinson und Pedro Duque von Tauchern unterstützt in einem Schwimmbecken für ihren Flug mit der Raumfähre *Discovery* 1998.

3 White Sands Missile Range

Ein Spaceshuttle landet am 30. März 1982 auf dem Northrup-Flugfeld der White Sands Missile Range. Das Shuttle-Programm wurde 2011 eingestellt, doch White Sands ist weiterhin ein Testgebiet für Raketen-Technologie.

4 Roswell

Das ungewöhnliche International UFO Museum and Research Center *(siehe S. 240)* in Roswell widmet sich der Forschung zu außerirdischem Leben und untersucht UFO-Verschwörungstheorien.

↑ *Spaceport America in New Mexico – erster privat finanzierter Weltraumhafen der Welt*

↑ Eine *kiva im Pecos Pueblo; indianisches Tongefäß* (Detail)

8 ♨ ♿
Pecos National Historical Park

🅰 F4 🏠 Hwy 63 📞 +1-505-757-7241 🕐 Juni – Aug: tägl. 8 –18; Sep – Mai: tägl. 8 –16:30 📅 1. Jan, Thanksgiving, 25. Dez 🌐 nps.gov/peco

Nahe dem Highway 63 stehen im Pecos National Historical Park (40 km südöstlich von Santa Fe) die Ruinen des einst einflussreichen Pecos Pueblo. Die auf einem Pass in den Sangre de Cristo Mountains gelegene Siedlung beherrschte zwischen 1450 und 1550 die Handelsrouten zwischen den Plains- und Pueblo-Indianern. Die Bewohner von Pecos handel-

⛰ Schöne Aussicht
Glorieta Pass Battlefield Trail

Der Glorieta Pass, 1862 im amerikanischen Bürgerkrieg Schauplatz einer Schlacht, ist ein Rundweg (4 km) durch Kiefernwald. Fragen Sie im Besucherzentrum des Pecos-Nationalparks nach einer Karte.

ten mit Bisonhäuten und -fleisch sowie mit Keramik, Textilien und Türkisen.

Pecos zählte zu den größten Pueblos im Südwesten. In seinen fast 700 Räume umfassenden, bis zu fünf Stockwerke hohen Bauten lebten über 2000 Menschen, ein Viertel davon waren Krieger. Bei Ankunft der Spanier (ab Mitte 16. Jh.) war Pecos eine starke Regionalmacht und widersetzte sich viele Jahre der spanischen Ausbreitung. Die Bewohner brannten die Missionskirche nieder und errichteten an deren Stelle im Jahr 1618 eine als Zeremonialraum genutzte *kiva*. 1717 kehrten die Spanier jedoch zurück und bauten die Mission wieder auf. Ab 1821 forderten Übergriffe der Comanche, Krankheiten und Abwanderung ihren Tribut: Die letzten Bewohner zogen ins Jemez Pueblo *(siehe S. 207)*.

Zum Pueblo, zwei wiederaufgebauten *kivas* und den Ruinen spanischer Missionskirchen führt ein zwei Kilometer langer Weg. Im Visitor Center informieren Artefakte und ein Video über die 1000-jährige Geschichte der Pueblo-Indianer in diesem Gebiet.

9 ♨
D. H. Lawrence Ranch

🅰 F3 🏠 506 D. H. Lawrence Ranch Rd, Taos 📞 +1-505-277-0111 🕐 Do, Fr 10 –14, Sa 10 –16 (je nach Witterung) 🌐 dhlawrenceranch.unm. edu

Obwohl der britische Autor D. H. Lawrence (1885 –1930) nur elf Monate auf der damaligen Kiowa Ranch lebte, war dies eine entscheidende Zeit in seinem Leben. Die Ranch ist heute eine Gedenkstätte für den Autor von *Sons and Lovers*, *Women in Love* und anderen bekannten Romanen. Seine Frau Frieda hat das Anwesen nach Lawrence' Tod zu ihrem Zuhause gemacht. Beide sind in einer kleinen Kapelle oberhalb der Ranch begraben.

Die Ranch erreicht man über eine kurvenreiche Bergstraße durch den Wald. Die Abgelegenheit sprach den einfühlsamen Schriftsteller besonders an. Zur damaligen Zeit erreichte man die nächste Stadt, San Cristobal, nach einer zehn Kilometer langen Fahrt im Pferdewagen.

Bei Führungen erfährt man viel über das Leben von Lawrence und seiner Frau. Sie verbrachten viel Zeit damit, Brot zu backen, Holz zu hacken und sich um Pferde und Hühner zu kümmern.

bewohnt. In dieser Zeit lebten hier verschiedene Gemeinschaften, die Mais und Kürbisse anbauten, auf die Jagd gingen und Lederkleidung anfertigten. Während die ersten Ankömmlinge ihre Höhlenbehausungen wohl aus dem weichen Tuffstein der hohen Felsklippen schufen, errichteten spätere Gruppen Häuser und Dörfer aus Steinschutt.

Faszinierend ist die Ruine des 400 Räume umfassenden Dorfs Tyuonyi. Es ist in halbkreisförmigen Häuserzeilen am Grund des Frijoles Canyon angelegt.

Vom Visitor Center führt der Main Loop Trail nach Tyuonyi, zu einigen Höhlenhäusern und zum mehrstöckigen Long House. Ein kürzerer Weg führt über Holzleitern und Steintreppen zum 46 Meter hoch gelegenen Alcove House.

Puye Cliff Dwellings

🅰 F4 🏠 Ecke Hwy 30 u. Santa Clara Canyon Rd, Española 📞 +1-505-917-6650 🕐 tägl. 8–18 (im Winter kürzer) 📅 Woche vor Ostern, 13. Juni, 12. Aug, 25. Dez 🌐 puyecliffdwellings.com

In diesen eindrucksvollen, mehr als 2100 Meter über dem Meeresspiegel auf dem Pajarito Plateau gelegenen Fels- und Höhlenwohnungen lebten von 900 bis 1580 die Vorfahren des heutigen Santa-Clara-Pueblo-Volkes. Im mehrstöckigen Komplex um einen zentralen Platz wohnten insgesamt bis zu 1500 Menschen.

Besucher dürfen die Stätte nur mit indianischem Führer betreten. Eine Tour führt Sie zur Spitze der Mesa, eine andere über eine steile Felswand zu den Klippenwohnungen. Beide bieten Einblicke in das Pueblo-Leben und einen gradiosen Blick über das Tal. Das restaurierte Harvey House (1930er Jahre) wurde aus Tuffblöcken und Vulkangestein erbaut und zeigt vielfältige Exponate.

Bandelier National Monument

🅰 F4 🏠 nahe Hwy 4 📞 +1-505-672-3861 🕐 tägl. von Sonnenaufbis -untergang 📅 1. Jan, 25. Dez 🌐 nps.gov/band

Zwischen den zerklüfteten Felswänden und Canyons des Pajarito Plateau schützt das Bandelier National Monument über 3000 archäologische Stätten, Überreste einer alten Pueblo-Kultur. Der Siedlungsplatz wurde wahrscheinlich von Vorfahren der Pueblo-Indianer vom 12. bis zum 16. Jahrhundert

Schon gewusst?

In New Mexico gibt es mehr Kühe als Menschen. Ranches nehmen über 60 Prozent des Staates ein.

→

Eingang zu einer cliff dwelling *im Bandelier National Monument*

⑫ Chimayó

🅰 F4 🔺 3000 ☎ +1-505-351-4889

Der Ort liegt 40 Kilometer nördlich von Santa Fe im Tal des Rio Grande. Im 18. Jahrhundert ließen sich hier spanische Siedler nahe einem indianischen Pueblo mit einer natürlichen Heilquelle nieder. Am Ort der Quelle erhebt sich heute das **Santuario de Chimayó**. Es wurde 1813–16 von einem Landbesitzer errichtet, nachdem er eine Vision hatte, die ihn anwies, das Fundament in mit Heilkräften gesegnete Erde zu setzen. Beim Graben fand er ein Kreuz, das einst zwei Priestermärtyrern gehört hatte. So wurde die Kirche zum Wallfahrtsort. In der Kapelle umrahmt ein schöner *reredo* (Schrein) das Kruzifix. In einem kleinen Seitenraum dürfen Besucher heilige Erde aus einer Grube mitnehmen.

Chimayó ist außerdem für die von der Familie Ortega seit Generationen gewebten Decken und Teppiche bekannt. Ihre Werkstatt liegt an der Abzweigung zum Highway 76. Schön sind auch die Handwerkserzeugnisse der Dörfer Cordova und Truchas.

Santuario de Chimayó
🏠 15 Santuario Dr 🕐 Mai–Sep: tägl. 9–18; Okt–Apr: tägl. 9–17 Ⓦ elsantuario dechimayo.us

⑬ Las Vegas

🅰 F4 🔺 14 000 🚌 🚉
ℹ 500 Railroad Ave
(+1-505-425-8631)
Ⓦ visitlasvegasnm.com

Auch wenn Las Vegas in New Mexico nicht mit seiner Namensschwester in Nevada *(siehe S. 244–269)* zu vergleichen ist, blickt die Stadt auf eine bewegte Vergangenheit zurück. *Vegas* ist das spanische Wort für Wiesen – auf solchen legten spanische Siedler 1835 am Flussufer die alte Plaza an. Als lukrativer Handelsplatz am Santa Fe Trail wurde Las Vegas zu einer berüchtigten Wildwest-Stadt. Mit dem neuen Wohlstand kamen Gesetzlose und andere verrufene Typen, darunter so klangvolle Namen wie Jesse James, Wyatt Earp und Billy the Kid. Doc Holliday zog 1879 hierher und besaß hier für kurze Zeit einen Saloon.

Die schöne viktorianische Architektur kann man bei Spaziergängen erkunden. Routen empfiehlt das Visitor Center. Das City of Las Vegas Museum und die Rough Rider Memorial Collection zeigen volkskundliche Objekte – u. a. Tonwaren der amerikanischen Ureinwohner, Kostüme, Möbel, Kunstgegenstände und Agrargeräte.

Schon gewusst?

Der Revolverheld Billy the Kid wurde 1881 im Alter von nur 21 Jahren erschossen.

Fassade und Innenraum (Detail) des *Santuario de Chimayó* ↓

> Die Umgebung von Abiquiu, das »O'Keeffe Country« mit seinen roten Felsen und Mesas, inspirierte die Künstlerin zu vielen Landschaftsporträts.

↑ *Cumbres and Toltec Scenic Railroad im San Juan National Forest*

⓮ Abiquiu

Ⓐ F3 🗺 500

In dem kleinen Adobe-Dorf mit seinen sonnigen, staubigen Straßen lebte von 1946 bis zu ihrem Tod 1986 die berühmteste Künstlerin des amerikanischen Südwestens, Georgia O'Keeffe. Wer ihr Haus und Atelier besichtigen will, muss sich vorher im Georgia O'Keeffe Museum in Santa Fe *(siehe S. 192)* anmelden, in dem auch viele ihrer bemerkenswerten Arbeiten ausgestellt sind.

Die Umgebung von Abiquiu, das »O'Keeffe Country« mit seinen roten Felsen und Mesas, inspirierte die Künstlerin zu vielen Landschaftsporträts.

Wenige Kilometer nördlich gibt es bei der **Ghost Ranch**, einem Wohnheim der Presbyterianer, zwei kleine Museen, die über die lokale Geologie und Naturgeschichte informieren. Von der Ranch zweigen mehrere Wanderwege ab.

Ghost Ranch

✍ 🚶 🏠 280 Private Dr, Hwy 84 🕐 Welcome Center: tägl. 8–18
🌐 ghostranch.org

⓯ Chama

Ⓐ E3 🗺 1000 ℹ 2372 Hwy 17 (+1 505-756-2306)
🌐 chamavalley.com

Hauptattraktion des während des Silberbooms gegründeten Orts ist die **Cumbres and Toltec Scenic Railroad**. Die dampfbetriebene Schmalspureisenbahn bricht täglich zu einer Panoramafahrt (103 km) auf.

Bei gemächlichem Tempo (Höchstgeschwindigkeit: 12 km/h) haben die Reisenden ausreichend Zeit, die traumhaft schöne Landschaft zu genießen.

Cumbres and Toltec Scenic Railroad

✍ 🚶 🏠 Hwy 17 🕐 Ende Mai – Mitte Okt: tägl. 7:30 – 18 🌐 cumbrestoltec.com

Georgia O'Keeffe

Seien es Studien einzelner Blüten oder Darstellungen von Landschaften des amerikanischen Südwestens – Kritiker und Laien gleichermaßen lieben die Werke der Malerin Georgia O'Keeffe (1887–1986). Nach ihrem Kunststudium in Chicago und New York verliebte sich die Malerin in das Licht des Südwestens und erwarb in Abiquiu ein altes Haus. Dort schuf sie Gemälde, die die Schönheit New Mexicos bekannt machten.

Nördliche Pueblos-Tour

Länge 45 Meilen (72 km) **Start** Tesuque Pueblo, nördl. von Santa Fe am Hwy 84

Zwischen Santa Fe und Taos liegen im fruchtbaren Tal des Rio Grande acht der 19 indianischen Pueblos New Mexicos. Trotz ihrer geografischen Nähe besitzen alle Pueblos eine eigene Verwaltung und individuelle Traditionen. Viele Dörfer sind für Besucher äußerst sehenswert: Nambe lockt mit einem fantastischen Blick auf Berge, Mesas und Wüste, San Ildefonso ist für seine schönen Keramiken bekannt, andere Pueblos für ihre Schmuck- und Webarbeiten. Besucher sind herzlich willkommen, sollten aber in jedem Fall die regionalen Gepflogenheiten *(siehe S. 279)* respektieren.

Im **Santa Clara Pueblo** leben viele Künstler, deren Arbeiten wie in anderen Pueblos in selbst verwalteten Werkstätten und Ateliers verkauft werden.

El Guacho

Española

Guachupangue

Santa Clara Pueblo

Puye Cliffs Welcome Center

Die bis etwa 1500 bewohnten **Puye Cliff Dwellings** umfassen mehr als 700 Räume und Wohnhöhlen.

Rio Grande

△ Black Mesa 1857 m

Pajarito

Die berühmten schwarzen Keramiken des seit 1300 bewohnten **San Ildefonso Pueblo** halfen den Bewohnern durch die Wirtschaftskrise der 1930er Jahre.

Rio Grande

San Ildefonso Pueblo

Otowi

Typische rosafarbene Adobe-Gebäude im San Ildefonso Pueblo

Ohkay Owingeh
ZIEL

Ohkay Owingeh war 1598 New Mexicos erste Hauptstadt und hieß bis 2005 San Juan Pueblo. Das Dorf ist für sein Kunsthandwerk bekannt und unterhält eine Kooperative.

Ranchitos

Ohkay Owingeh Airport

El Llano

Fairview

Santa Cruz
Riverside

La Puebla

Cuartelez

San Pedro

Sombrillo

El Valle de Arroyo Seco

Black Mesa Golf Club

La Mesilla

Zur Orientierung
Siehe Karte S. 190f

Nördliche Pueblos-Tour

Santa Fe und Nördliches New Mexico

↑ *Kinder beim Maistanz bei den Feierlichkeiten zum 4. Juli, Nambe Pueblo*

Nambe Pueblo

Pojoaque Pueblo

El Rancho
Jacona

Jaconita

Cuyamungue

Das Poeh Museum im **Pojoaque Pueblo** vermittelt einen Einblick in das Leben der Pueblo-Gemeinden.

Vom **Nambe Pueblo** führt ein Weg am Seeufer entlang zu einem Wasserfall und einer Bisonranch.

Die im **Tesuque Pueblo** lebenden Tewa betreiben seit Jahrhunderten Landwirtschaft und Töpferei.

Tesuque

START

0 Kilometer   3

0 Meilen   3

N ↑

Tour durch die Berge

Länge 111 Meilen (179 km) **Start** Nördlich von Taos am Hwy 522, Weiterfahrt nach Osten und Süden auf den Hwys 38 und 64 **Gelände** Die Hauptstraßen erlauben ruhiges und schnelles Fahren, viele Sehenswürdigkeiten liegen jedoch an ungeteerten oder kleinen Landstraßen.

Die Landschaft um Taos zieht sich von der mit Beifuß und Yuccas bewachsenen Wüste des Hochplateaus zu den bewaldeten Sangre de Cristo Mountains. Die Route folgt einem National Forest Scenic Byway und verläuft durch einige der schönsten Landstriche des Areals. Sie führt um den Wheeler Peak (4011 m), den höchsten Berg New Mexicos, und durch den zerklüfteten Carson National Forest. Man kommt vorbei an Seen und Wanderwegen sowie einigen kleinen Dörfern.

Questa ist das Tor zum Carson National Forest mit seinen Bächen, Bergen, Seen und Felsen.

↑ Rio Grande Gorge, Rio Grande del Norte National Monument

Das Areal von der Rio Grande Gorge bis Colorado wurde 2013 unter Präsident Obama unter dem Namen **Rio Grande del Norte National Monument** unter Schutz gestellt. Das Besucherzentrum bietet Wanderkarten und ist Startpunkt für Rafting-Touren.

Der einstige Goldgräberort **Red River** mit seinen Häusern im Stil des Alten Westens ist ein idealer Ausgangspunkt für Wanderer und Skifahrer.

Tour durch die Berge

Santa Fe und Nördliches New Mexico

Zur Orientierung
Siehe Karte S. 190f

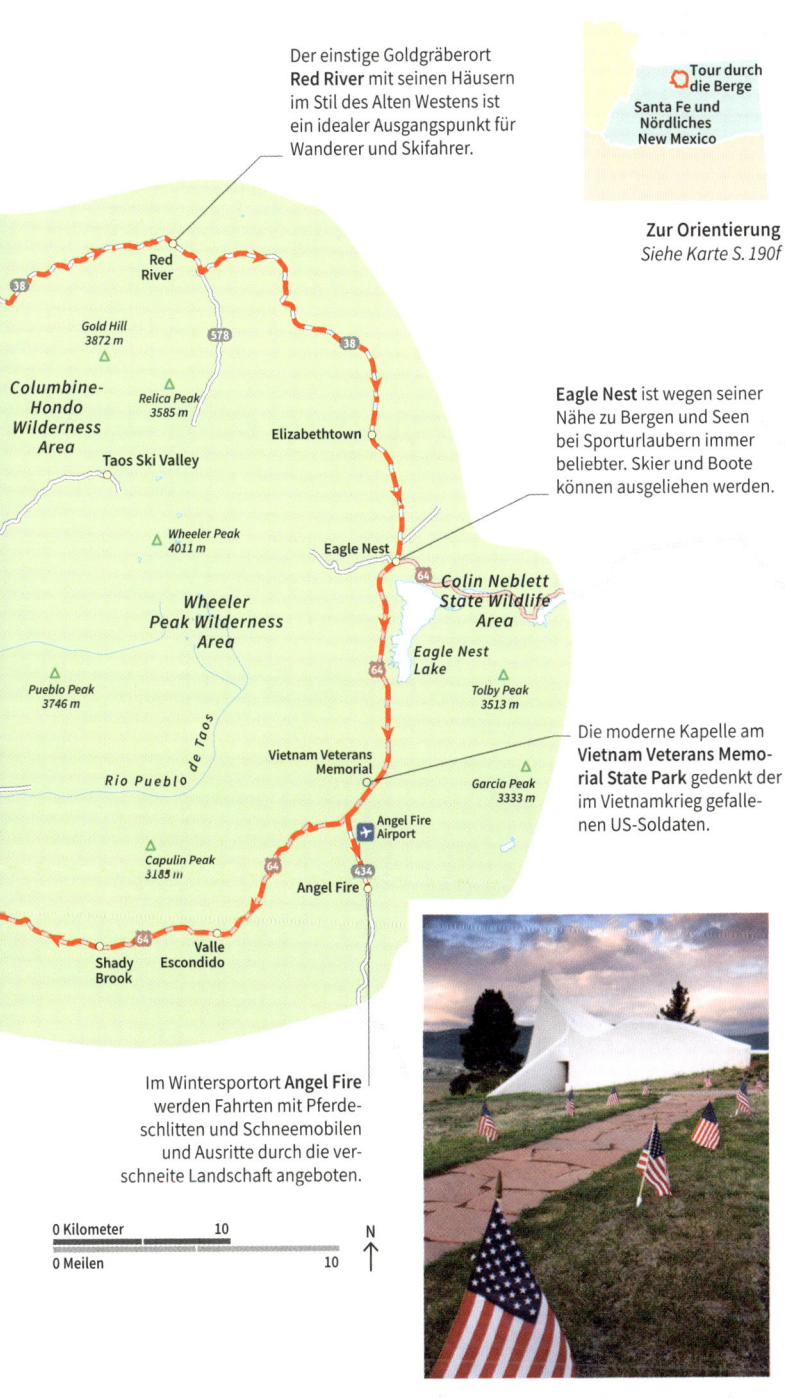

38

Red River

Gold Hill
3872 m

578

38

Columbine-Hondo Wilderness Area

Relica Peak
3585 m

Elizabethtown

Taos Ski Valley

Wheeler Peak
4011 m

Eagle Nest

64

Colin Neblett State Wildlife Area

Wheeler Peak Wilderness Area

Eagle Nest Lake

64

Tolby Peak
3513 m

Pueblo Peak
3746 m

de Taos

Vietnam Veterans Memorial

Rio Pueblo

Garcia Peak
3333 m

Angel Fire Airport

434

Capulin Peak
3185 m

64

Angel Fire

64

Valle Escondido

Shady Brook

Eagle Nest ist wegen seiner Nähe zu Bergen und Seen bei Sporturlaubern immer beliebter. Skier und Boote können ausgeliehen werden.

Die moderne Kapelle am **Vietnam Veterans Memorial State Park** gedenkt der im Vietnamkrieg gefallenen US-Soldaten.

Im Wintersportort **Angel Fire** werden Fahrten mit Pferdeschlitten und Schneemobilen und Ausritte durch die verschneite Landschaft angeboten.

0 Kilometer 10
0 Meilen 10

N

↑ *Kapelle und USA-Flaggen am Vietnam Veterans Memorial State Park*

Albuquerque und Südliches New Mexico

Naturwunder und moderne Städte, Carlsbad Caverns und Hightech – das Südliche New Mexico bietet faszinierende Gegensätze.

New Mexicos größte Stadt Albuquerque wartet mit der Old Town Plaza und einer Reihe sehenswerter Museen auf. Westlich liegt Acoma Pueblo, die älteste ständig bewohnte Siedlung. Das südliche Drittel des Staats wird von der Chihuahua-Wüste dominiert, die zu den trockensten Regionen des Südwestens gehört. Menschen der Hohokam-Kultur bewirtschafteten das aride Gebiet jahrhundertelang.

Die Gila Cliff Dwellings sind Relikte der Mogollon-Kultur aus der zweiten Hälfte des 13. Jahrhunderts. Im 17. Jahrhundert siedelten Apachen in der Region, deren Ruf als »Wilder Westen« im 19. Jahrhundert berüchtigte *outlaws* wie Billy the Kid begründeten.

Gallup

Thoreau

Milan

Grants

4

San Rafael

Laguna

**Santa Fe und
Nördliches New Mexico**
Seiten 188–217

Bernalillo

6

Alameda

3

**Sandia Peak
Tramway**

Albuquerque **1**

✈ Albuquerque
International Sunport

Isleta Pueblo

Los Lunas

*Zuni
Mountains*

40

Zuni

7

**El Morro
National
Monument**

Techado

**Acoma
Pueblo**

5

Belen

Rio Puerco

*Manzano Peak
3078 m*

Mountainair

Willard

Quemado

*Madre Mount
2913 m*

Rio Salado

*Ladron Peak
2797 m*

La Joya

25

*Los Pinos
Mountains*

*Gallo
Mountains*

*Alegres
Mountain
3118 m*

Springerville

Alpine

12

Magdalena

60

*Mount
Withington
3083 m*

*South Baldy
3287 m*

Socorro

8

San Antonio

N E W

Tularosa Mountains

Reserve

*Eagle Peak
2983 m*

*Whitewater Baldy
3321 m*

**Gila Cliff
Dwellings
National
Monument**

12

Black Range

Rock Canyon

180

*Mogollon
Mountains*

Duncan

San
Simon

Silver City

11

Bayard

Hurley

70

90

Lordsburg

180

*Cookes Peak
2563 m*

26

**Truth or
Consequences**

9

Hillsboro

**Fort Selden
Historic Site**

14

Hatch

Rio Grande

San Andres Mountains

*Sierra Blanca Peak
3649 m*

Carrizozo

180

Tularosa

**White Sands
National
Monument**

16

17

Alamogordo

54

70

Las Cruces

13

Mesilla

15

La
Mesa

*Organ Peak
2704 m*

Orogrande

10

Deming

10

Wilna

*Florida
Mountains*

Anthony

*Pyramid
Mountains*

Animas

Hachita

Columbus

Canutillo

El Paso

✈ El Paso
International Airport

Apache

*Big Hatchet Peak
2550 m*

*Animas Peak
2597 m*

Ciudad Juárez

Los Tríos

Samalayuca

M E X I K O

Fort Hancock

10

**Phoenix und
Süd-Arizona**
Seiten 88–117

**Albuquerque
und Süd**liches
New Mexico

45

Villa Ahumada

0 Kilometer   60

0 Meilen   60

N
↑

Santa Fe

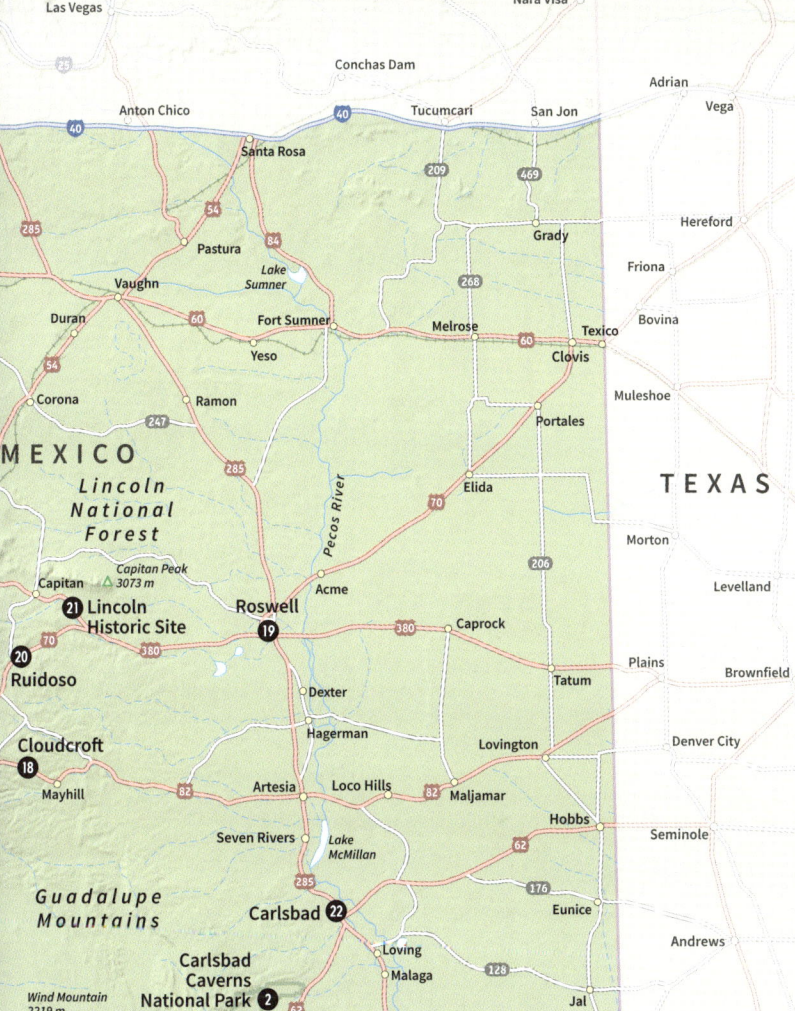

Albuquerque und Südliches New Mexico

Highlights
❶ Albuquerque
❷ Carlsbad Caverns National Park

Sehenswürdigkeiten
❸ Sandia Peak Tramway
❹ Grants
❺ Acoma Pueblo
❻ Bernalillo
❼ El Morro National Monument
❽ Socorro
❾ Truth or Consequences
❿ Deming
⓫ Silver City

⓬ Gila Cliff Dwellings National Monument
⓭ Las Cruces
⓮ Fort Selden Historic Site
⓯ Mesilla
⓰ White Sands National Monument
⓱ Alamogordo
⓲ Cloudcroft
⓳ Roswell
⓴ Ruidoso
㉑ Lincoln Historic Site
㉒ Carlsbad

Ladenzeile an Albuquerques Old Town Plaza ↑

❶

Albuquerque

🅰 E4 🗺 560 000 ✈ 5 Meilen (8 km) südl. der Stadt 🚉 und 🚌 100 First St SW ℹ 303 Romero St NW (+1-505-842-9118) 🎭 Gathering of Nations Pow Wow (Apr); New Mexico Arts and Crafts Fair (Ende Juni); New Mexico State Fair (Sep); Albuquerque International Balloon Fiesta (Okt) 🌐 visitalbuquerque.org

Die größte Stadt New Mexicos liegt im Tal des Rio Grande und erstreckt sich nach Westen zum Fuß der Manzano und Sandia Mountains. Die moderne Innenstadt mit vielen High-tech-Unternehmen steht im Kontrast zur Altstadt mit ihren historischen Lehmhäusern.

①

New Mexico Museum of Natural History and Science

🏠 1801 Mountain Rd NW
📞 +1-505-841-2800
🕐 tägl. 9–17 🗓 1. Jan, Thanksgiving, 25. Dez
🌐 nmnaturalhistory.org

Das Museum illustriert mit interaktiven Ausstellungen die Naturgeschichte New Mexicos. Besucher können das Innere eines Vulkans oder eine Eishöhle erkunden oder mit dem »Evolator« 38 Millionen Jahre Geschichte durchfahren. Dinosauriermodelle, Planetarium und Kino sind bei Kindern beliebt.

②

Turquoise Museum

🏠 400 2nd St SW 📞 +1-505-247-8650 🕐 Zeiten der Website entnehmen
🌐 turquoisemuseum.com

Dieses Museum befindet sich in einem Schloss und zeigt eine grandiose Sammlung seltener und vielfältiger Türkise und anderer Schmuckstücke aus der ganzen Welt. Die Sammlung mit rund 400 Werken der amerikanischen Ureinwohner widmet sich Themen wie der spirituellen Bedeutung der Türkise und dem Abbau der Steine.

←

Dinosaurierabteilung im New Mexico Museum of Natural History and Science

③

Explora! Science Center and Children's Museum

🏠 1701 Mountain Rd NW
📞 +1-505-224-8300
🕐 Mo – Sa 10 –18, So 12 –18
🚫 Feiertage 🌐 explora.us

Das Explora! ist ein Wissenschaftsmuseum mit interaktiven Ausstellungen für Kinder, gefällt aber auch Erwachsenen. Man kann z. B. in eine Seifenblase treten, durch Kaleidoskope blicken, weben lernen oder ein Windauto bauen.

④

Aquarium and Botanic Garden

🏠 2601 Central Ave NW
📞 +1-505-768-6200 🕐 tägl. 9 –17 🚫 1. Jan, Thanksgiving, 25. Dez 🌐 cabq.gov

Das Albuquerque Aquarium im ABQ BioPark konzentriert sich auf die Wasserwelt des Rio Grande *(siehe S. 206)*. Es bietet einen Glastunnel mit Aalen sowie einen Tank mit Haien, der vom Boden bis zur Decke reicht. Das Areal umfasst auch Botanic Garden, Rio Grande Zoological Park und Tingley Beach, wo man Boote ausleihen kann.

⑤

American International Rattlesnake Museum

🏠 202 San Felipe Ave N
🕐 Mo – Sa 10 –18 (Sep – Mai: 11.30 –17:30), So 13 –17
🚫 Feiertage
🌐 rattlesnakes.com

Die Einrichtung begreift sich eher als Naturschutzmuseum, das Leben und ökologische Bedeutung der am meisten missverstandenen Lebewesen erklärt. Das Museum unterhält die weltweit größte Sammlung lebender Klapperschlangen.

(siehe S. 206)

Highlight

Restaurants

Church Street Café

Dieses Café in einem Adobe-Gebäude (19. Jh.) ist mit indianischer Kunst und Teppichen dekoriert und serviert hervorragende regionale Gerichte.

🏠 2111 Church St NW
🌐 churchstreetcafe. com
$ $ $

Antiquity

Dieses Juwel – eines der besten Restaurants der Stadt – bietet klassische amerikanische und europäische Speisen.

🏠 112 Romero St NW
🕐 mittags 🌐 antiquity restaurant.com
$ $ $

Albuquerque

SAWMILL

CARSON AVE SW

BELLAMAH AVE NW

MOUNTAIN AVENUE SW

RIO GRANDE BOULEVARD

New Mexico Museum of Natural History and Science

Explora! Science Center and Children's Museum ③

DORA AVE SW

Albuquerque Museum ⑩

MOUNTAIN RD NW

①

③

PANMUNJON RD SW

Church Street Café

HOLLYWOOD AVE SW

ℹ️

San Felipe de Neri Church

OLD TOWN

Antiquity

OLD TOWN ROAD NW

American International Rattlesnake Museum ⑤

15TH ST NW

NEW YORK AVE SW

ALHAMBRA AVE SW

LOMAS BLVD NW

CENTRAL AVE SW

14TH STREET

Aquarium and Botanic Garden ④

ROUTE 66

Albuquerque Country Club

WEST PARK

SAN PASQUALE ST SW

LAGUNA BLVD SW

LOS ALAMOS AVE SW

15TH STREET SW

Rio Grande

Tingley Beach

TINGLEY DR SW

PARK AVE SW

SAN CARLOS DR SW

SAN PATRICIO AVE SW

ESCALANTE AVE SW

KIT CARSON AVE SW

ALCEIDE PL SW

GOLD AVE SW

SILVER AVE SW

13TH STREET SW

11TH STREET SW

IRON AVENUE SW

0 Meter — 600
0 Yards — 600
N

Großraum Albuquerque

Anderson-Abruzzo International Balloon Museum ⑪

45

423

Petroglyph National Monument ⑫

25

Indian Pueblo Cultural Center

University of New Mexico ⑧

⑦

Dargestelltes Gebiet

Albuquerque International Sunport ✈️

⑨

National Museum of Nuclear Science & History

0 km — 5
0 Meilen — 5
25
N

ROMA AVE NW

MARQUETTE AVE NW

TEJERAS AVE NW

KENT AVE NW

CENTRAL AVE SW

11TH ST NW

8TH ST NW

7TH AVE ST

5TH AVE ST

4TH ST

3RD ST

2ND ST

ℹ️

COPPER AVE SW

KiMo Theatre ⑥

CENTRAL AVE SW

GOLD AVE SW

Amtrak Station 🚃

DOWNTOWN

11TH STREET SW

10TH STREET SW

9TH ST SW

8TH ST SW

6TH AVE SW

LEAD AVE SW

COAL AVE SW

Turquoise Museum ②

↑ *Fassade des KiMo Theatre – ein Mix aus Art déco und Pueblo Revival*

⑥

KiMo Theatre

🏠 423 Central Ave NW
📞 +1-505-768-3522
🕐 Mi – Sa 11 – 20, So 11 –15
🌐 kimotickets.com

Der auffällige, von der Architektur indianischer Pueblos beeinflusste Bau präsentiert einen Stilmix aus Pueblo Revival und Art déco. Im KiMo Theatre werden Konzerte sowie Tanz- und Theaterstücke aufgeführt.

⑦

Indian Pueblo Cultural Center

🏠 2401 12th St NW
📞 +1-866-855-7902
🕐 tägl. 9 – 17 Feiertage
🌐 indianpueblo.org

Das Kulturzentrum wird von 19 Pueblos geführt, die hauptsächlich am Rio Grande nördlich von Albuquerque liegen, aber auch Land bis zur Grenze von Arizona besitzen. Die Geschichte und vielfältige Kultur der Pueblo-Indianer wird durch mündliche Überlieferungen und aus ihrer eigenen Sicht präsentiert. Das Gebäude wurde dem Pueblo Bonito im Chaco Canyon, einem der größten Pueblos der präkolumbischen Ära, nachempfunden. Zum Zentrum gehören ein Restaurant, das indianische Fusionsküche serviert, und ein Geschenkeladen, der authentisches (Kunst-)Handwerk anbietet. Am Wochenende werden im Hof Tanzdarbietungen gezeigt.

⑧

University of New Mexico

ℹ️ Welcome Center, Central and Cornell 🌐 unm.edu

New Mexicos größte Universität ist für ihre Pueblo-Revival-Architektur und Museen bekannt. Im **University Art Museum** findet sich die größte Kunstsammlung des Staats, darunter Alte Meister, Skulpturen und weitere Kunstwerke (17. – 20. Jh.).

Das **Maxwell Museum of Anthropology** behandelt die Kultur des Südwestens. In der Abteilung »Ancestors« sind Spuren der Menschheitsgeschichte zu verfolgen. Zudem finden zu verschiedenen Themen Wechselausstellungen statt.

University Art Museum

♿ 🏠 1 University of New Mexico 🕐 Di – Fr 10 –16, Sa 10 – 20 Feiertage
🌐 artmuseum.unm.org

Maxwell Museum of Anthropology

♿ 🏠 500 University Blvd NE 🕐 Di – Sa 10 –16
 Feiertage 🌐 maxwell museum.unm.edu

⑨

National Museum of Nuclear Science & History

🏠 601 Eubank Blvd SE Ecke Southern Blvd 📞 +1-505-245-2137 🕐 tägl. 9 –17
 1. Jan, Ostern, Thanksgiving, 25. Dez
🌐 nuclearmuseum.org

Das Museum präsentiert die Geschichte von Pionieren auf dem Gebiet der Nuklearforschung und die Entwicklung

> **Die Geschichte und vielfältige Kultur der Pueblo-Indianer wird durch mündliche Überlieferungen und aus ihrer eigenen Sicht präsentiert.**

dieses Forschungszweigs *(siehe S. 208)*. Exponate zeigen die Anwendungsgebiete von Nuklearenergie. Auch wird gezeigt, wie viel Wind-, Solar- und Hydrokraft es bräuchte, um die Energieerzeugung eines Atomreaktors zu erreichen.

In Little Albert's Lab lernen Kinder physikalische Grundsätze kennen. Im Heritage Park sind verschiedene Missile-Systeme, Raketen und alte Flugzeuge zu sehen.

⑩ Albuquerque Museum

🏠 2000 Mountain Rd NW
📞 +1-505-242-4600
🕐 Di – So 9 –17 🗓 Feiertage
🌐 cabq.gov/museum

Das hervorragende Museum dokumentiert die Kunst und Geschichte von New Mexico. »Only in Albuquerque« erzählt eine Stadthistorie seit den Anfängen. »Common Ground« setzt Künstlern eine Denkmal, die in New Mexico leben oder von dieser Region beeinflusst werden. Das Museum veranstaltet auch Führungen durch die historische Altstadt (März – Nov).

⑪ Anderson-Abruzzo International Balloon Museum

🏠 9201 Balloon Museum Dr NE 📞 +1-505-880-0500
🕐 Di – So 9 –17 🗓 1. Jan, Thanksgiving, 25. Dez
🌐 balloonmuseum.com

Das Museum, das nach zwei berühmten Ballonfahrern aus Albuquerque benannt ist, verfügt über die umfangreichste Sammlung moderner und historischer Ballone der Welt. Anhand von Exponaten wird erklärt, wie die Ballone auf abenteuerlichen Entdeckungsfahrten, im Krieg und in der Weltraumforschung eingesetzt wurden. Die ältesten Exemplare stammen aus den frühesten Tagen der Ballonfahrt.

⑫ Petroglyph National Monument

🏠 6510 Western Trail NW
📞 +1-505-899-0205 🕐 tägl. 8:30 –16:30 🗓 1. Jan, Thanksgiving, 25. Dez
🌐 nps.gov/petr

Das Areal am Westrand der Stadt wurde 1990 zur Erhal-

Highlight

Schon gewusst?

Im Oktober findet in Albuquerque das weltweit größte Heißluftballonfestival statt *(siehe S. 54)*.

tung von fast 20 000 Felsbildern eingerichtet, die auf 27 Kilometer Länge in den Steilabbruch der West Mesa geritzt wurden. Die ältesten Petroglyphen entstanden um 1000 v. Chr., die meisten zwischen 1300 und 1680. Die Bilder aus dieser Periode zeigen Menschen, etwa Musiker und Tänzer, oder Tiere wie Vögel, Schlangen und Insekten. Weitverbreitet sind Spiralen und andere geometrische Symbole, aber auch Hände, Füße und Tierspuren. Einige Petroglyphen besitzen große kulturelle Bedeutung für die heutigen Pueblo-Indianer.

Drei Kilometer nördlich des Visitor Center führen im Boca Negra Canyon drei Wege (Gehdauer zwischen fünf und 35 Minuten) zu Hunderten Petroglyphen. Achtung: Die hochempfindlichen Felsbilder darf man nicht berühren.

Fassade des renommierten Albuquerque Museum im Herzen von Old Town

Spaziergang durch Albuquerque Old Town

Länge 0,5 Meilen (1 km) **Dauer** 15 Min. **Bus** 36, 66, 766

Wo von 1100 bis 1300 indianische Stämme gelebt hatten, siedelten Ende des 16. Jahrhunderts einige Kolonisten, die im Zuge der spanischen Eroberung an den Rio Grande gekommen waren. 1706 erkannte die spanische Krone offiziell die Siedlung an. Sie wurde nach dem spanischen Herzog von Alburquerque benannt. Heute stehen in der Old Town noch viele Adobe-Gebäude aus dem späten 18. Jahrhundert – etwa die 1793 vollendete Kirche San Felipe de Neri. Trotz zahlreicher Renovierungen sind ihre ursprünglichen Adobe-Wände erhalten geblieben. Die nahe gelegene Plaza ist das schöne Zentrum der Altstadt, ein Ort zum Entspannen und Verweilen. In den umliegenden Adobe-Häusern ziehen Souvenirläden, Restaurants und Museen Besucher an.

START

Agape Southwest Pueblo Pottery bietet vielfältige Pueblo-Keramiken.

Christmas Shop

Das **Church Street Café** *(siehe S. 223)* im angeblich ältesten Haus der Stadt serviert exzellente New-Mexico-Küche und ein populäres Chili-Gericht.

Kirche San Felipe de Neri

Die **Old Town Plaza** war über 200 Jahre lang das Zentrum von Albuquerque. Der charmante Platz lädt bei einem Bummel durch die nahen Straßen, Museen und bunten Läden zum Entspannen ein.

CHURCH ST NW

ROMERO ST NW

NORTH PLAZA

RIO GRANDE BOULEVARD NW

SOUTH PLAZA

Schon gewusst?

Die Stadt wurde nach dem Herzog von Alburquerque benannt (das erste »r« ließ man später weg).

↑ Fassade und Terrasse des Church Street Café

MOUNTAIN ROAD NW

19TH STREET

ZIEL

Die Kuppel des **New Mexico Museum of Natural History and Science** *(siehe S. 222)* beherbergt ein Planetarium.

Werke von in New Mexico lebenden oder von New Mexico beeinflussten Künstlern sowie lokale historische Objekte zeigt das **Albuquerque Museum** *(siehe S. 225)*.

SAN FELIPE ST NW

Das **American International Rattlesnake Museum** *(siehe S. 223)* beschäftigt sich mit der Rolle der Klapperschlangen in Medizin, Geschichte und indianischen Kulturen.

0 Meter	50
0 Yards	50

N ↑

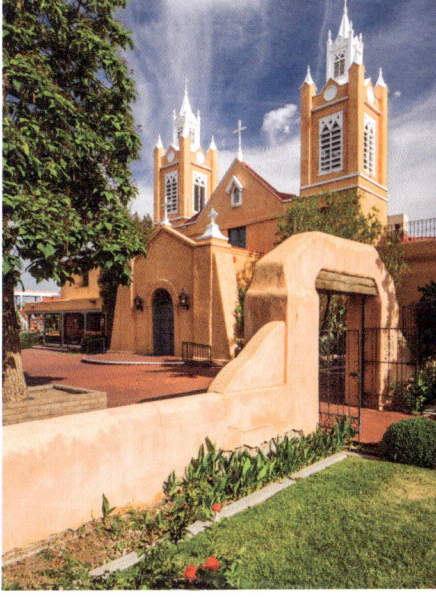

↑ San Felipe de Neri – imposanter Kirchenbau aus der spanischen Kolonialzeit

Highlight

227

2 🗡 Ⓜ 🖥 🎒 ♿

Carlsbad Caverns National Park

🅰 G6 🏠 727 Carlsbad Caverns Hwy, Carlsbad 📞 +1-575-785-2232
🕐 Sep – Mai: tägl. 8 –17; Juni – Aug: tägl. 8 –19 🕐 1. Jan, Thanksgiving, 25. Dez 🌐 nps.gov/cave

Der Carlsbad Caverns National Park in der Südostecke von New Mexico schützt eines der größten, über viele Jahrmillionen entstandenen Höhlensysteme der Welt.

Felszeichnungen am Eingang weisen darauf hin, dass die Höhlen indianischen Ureinwohnern bekannt waren. Bekannt wurden sie aber erst 1898 durch den 16-jährigen Cowboy Jim White. Als er sich einmal nicht um das Vieh kümmern musste, folgte er Fledermäusen, die in das Höhlensystem flogen. In den folgenden Jahren verbrachte er viel Zeit mit der Erkundung der Carlsbad Caverns und benannte einzelne Bereiche und Formationen. Als sich Geschichten über die wundersame unterirdische Welt verbreiteten, führte White Besucher in die Höhlen. Die Carlsbad Caverns wurden 1930 zum Nationalpark und 1995 von der UNESCO zum Welterbe erklärt.

💬 Expertentipp
Bekleidung

In den Höhlen herrschen ganzjährig (auch im Sommer) Temperaturen von 13 °C. Ziehen Sie entsprechend warme Bekleidung an.

Doll's Theater erinnert mit seinen glänzenden, feinen Formationen an eine Feengrotte ↑

↑ Serpentinenweg zum
Eingang des Höhlen-
systems

↑ Besucher im unterirdischen Amphitheater
der Carlsbad Caverns

Entstehung der Höhlen

Die Formationen in den durch lange währende geologische Prozesse geschaffenen Kammern wachsen durch die Kalkablagerungen des Sickerwassers. Auf dem Gebiet des Nationalparks gibt es etwa 120 bekannte Höhlen, darunter einige der größten und längsten der Welt. Herausragende Attraktion ist die über 300 Meter tiefe Carlsbad Cavern mit einem Gängesystem von annähernd 50 Kilometern Länge. Über die Jahrmillionen entstanden vielfältige bizarre Kalksteinformationen, darunter Stalagmiten und Stalaktiten in unterschiedlichsten Formen. Bei Anblick der stellenweise stimmungsvoll illuminierten Felsen herrscht eine geradezu andächtige Stimmung.

Überblick: Carlsbad Cavern

Um die Höhle zu betreten, nehmen Sie den Fahrstuhl zum Big Room, oder folgen Sie dem Natural Entrance Trail. Diese steile Route führt an Formationen wie Boneyard, Devil's Den und Iceberg Rock vorbei. Sie ist mit dem Big Room Trail verbunden, einem flachen Pfad (2 km), der zum Big Room mit Formationen wie Rock of Ages und Twin Domes führt. Beide Touren kann man selbstständig unternehmen, Audioguides erhalten Sie im Besucherzentrum. Daneben gibt es auch von Rangern geführte Touren wie die King's Palace Tour, die in die tiefsten zugänglichen Bereiche des Höhlensystems führt.

An Sommerabenden flattern Fledermäuse in Scharen aus der Höhle und zu ihren Fanggründen in der Wüste.

Visitor Center

Die King's Palace Tour führt in die tiefste öffentlich zugängliche Höhle (250 m unter der Erdoberfläche).

START

In einem gepflasterten Bereich findet man eine Bar und Toiletten.

ZIEL   START

ZIEL

Boneyard ist ein Labyrinth aus ausgewaschenen Kalkfelsen.

ZIEL

START

Den Big Room (5,6 ha) erkundet man auf eigene Faust.

Touren

— Big Room Route

— Natural Entrance Route

— King's Palace Tour (Führung durch Ranger)

Bottomless Pit   Rock of Ages

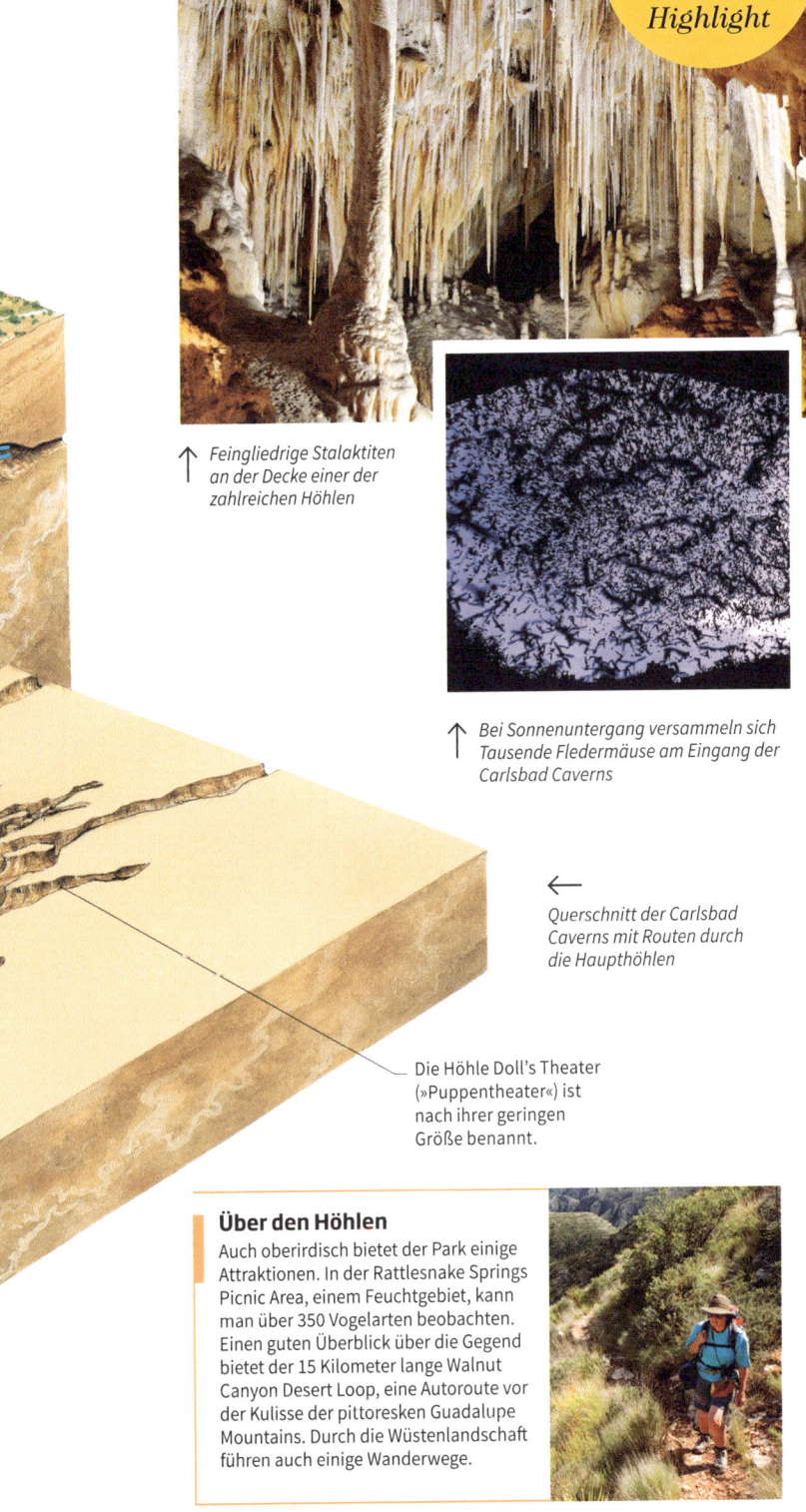

↑ *Feingliedrige Stalaktiten an der Decke einer der zahlreichen Höhlen*

↑ *Bei Sonnenuntergang versammeln sich Tausende Fledermäuse am Eingang der Carlsbad Caverns*

← *Querschnitt der Carlsbad Caverns mit Routen durch die Haupthöhlen*

Die Höhle Doll's Theater (»Puppentheater«) ist nach ihrer geringen Größe benannt.

Über den Höhlen

Auch oberirdisch bietet der Park einige Attraktionen. In der Rattlesnake Springs Picnic Area, einem Feuchtgebiet, kann man über 350 Vogelarten beobachten. Einen guten Überblick über die Gegend bietet der 15 Kilometer lange Walnut Canyon Desert Loop, eine Autoroute vor der Kulisse der pittoresken Guadalupe Mountains. Durch die Wüstenlandschaft führen auch einige Wanderwege.

Von den Gondeln des Sandia Peak Tramway bietet sich eine traumhafte Aussicht

SEHENSWÜRDIGKEITEN

❸ Sandia Peak Tramway

🅰 F4 🏠 30 Tramway Rd NE 🕐 Juni – Aug: tägl. 9 – 21; Sep – Mai: Mi – Mo 9 – 20, Di 17 – 20 🔒 je zwei Wochen im Frühling und Herbst 🌐 sandiapeak.com

Die Sandia Peak Tramway bietet am nordöstlichen Rand von Albuquerque eine atemberaubende Seilbahnfahrt zum Sandia Peak (3113 m). Die Bahn bringt die Passagiere in 15 Minuten zur Aussichtsplattform. Unterwegs reicht der Blick über imposante Landschaften, von der Wüste im Tal bis zu den Wäldern und Felsen in der Höhe. Vom Gipfel hat man einen Blick auf Albuquerque und Umgebung.

🔍 Entdeckertipp
El Malpais National Monument

Verfestigte Lavafelder und erloschene Vulkankegel machen El Malpais (»schlechtes Land«) zu einem faszinierenden Gebiet. Starten Sie im Besucherzentrum in der Nähe von Grants.

---

❹ Grants

🅰 E4 🏔 9000 ℹ 100 Iron Ave (+1-800-748-2142) 🌐 grants.org

Von den 1950er bis zu den 1980er Jahren war Grants ein Zentrum des Uranabbaus. Entdeckt wurde das Metall 1951 von dem Navajo-Farmer Paddy Martínez auf dem 16 Kilometer entfernten Haystack Mountain. Besucher können den einst blühende Erwerbszweig im **New Mexico Mining Museum** u. a. in einem nachgebauten Stollen kennenlernen.

Ausflüge in die Umgebung des an Highway 40/Route 66 gelegenen Grants führen etwa in das vulkanische Ödland des El Malpais National Monument.

New Mexico Mining Museum

♿ 🕐 🏠 100 Iron Ave 🕐 Mo – Sa 9 – 16 🔒 Feiertage

❺ Acoma Pueblo

🅰 E4 🏠 Route 23, nahe I-40

Acoma Pueblo verdankt seiner Lage auf einer 107 Meter hohen Mesa den Beinamen »Sky City«. An diesem Standort konnte das Pueblo gut verteidigt werden, weshalb es sich erst spät den spanischen Eroberern beugen musste. Acoma entstand vor dem 12. Jahrhundert und ist eine der ältesten ständig bewohnten Siedlungen der USA. Heute leben auf der 40 Hektar großen Mesa weniger als 30 Menschen, 6000 kommen zu Festlichkeiten und Feiern von den umliegenden Städten ins Dorf ihrer Ahnen zurück.

Das Pueblo mit seinen alten Häusern, sieben *kivas (siehe S. 176)* und der Missi-

onskirche San Esteben del Rey von 1629 kann man nur im Rahmen von Führungen besichtigen, die das **Sky City Cultural Center and Haak'u Museum** veranstaltet.

Sky City Cultural Center and Haak'u Museum

🅰 🅜 🅔 🄾 🏠 am Fuß der Mesa 🕐 Mitte März – Okt: tägl 9 –17; Nov – Mitte März: Fr – So 9 –16
🌐 acomaskycity.org

6
Bernalillo
🅰 F4 🝔 8000 🛈 264
Camino del Pueblo
(+1-505-867-8687)
🌐 sandovalcounty.org

Bernalillo wurde 1698 von spanischen Kolonisten besiedelt. Hier befindet sich am Ufer des Rio Grande das **Coronado Historic Site** mit Ruinen des Kuaua Pueblo. Man nimmt an, dass sich der spanische Konquistador Francisco Vázquez de Coronado 1540 auf der Suche nach den legendären sieben Städten des Goldlandes Cíbola *(siehe S. 57)* hier aufhielt. Die etwa 300 Bewohner des nahen Sandia Pueblo feiern den San Antonio Feast Day im Juni mit traditionellen Tänzen *(siehe S. 54)*.

Umgebung: Im 26 Kilometer nordwestlich gelegenen kleinen Zia Pueblo werden die bekannten roten Keramiken sowie Korbwaren gefertigt und verkauft.

Coronado Historic Site
🅐 🅖 🏠 485 Kuaua Rd
📞 +1-505-867-5351 🕐 Mi – Mo 8:30 –17 🗓 1. Jan, Ostern, Thanksgiving, 25. Dez 🌐 nmhistoric sites.org/coronado

7 🅐 🅜 🅖
El Morro National Monument
🅰 E4 📞 +1-505-783-4226
🕐 tägl. 9 –17 (Sommer: bis 18); Zugang zu Trails bis eine Stunde vor Schließung 🗓 1. Jan, Thanksgiving, 25. Dez 🌐 nps.gov/elmo

El Morro heißt die lange Sandstein-Mesa, die erst sanft, dann als steile, plötzlich abfallende Klippe über die Ebene aufragt. Ihr Herzstück ist der 60 Meter hohe Inscription Rock, den über 300 altindianische Petroglyphen sowie etwa 2000 von spanischen und angloamerikanischen Reisenden hinterlassene Inschriften zieren. Jahrhundertelang zog eine Wasserstelle unter der Klippe Menschen an, die ihre Na-

Sonnensymbol der Zia

Das markante rote Sonnensymbol der Zia, das 1925 vom Staat New Mexico übernommen wurde und auf der Staatsflagge und den Nummernschildern zu sehen ist, hat für die Zia heilige Bedeutung. Es symbolisiert den Lebenskreislauf – die vier Jahreszeiten, die vier Himmelsrichtungen, die vier Zeitperioden eines Tages und die vier Jahreszeiten.

men verewigten. Unter den Inschriften findet sich die des spanischen Kolonisators Don Juan de Oñate *(siehe S. 58)*, der wie viele nach ihm »Pasó por aquí« (»Kam vorbei«) in den Fels ritzte. Ein Weg führt einen Kilometer zur Wasserstelle und zu den Inschriften am Fuß des Felsens.

Umgebung: Die Bewohner des 50 Kilometer westlich gelegenen Zuni Pueblo sind Nachkommen früher indianischer Siedler auf den Mesas der Region. Sie fertigen Keramik und Schmuck. Wandmalereien zieren die Missionskirche (17. Jh.) des Pueblos.

←

Acoma Pueblo in spektakulärer Lage auf einer lang gestreckten Mesa

❽ Socorro

🅰 E5 🗺 9000 ℹ 217 Fisher Ave (+1-575-835-8927) 🌐 socorronm.org

Socorro (»Hilfe«) – so nannte der spanische Entdecker Juan de Oñate 1598 den Ort, als ihm und seinen Männern die Bewohner des einst hier bestehenden Pilabo Pueblo zu Hilfe kamen. Das Gebiet wurde im frühen 19. Jahrhundert neu besiedelt. Während des Silberbooms um 1880 wurden hier viele viktorianische Häuser erbaut, etwa die Gebäude rund um die Plaza. Nördlich des Platzes steht die 1821 errichtete San Miguel Mission mit ihren massiven Adobe-Mauern.

Umgebung: Das bekannte, mehr als 230 Quadratkilometer große Vogelgebiet **Bosque del Apache National Wildlife Refuge**, 29 Kilometer südlich von Socorro, zieht im Winter Tausende Schneegänse und Kanadakraniche an.

Bosque del Apache National Wildlife Refuge

⊘⊛ 🏠 Hwy 1 🕐 tägl. 8 –16 (Juni – Aug: Do – Mo) 🚫 1. Jan, Thanksgiving, 25. Dez 🌐 fws.gov/refuge/Bosque_del_Apache

Kanadakraniche im Bosque del Apache National Wildlife Refuge bei Socorro

❾ Truth or Consequences

🅰 E5 🗺 7000 ℹ 301 S Foch St (+1-575-894-1968) 🌐 sierracountynewmexico.info/truth-or-consequences

Die Einheimischen nennen es »T-or-C«. Früher hieß das Städtchen Hot Springs, bevor es sich in den 1950er Jahren nach der Gameshow »Truth or Consequences« (»Sag die Wahrheit«) umbenannte.

Die Thermalquellen existieren noch immer – heute in Form von Badehäusern am Stadtrand. Jahrhundertelang lockten sie Indianer hierher – darunter Geronimo. Eine lebensgroße Statue des berühmten Apachen-Kriegers steht im **Geronimo Springs Museum**. Heißes Mineralwasser von einer unterirdischen Quelle fließt zu einem Brunnen, der sich auf der Plaza beim Museum befindet.

Truth or Consequences ist heute geradezu ein Mekka für Künstler und andere Freigeister sowie ein beliebter Sommerferienort. In der Nähe des Städtchens befinden sich der **Elephant Butte Lake State Park** und die Caballo Lake State Parks. Sie bieten fantastische Natur sowie Möglichkeiten zum Angeln, Bootfahren, für Jetski und Windsurfen.

Geronimo Springs Museum

⊘⊘⊛ 🏠 211 Main St 📞 +1-575-894-6600 🕐 Mo – Sa 9 –17, So 12 –16 🚫 Feiertage

Elephant Butte Lake State Park

⊘⊛ 🏠 nahe I-25 📞 +1-575-744-5923 🌐 emnrd.state.nm.us

Spaceport America

Mitten in der Wüste, ungefähr 50 Kilometer südöstlich von Truth or Consequences, befindet sich der erste privat finanzierte Weltraumhafen der Welt. Das ausgedehnte Gelände ist jeden Samstag für Führungen geöffnet. Die begehrten Tickets sollte man möglichst frühzeitig online reservieren (www.spaceportamericatour.com).

❿ Deming

🅰 E6 🗺 15 000 🚆 🚌 ℹ 800 E Pine St (+1-575-546-2674) 🌐 demingvisitorcenter.webs.com

Deming liegt 96 Kilometer westlich von Las Cruces. Das Deming Luna Mimbres Museum besitzt eine Sammlung von Mimbres-Keramiken, *Frontier*-Artefakten, Edelsteinen und Mineralien.

Ein Anziehungspunkt für Hobbygeologen ist der nahe **Rockhound State Park**, wo u. a. nach Jaspis, Achaten, Opalen und Bergkristall geklopft wird. Die Stadt ist zudem für das Great American Duck Race im August bekannt.

Rockhound State Park

⊘⊛ 🏠 Hwy 141 📞 +1-575-546-6182 🕐 tägl. 7 bis Sonnenuntergang

⓫ Silver City

🅰 E6 🗺 10 000 🚌 ℹ 201 N Hudson St (+1-800-548-9378) 🌐 visitsilvercity.org

Die viktorianischen Gebäude der Stadt am Fuß der Pinos Altos Mountains stammen aus der Zeit des Bergbaubooms nach 1870. Im Jahr

→ Galerien und Cafés an der West Yankie Street im Zentrum von Silver City

1895 spülte eine Flut die Hauptstraße weg. Heute verläuft hier der Big Ditch Park, ein 15 Meter tiefer *arroyo* (Wasserweg). Ganz in der Nähe stand die Blockhütte, in der Billy the Kid *(siehe S. 239)* einen Großteil seiner Jugend verbrachte.

Vor der Kulisse von Bergen und Wäldern wartet Silver City mit drei historischen Vierteln auf: Chihuahua Hill, Gospel Hill und dem alten Geschäftsviertel. Die Häuser rufen Erinnerungen an die Wildwest-Zeiten der einst blühenden Bergbaustadt wach. Im Zentrum gibt es eine lebendige Kunstszene mit Kunstgalerien und Ateliers von Malern, Töpfern und anderen Kunsthandwerkern.

Im **Silver City Museum** im H. B. Ailman House von 1881 finden sich Exponate zur Historie der Gegend. Das **Western New Mexico University Museum** besitzt die größte Sammlung von Mimbres-Keramiken im Südwesten.

Von Silver City aus lässt sich die Region auf vielen Wanderwegen gut erkunden. In den nahen Wäldern leben Rotwild und Bären. Es gibt auch Picknickplätze.

Silver City Museum
♦♦ 🏠 312 W Broadway ⏰ Di–Fr 9–16:30, Sa, So 10–16 📅 Feiertage
🌐 silvercitymuseum.org

Western New Mexico University Museum
♦♦ 🏠 1000 W College Ave ⏰ Mo–Fr 9–16:30
📅 Feiertage 🌐 wnmu.edu/univ/museum.shtml

⑫ ♦

Gila Cliff Dwellings National Monument

🅰 E5 ☎ +1-575-536-9461
⏰ Juni–Aug: tägl 8–17; Sep–Mai: tägl. 8–16:30
📅 1. Jan, 25. Dez
🌐 nps.gov/gicl

Die im Gila National Forest zwischen Kiefern und Wacholder gelegenen Gila Cliff Dwellings (gesprochen »hiela«) zählen zu den abgelegensten archäologischen Stätten im Südwesten. Sie finden sich in fünf natürlichen Felshöhlen in einer Sandsteinklippe, die hoch über dem Gila River aufragt.

Die 40 Räume umfassende Siedlung wurde im 13. Jahrhundert von den Tularosa Mogollon errichtet. Sie waren Jäger, Sammler und Bauern. Ebenfalls in diesem Gebiet siedelten die für ihre abstrakten schwarz-weißen Keramikdekors berühmten Mimbres Mogollon *(siehe S. 56)*. Zu den Ruinen führt ein Rundweg (1,5 km) von der Brücke über die Abzweigung des Gila River aus. Die 64 Kilometer lange Fahrt von Silver City zum Monument dauert etwa zwei Stunden.

→ Besichtigung der Ruinen der Gila Cliff Dwellings

Bosque del Apache National Wildlife Refuge – Paradies für Kanadakraniche (siehe S. 234)

13 Las Cruces

🅰 E6 🏔 100 000 ℹ 336 S Main St (+1-575-541-2444) 🆆 lascrucescvb.org

Las Cruces (»Die Kreuze«) erhielt seinen Namen wegen der Gräber der frühen Siedler, die am Fuß der Organ Mountains 1787 und 1830 von Apachen überfallen wurden. Las Cruces war immer Grenzort und Knotenpunkt von Eisenbahnlinien. Auch die Interstate Highways 10 und 25 treffen sich hier. Die zweitgrößte Stadt New Mexicos ist Sitz der New Mexico State University.

Von der Stadt aus lässt sich die Region gut erkunden. Sie bietet zudem einige interessante Museen, darunter den **Branigan Cultural Complex** mit einem Cultural Center, das historische Fotografien und Arbeiten von Künstlern aus der Gegend ausstellt. Das Center organisiert auch Ausflüge zur Bicentennial Log Cabin, einem Blockhaus aus dem 19. Jahrhundert.

Branigan Cultural Complex

♿ 🏠 501 N Main St
🕐 Di – Fr 10 –16:30, Sa 9 –16:30 🗓 Feiertage
🆆 lascrucescvb.org

14 Fort Selden Historic Site

🅰 E6 🏠 1280 Fort Selden Rd, Radium Springs 📞 +1-575-526-8911 🕐 Mi – So 8:30 –17 🗓 1. Jan, Ostern, Thanksgiving, 25. Dez 🆆 nmhistoricsites.org/fort-selden

Das 1865 erbaute Adobe-Fort diente zum Schutz der Siedler und Eisenbahnbauarbeiter gegen Überfälle von Apachen und Banditen. Seine verfallenen Gebäude beherbergten vier Kompanien des 125. Infanterieregiments und Einheiten von afroamerikanischen Soldaten, den »Buffalo Soldiers«. Um 1880 verbrachte hier Douglas MacArthur, Oberbefehlshaber der Alliierten im Pazifik, zwei Jahre seiner Kindheit als Sohn des Fort-Kommandeurs. Das Fort wurde 1891 aufgegeben. Heute stellen Ranger in historischen Uniformen an einigen Wochenenden im Visitor Center das Soldatenleben im 19. Jahrhundert nach.

15 Mesilla

🅰 E6 🏔 2500 ℹ 2231 Avenida de Mesilla (+1-575-524-3262) 🆆 oldmesilla.org

Mesilla verströmt noch das Flair einer Westernstadt im späten 19. Jahrhundert. Hier wurde Billy the Kid 1881 zum Tod verurteilt. Das **Gadsden Museum** widmet sich der Lokalgeschichte.

Gadsden Museum

🅾 🏠 1875 Boutz Rd 🕐 Mi – Sa nach Anmeldung 🆆 gadsdenmuseummesilla.com

→

Statue eines »Buffalo Soldier«, Fort Selden Historic Site

Wanderung über die glitzernden Dünen des White Sands National Monument

16 (🚴) (🏍️) (🏕️)

White Sands National Monument

🅰 F6 📞 +1-575-479-6124
🕐 Zeiten der Website entnehmen; Dunes Drive: tägl. bei Tageslicht 📅 25. Dez
🅦 nps.gov/whsa

Die gleißenden Dünen des White Sands National Monument erstrecken sich im Tularosa Basin am Nordrand der Chihuahua-Wüste. Sie bilden das größte Gipssand-Dünenfeld der Welt. Wasserlöslicher Gips ist nur selten

Billy the Kid

Billy the Kid war einer der berüchtigtsten Verbrecher des »Wilden Westens«. 1859 geboren, tötete er 1877 sein erstes Opfer und floh nach Lincoln. Nach dem Krieg in Lincoln County wurde Billy von Sheriff Pat Garrett gefangen genommen und nach gescheiterter Flucht am 14. Juli 1881 von diesem erschossen. Trotz seines gewalttätigen Lebens wird der Desperado bis heute als Held verehrt.

in Sandform zu finden. Da das Gebiet aber ohne Abfluss ist, werden die vom Regen abgelagerten Sedimente nicht abtransportiert. Wenn das Regenwasser verdunstet ist, formt der Wind die Ablagerungen zu einem riesigen geriffelten Dünenfeld.

Mit dem Auto lassen sich die White Sands auf dem 26 Kilometer langen Dunes Drive erkunden. Von ihm zweigen vier markierte Wege ab, auch der für Rollstühle geeignete Interdune Boardwalk. Ranger informieren auf Führungen über Flora und Fauna. Nur Pflanzen, die so schnell wachsen, dass sie nicht vom Sand begraben werden, können hier gedeihen, etwa widerstandsfähige Yuccas. Die meisten Tiere sind nachtaktiv.

Den Park umgibt das militärische Testgebiet White Sands Missile Range. Während der Tests werden der Park und die Zubringerstraße (Hwy 70) aus Sicherheitsgründen stundenweise geschlossen. Das **White Sands Missile Range Museum** stellt Raketen aus.

White Sands Missile Range Museum

♿ 🏠 Hwy 70, 25 Meilen (40 km) östl. von Las Cruces
🕐 Mo–Fr 8–16, Sa 10–15
📅 So, Feiertage
🅦 wsmr-history.org

Alamogordo

🅰 F6 👥 31 000 ✈
ℹ 1301 N White Sands Blvd (+1-575-437-6120)
🅦 alamogordo.com

Alamogordo wurde 1898 von den New Yorker Unternehmern Charles und John Eddy als Eisenbahnstation gegründet. Die Straßen säumen Pappeln, die der Stadt auch ihren spanischen Namen verliehen: Alamogordo (»dicke Pappel«). Die Stadt entwickelte sich im Zweiten Weltkrieg durch die in der Nähe errichtete Holloman Air Force Base, ein Zentrum der Militärforschung.

Im Lincoln National Forest am Ostrand der Stadt bieten sich viele Sportmöglichkeiten (u. a. Wandern, Radfahren, Golf).

In Alamogordo befindet sich der goldene Glaskubus des **New Mexico Museum of Space History**. Es dokumentiert die Lebensbedingungen in einer Raumstation und bietet ein lebensgroßes Modell des ersten Satelliten *Sputnik* und diverse Weltraumsimulationen.

New Mexico Museum of Space History

♿ 🏠 Scenic Dr 🕐 Mo, Mi–Sa 10–17, So 12–17
📅 Thanksgiving, 25. Dez
🅦 nmspacemuseum.org

↑ *Rakete im Außenbereich von Alamogordos New Mexico Museum of Space History*

Das **International UFO Museum and Research Center** widmet sich der ernsthaften Forschung über Außerirdische. Hier kann man eine riesige Sammlung von Zeitungsausschnitten, Fotografien und Karten von der Absturzstelle sehen sowie in einem 70-minütigen Film Interviews von mehr als 400 Menschen verfolgen, die mit dem Vorfall 1947 in Verbindung standen.

Rund 2000 Exponate zur Geschichte des Westens finden sich im **Museum and Art Center**. Die Robert H. Goddard Collection widmet sich den Experimenten des Raketenforschers *(siehe S. 208f)*.

↑ *Mexican Canyon Trestle bei Cloudcroft in den Sacramento Mountains*

Cloudcroft

A F6 **🚠** 700 **ℹ** Cloudcroft Chamber of Commerce, Hwy 82 (+1-575-682-2733) **W** coolcloudcroft.com

Das Bergdorf in den Sacramento Mountains wurde 1898 als Zentrum des Holzhandels gegründet. Die 2600 Meter hoch gelegene Siedlung entwickelte sich bald zum Erholungsort für alle, die der Hitze im Tal entkommen wollten. Die parallel zur Hauptverkehrsstraße

verlaufende Burro Avenue sieht noch fast genauso aus wie um 1900. In den rustikalen Holzhäusern haben sich Souvenirläden etabliert.

Etwas außerhalb verläuft ein Pfad zum mexikanischen Canyon Trestle, Teil der Eisenbahnstrecke (19. Jh.), die nach Alamogordo führte.

Roswell

A G5 **🚠** 48 000 **ℹ** 426 N Main St (+1-575-624-6860) **W** seeroswell.com

Die kleine Rancherstadt wurde durch den Roswell-Zwischenfall 1947 zum Synonym für Aliens und UFOs.

Roswell-Zwischenfall

Am 4. Juli 1947 stürzte ein Flugobjekt 120 Kilometer nordwestlich von Roswell ab. Jim Ragsdale, der dort zeltete, gab an, einen Blitz und ein Fluggerät gesehen zu haben, das durch die Bäume wirbelte – und die Körper von vier »kleinen Menschen« mit schlangenähnlicher Haut.

Die US Air Force gab den Fund eines »unbekannten Flugobjekts« bekannt. Gerüchte über den Absturz von Aliens halten sich bis heute hartnäckig.

International UFO Museum and Research Center

♨ 🏠 🚻 **🏠** 114 N Main St **🕐** tägl. 9–17 **W** roswell ufomuseum.com

Roswell Museum and Art Center

🏠 🚻 **🏠** 1011 N Richardson Ave **🕐** Di – Sa 9–17, So 13 – 17 **W** roswellmuseum.org

Ruidoso

A F5 **🚠** 8000 **ℹ** 720 Sudderth Dr **W** ruidosonow.com

Das hoch in den kühlen Wäldern der Sacramento Mountains gelegene Städtchen zählt zu den am schnellsten wachsenden Ferienorten New Mexicos. Den Sudderth Drive säumen Läden, Kunstgalerien, Cafés und Restaurants. Die Palette der Souvenirs reicht von Kerzen bis zu Cowboystiefeln.

Ruidosos Umgebung bietet Möglichkeiten zum Wandern, Reiten, Angeln oder Golfspielen – etwa auf dem **Links at Sierra Blanca**, einem 18-Loch-Platz. Nordwestlich liegt das Skigebiet der Mescalero-Apachen, **Ski Apache**. Bekannt sind die Pferderennen auf dem **Ruidoso Downs Racetrack**.

Das **Hubbard Museum of the American West** präsentiert mehr als 10 000 Exponate (von Kunstwerken bis Kutschen). Auf dem Gelände steht die Skulpturengruppe *Free Spirits at Noisy Water* (1995).

Im Oktober feiert die Stadt beim Lincoln County Cowboy Symposium mit Country Music, Tanz, Lassowerfen (von Promis) und Speisen vom Proviantwagen das Leben im »Wilden Westen«.

Einige Kilometer nördlich finden im **Spencer Theater for the Performing Arts** in Alto Theater-, Musik- und Tanzevents statt

Links at Sierra Blanca
🏠 105 Sierra Blanca Dr
📞 +1-575-258-5330

Ski Apache
🏠 1286 Ski Run Rd
🌐 skiapache.com

Ruidoso Downs Racetrack
♿ 🏠 Hwy 70
📞 +1-575-378- 4431
🕐 Mai – Anfang Sep

Hubbard Museum of the American West
♿ 🏠 26301 Hwy 70 W
🌐 hubbardmuseum.org

Spencer Theater for the Performing Arts
♿ 🏠 108 Spencer Dr
🌐 spencertheater.com

㉑
Lincoln Historic Site
🅰 F5 🏛 100 🏠 Hwy 380
📞 +1-575-653-4372 🕐 tägl.
9 – 17 🔒 1. Jan, Ostern,
Thanksgiving, 25. Dez
🌐 nmhistoricsites.org/
lincoln

Der Ort bei den Capitan Mountains blickt auf eine bewegte Vergangenheit zurück. 1878 tobte hier der Lincoln County War, ein Krieg zwischen rivalisierenden Ranchern und Geschäftsleuten.

← *Alte Kutsche im Hubbard Museum in Ruidoso*

↑ *Nachstellung von Billy the Kids Flucht aus dem Lincoln County Jail*

Einer der Protagonisten war Billy the Kid. Damals umfasste das Lincoln County mit dem Zentrum Lincoln ein Viertel der Staatsfläche.

Lincoln ist heute Historic Site mit elf Häusern im Originalzustand vom Ende des 19. Jahrhunderts. Im Lincoln County Courthouse findet sich immer noch das Loch, das Billy the Kid auf seiner Flucht in die Wand schoss. Der Tunstall Store bietet Waren der damaligen Zeit.

Das Historic Lincoln Visitor Center & Museum informiert über die Apachen, die frühen hispanischen Siedler, die afroamerikanischen Buffalo Soldiers von Fort Stanton und den Lincoln County War.

㉒
Carlsbad
🅰 G6 🏛 26 000 ℹ 302 S
Canal St (+1-575-887-6516
🌐 carlsbadchamber.com

Die 32 Kilometer nordöstlich der Carlsbad Caverns gelegene Stadt bietet viele Möglichkeiten für Outdoor-Sportler. Angeln, Bootfahren und Wasserskifahren sind beliebte Freizeitbeschäftigungen an drei nahen Seen.

Der Living Desert Zoo and Gardens State Park beschäftigt sich mit der Ökologie der Chihuahua-Wüste.

Tour: Turquoise Trail

Länge 52 Meilen (84 km) **Start** Albuquerque
Rasten Golden, Madrid, Los Cerrillos

Der Turquoise Trail (Hwy 14) zählt zu den malerischsten Routen im Südwesten. Er verläuft durch die grandiose Landschaft der Sandia Mountains und des Cibola National Forest und stellt für Genussurlauber die perfekte Strecke zwischen Albuquerque und Santa Fe dar. Die Route ist nach dem beliebten Schmuckstein Türkis benannt und führt zu den alten Bergbaustädten Golden, Madrid und Los Cerrillos sowie zu landschaftlich reizvollen Orten, die über kurze Umwege gut zu erreichen sind. Sie können die gesamte Strecke in etwa einer Stunde bewältigen oder sich einen ganzen Tag Zeit nehmen und dabei in die einzigartige Atmosphäre von Geisterstädten eintauchen sowie in Kunstgalerien und Antiquitätengeschäften stöbern, die einige der pittoresken Orte prägen.

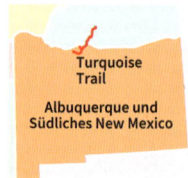

Turquoise
Trail

**Albuquerque und
Südliches New Mexico**

Zur Orientierung
Siehe Karte S. 220f

Die **Sandia Mountains** und der **Cibola National Forest** bieten viele Optionen zum Wandern, Radfahren, Reiten, Klettern und Skifahren. Auch Vogelbeobachter kommen auf ihre Kosten.

Der Highway 536 schlängelt sich zur Spitze des Sandia Crest, dem höchsten Punkt des Turquoise Trail. In 3184 Metern Höhe hat man einen fantastischen Blick auf Albuquerque und das Tal des Rio Grande.

Das **Tinkertown Museum** liegt am Sandia Crest National Scenic Byway (Hwy 536). Sehenswert sind vor allem handgeschnitzte Miniaturfiguren und animierte Dioramen.

Cedar Crest bietet Geschäfte, Restaurants und Unterkünfte (u. a. einen Campingplatz).

Im **Turquoise Museum** in Old Town Albuquerque können Sie Wissenswertes über Türkise erfahren.

Tijeras ist bekannt für die archäologische Stätte Tijeras Pueblo, in der die Kultur der Pueblo-Indianer illustriert wird.

Budaghers

Algodones

Ranchito

Sundance
Mesa

Diamond
Tail Ranch

Placitas
Tecolote

Bernalillo

Village de las
Huertas

*Sandia
Mountains*

*Sandia Crest
3184 m*

*Palomas Peak
2647 m*

*Sandia Peak
3254 m*

Tinkertown Museum

*Cibola
National
Forest* Sandia Park

San
Antonito

Los Pinos

Albuquerque

Cedar Crest

Zamora

Turquoise Museum
START

Tijeras

Tijeras Pueblo
Archaeological Site

Monticello

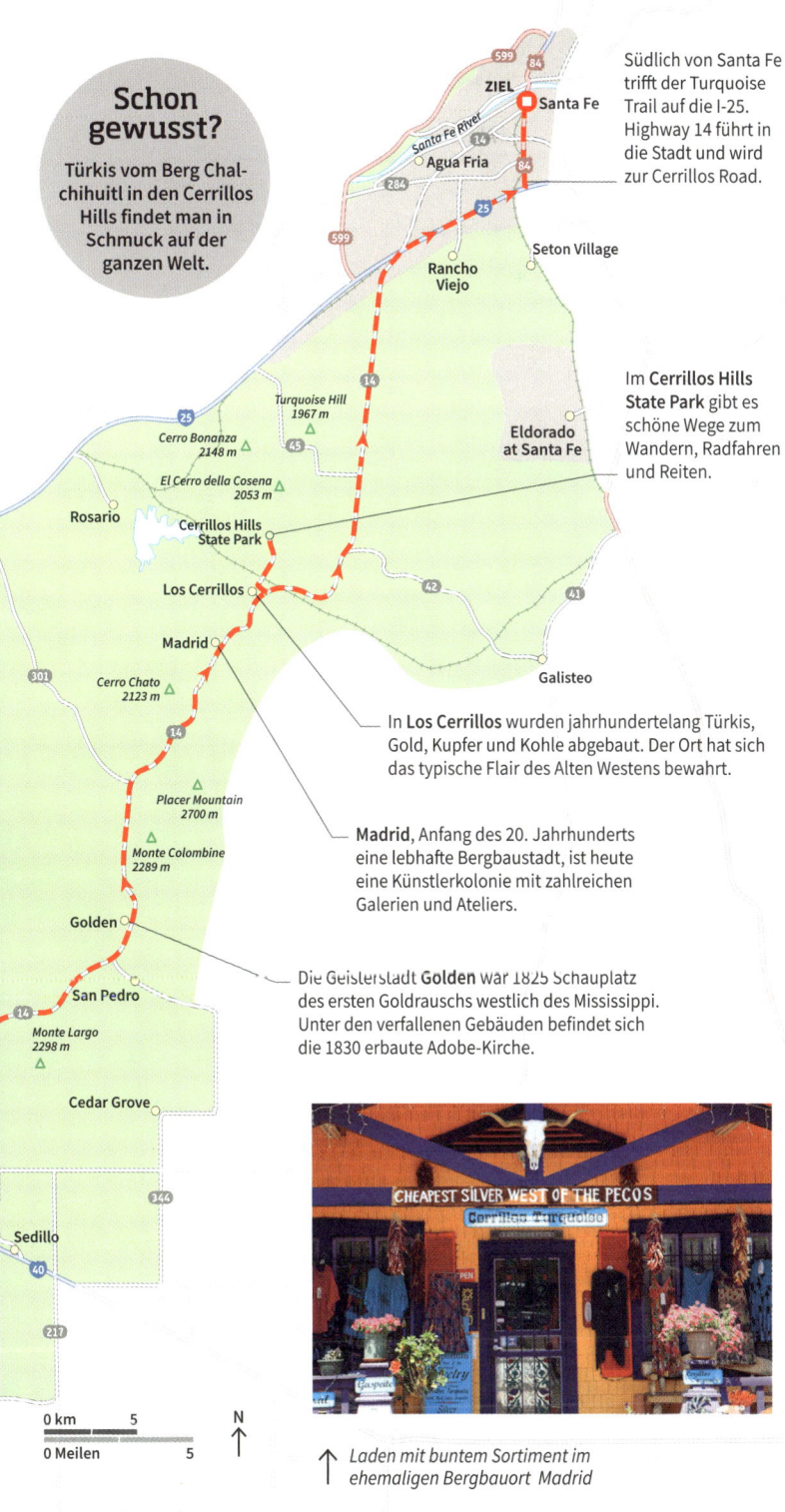

Schon gewusst?

Türkis vom Berg Chalchihuitl in den Cerrillos Hills findet man in Schmuck auf der ganzen Welt.

ZIEL

Südlich von Santa Fe trifft der Turquoise Trail auf die I-25. Highway 14 führt in die Stadt und wird zur Cerrillos Road.

Im **Cerrillos Hills State Park** gibt es schöne Wege zum Wandern, Radfahren und Reiten.

In **Los Cerrillos** wurden jahrhundertelang Türkis, Gold, Kupfer und Kohle abgebaut. Der Ort hat sich das typische Flair des Alten Westens bewahrt.

Madrid, Anfang des 20. Jahrhunderts eine lebhafte Bergbaustadt, ist heute eine Künstlerkolonie mit zahlreichen Galerien und Ateliers.

Die Geisterstadt **Golden** war 1825 Schauplatz des ersten Goldrauschs westlich des Mississippi. Unter den verfallenen Gebäuden befindet sich die 1830 erbaute Adobe-Kirche.

0 km   5
0 Meilen   5

N

↑ *Laden mit buntem Sortiment im ehemaligen Bergbauort Madrid*

Las Vegas

Im Gebiet von Las Vegas siedelten bis etwa 1150 Menschen der Alten Pueblo-Kultur und später weitere indianische Völker, darunter etwa die Paiute. Im frühen 19. Jahrhundert betraten mexikanische Kaufleute die Bühne. 1855 errichteten Mormonen hier ein Fort und legten den Grundstein für eine sich allmählich entwickelnde Siedlung.

Die offiziell 1905 gegründete Stadt Las Vegas wuchs in den 1930er Jahren durch den Bau des etwa 48 Kilometer entfernten Hoover Dam am Colorado River und die Legalisierung des Glücksspiels 1931. Die Bauarbeiter, denen das Geld in der Tasche brannte, sowie die durch den großen Damm gesicherte Strom- und Wasserversorgung ebneten den Weg für den Erfolg von »Sin City«. In den 1990er Jahren entstanden immer extravagantere Resorts, darunter Bellagio, The Venetian und Cosmopolitan.

Wer sich von der Stadt losreißt, dem bieten sich in den Naturgebieten der Umgebung, etwa am Lake Mead oder im Valley of Fire State Park mit seinen grandiosen Felsformationen, vielfältige Freizeitangebote.

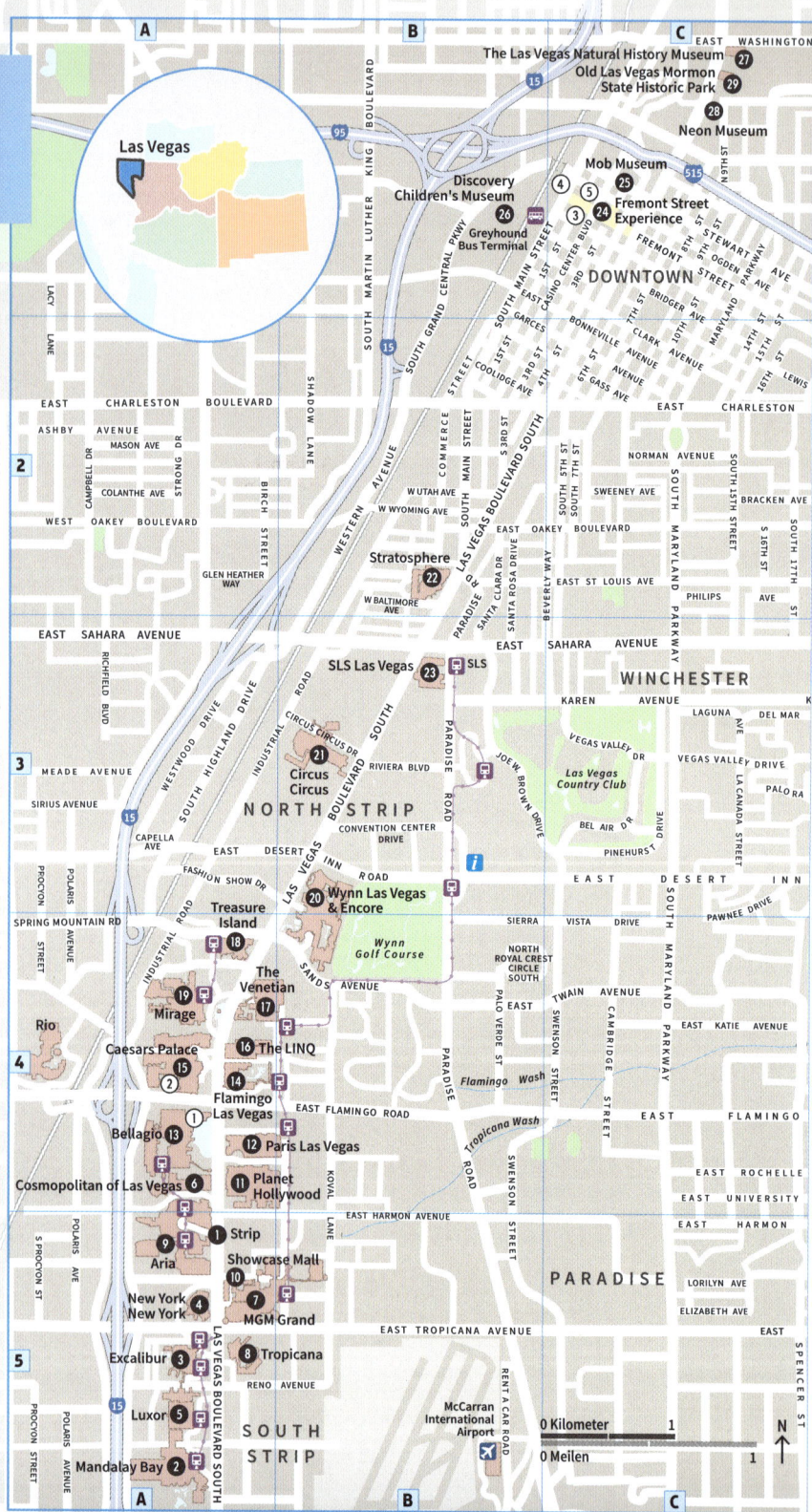

A **B** **C**

Las Vegas

EAST WASHINGTON
The Las Vegas Natural History Museum 27
Old Las Vegas Mormon 29
State Historic Park
Neon Museum 28

Discovery Mob Museum
Children's Museum 4 5 25
26 3 24 Fremont Street
Greyhound Experience
Bus Terminal
DOWNTOWN

EAST CHARLESTON BOULEVARD
EAST CHARLESTON

2

WINCHESTER

Stratosphere 22

EAST SAHARA AVENUE EAST SAHARA AVENUE

SLS Las Vegas 23 SLS

3

Circus 21
Circus
NORTH STRIP

CONVENTION CENTER
DRIVE

Treasure
Island 18
Wynn Las Vegas 20
& Encore
The Wynn
Venetian Golf Course
Mirage 19
Caesars Palace 17
Rio
16 The LINQ
15
2
Flamingo
Las Vegas

Bellagio 13 1
12 Paris Las Vegas
Cosmopolitan of Las Vegas 6
11 Planet
Hollywood
1 Strip
Aria 9
Showcase Mall
10
New York 4
New York 7
MGM Grand

PARADISE

4
Excalibur 3
8 Tropicana

5
Luxor 5
EAST TROPICANA AVENUE EAST

Mandalay Bay 2
McCarran
International
Airport
SOUTH
STRIP

0 Kilometer 1
0 Meilen 1

N

A **B** **C**

Las Vegas

Sehenswürdigkeiten

1. Strip
2. Mandalay Bay
3. Excalibur
4. New York New York
5. Luxor
6. Cosmopolitan of Las Vegas
7. MGM Grand
8. Tropicana
9. Aria
10. Showcase Mall
11. Planet Hollywood
12. Paris Las Vegas
13. Bellagio
14. Flamingo Las Vegas
15. Caesars Palace
16. The LINQ
17. The Venetian
18. Treasure Island
19. Mirage
20. Wynn Las Vegas & Encore
21. Circus Circus
22. Stratosphere
23. SLS Las Vegas
24. Fremont Street Experience
25. Mob Museum
26. Discovery Children's Museum
27. The Las Vegas Natural History Museum
28. Neon Museum
29. Old Las Vegas Mormon State Historic Park
30. Valley of Fire State Park
31. Lake Mead National Recreation Area
32. Red Rock Canyon
33. Mount Charleston
34. Hoover Dam

Restaurants

1. Picasso
2. Restaurant Guy Savoy
3. The Buffet
4. Oscar's Steakhouse
5. Top of Binion's Steakhouse

Großraum Las Vegas

NEVADA

Desert National Wildlife Range

Las Vegas National Golf Course

Valley of Fire State Park

Muddy Mountains

Mount Charleston

North Las Vegas

Darstellites Gebiet

LAS VEGAS

Lake Mead National Recreation Area

Red Rock Canyon

Mountain Springs

Blue Diamond

Boulder City

Hoover Dam

ARIZONA

Sloan

CALIFORNIA

Colorado River

Grand Canyon und Nord-Arizona
Seiten 64–87

0 km   20
0 Meilen   20

N

▽ Stars des Showbiz

Als 2003 im Hotel Caesars Palace *(siehe S. 259)* das Colosseum Theater für Auftritte von Weltstars wie Celine Dion eröffnete, zogen andere Casinos bald nach. Heute treten Popdivas wie Lady Gaga und Jennifer Lopez sowie Topkünstler wie Elton John und Robbie Williams regelmäßig auf den Casinobühnen auf.

ENTERTAINMENT IN
LAS VEGAS

Las Vegas gehört zu den schillerndsten Unterhaltungsmekkas der Welt. Jeden Tag finden Dutzende von Events statt – von kleineren Shows in den Casino-Lounges bis zu aufwendigen Produktionen in eigens gebauten Theatern. Wie einst Frank Sinatra und Elvis Presley rocken auch heute Weltstars die Bühnen.

💬 Expertentipp
Ticketkauf

Tickets für große Shows (mit oder ohne Dinner) kann man über die Websites und Hotlines der Hotels oder anderen Spielstätten buchen. Verbilligte Tickets finden Sie bei Vegas.com (www.vegas.com/shows). Die Preise für die Shows rangieren zwischen 30 und mehr als 250 $ für Topstars. Tix4Tonight (www.tix4tonight.com) bietet Tickets für Abendshows mit bis zu 50 Prozent Rabatt auf den Originalpreis. Für beliebte Shows sollte man früh buchen.

△ Sport- und Konzertarenen

In der riesigen T-Mobile Arena (3780 Las Vegas Blvd S) und der MGM Grand Garden Arena *(siehe S. 255)* spielen Superstars wie Michael Bublé, Barbra Streisand und Justin Timberlake auf. Aber auch Sportfans kommen hier bei Boxkämpfen, Wrestlingabenden und Basketballspielen auf ihre Kosten.

▽ Shows

Ein absolutes Muss in Vegas ist der Besuch einer Show des Cirque du Soleil®. Dieses beeindruckende Bühnenspektakel ist ein Mix aus zirkusähnlicher Akrobatik, Musik, Kostümen, Theater und Hightech. Top-Events sind auch die Show der Blue Man Group und die Wasserakrobatik-Show Le Rêve im Wynn Theater.

△ Lounges

Auch heute noch halten viele Casinos in Las Vegas – vor allem am Strip – an ihrer Lounge-Tradition fest. In ihren Bars bieten sie kostenloses Entertainment – u. a. Pianomusik in der Bar des New York New York am Times Square *(siehe S. 253)* oder im Napoleon's im Paris Las Vegas *(siehe S. 257)*.

▷ Magie, Comedy und Tribute-Bands

Zauberer, Puppen, Revuegirls – Entertainment in Las Vegas hat viele bunte Facetten. Jimmy Kimmels Comedy Club auf der Promenade des LINQ *(siehe S. 260)* ist nur eines der vielen Comedy-Formate. Illusionskünstler wie David Copperfield und Penn & Teller sind sehr populär. *Vegas! The Show* und andere Hommages an Granden wie Frankieboy und Elvis erinnern an klassisches Vegas-Entertainment.

 Vegas zum Shoppen
TOP 3

The Forum Shops
Marmorsäulen sind die klassische Kulisse für Luxusmarken und über 100 Shops im Caesars Palace *(siehe S. 259)*.

The Shops at Crystals
Das CityCenter besticht mit Kunstinstallationen und einer Reihe von schicken und luxuriösen Designerläden *(siehe S. 256)*.

Fashion Show Mall
ⓦ thefashionshow.com
Diese gigantische Mall zeigt in wöchentlichen Laufstegshows die hippsten Modelabels.

◁ Clubs und Bars

Von Clubs mit Lightshows, LED-Screens und berühmten DJs über Poolpartys und laute Kneipen bis zu glamourösen Cocktail-Lounges – Vegas' bunte Clubszene nimmt es mit den Top-Partymeilen der Welt auf.

Casinos in Las Vegas

Las Vegas ist und bleibt berühmt für seine Casinos. Wenn Sie dort Ihr Glück versuchen, sollten Sie keine Gewinnsträhne erwarten. Bei Einnahmen von mehr als zehn Milliarden US-Dollar jährlich liegt der Vorteil klar bei den Spielbanken. Das wissen die Casinos und wollen Sie natürlich so lange wie möglich an den Tischen halten. Verspielen Sie also nur die vorab festgelegte Summe, und lassen Sie sich nicht verführen. Sonst heißt es schnell: Rien ne va plus.

Fast 70 Prozent der 43 Millionen jährlichen Besucher der Stadt spielen. Für Anfänger wirkt ein Casino vielleicht abschreckend, aber – mit etwas Verständnis für Spielregeln – die meisten Spiele sind relativ einfach. Einige Hotels bieten in hauseigenen TV-Programmen Spielguides, und im Visitor Center gibt es Anleitungen in Papierform. Größere Casinos bieten auch gratis Lektionen an ihren Tischen an. Black Jack ist eines der beliebtesten und Craps oft das lustigste Spiel, weil man diverse Nebenwetten vereinbaren kann. Roulette ist simpel, bietet aber viele Optionen. Auch das dem Bingo ähnliche Keno ist einfach. Aus 80 Zahlen wählt der Spieler bis zu 20 Zahlen, auf die er wettet. Der Gewinn hängt davon ab, wie viele der vom Spieler ausgewählten Zahlen gezogen werden.

→

Jeton eines Casinos in Las Vegas

Tipps für den Casino-Besuch

Unter 21 Jahren ist das Spielen untersagt (evtl. Ausweis mitnehmen!), Kinder sind in Casinos nicht willkommen. Sollten Sie gewinnen, halten Sie sich an die Casino-Etikette und bedanken sich beim Croupier mit Trinkgeld. Dem Spielleiter schon vor Spielbeginn einen Jeton zuzustecken, kann von Vorteil sein. Croupiers können unerfahrene Spieler vor dummen Fehlern bewahren oder Feinheiten des Spiels erklären. Jedes Casino bietet die Player Club Card an, mit der Sie für Ihre Besuche belohnt werden – in Form von kleinen Geldbeträgen oder Preisnachlässen für Hotelzimmer oder Speisen.

Spielautomaten im Wynn Las Vegas ↑

Glücksspiele

1 Einarmige Banditen
Spielautomaten sind in den Casinos vorherrschend. Computergestützte Drucktaster und Touchscreen-Automaten bieten eine Unzahl an Spielen. Meist funktionieren sie mit Prepaidkarten, in Downtown gibt es noch einige Münzautomaten.

2 Black Jack
Ziel ist es, näher an die 21 Punkte zu kommen als der Croupier, ohne diesen Wert zu überschreiten. Die Karten entsprechen ihrer Augenzahl, Bildkarten zählen zehn, Asse nach Belieben eins oder elf. Jeder Spieler erhält offen zwei Karten. Die zweite Karte des Croupiers bleibt verdeckt. Per Hand signalisieren die Spieler, ob sie eine weitere Karte wollen (»hit« – mit dem Zeigefinger auf dem Tisch kratzen) oder nicht (»stand« – mit der flachen Hand über die Karten winken). Sind alle Spieler bedient, legt der Croupier seine zweite Karte offen. Hat er höchstens 16 Punkte, muss er eine Karte ziehen, bei mindestens 17 stoppen.

3 Craps
Spieler wetten mit oder gegen den »Shooter« (der, der würfelt) auf die Zahl, die gewürfelt wird. Der Shooter gewinnt, wenn er beim ersten Wurf eine 7 oder 11 in jeglicher Kombi (etwa 2/5, 3/4, 5/6) würfelt. 2, 3, oder 12 sind Craps: jeder verliert, und der Shooter würfelt noch einmal. Andere Zahlen als die vorgenannten werden zum »Point«-Wert. Wirft der Shooter diesen Wert erneut, bevor er eine 7 würfelt, gewinnt er. Gewürfelt wird per Hand, die Würfel müssen die andere Tischseite treffen.

4 Roulette
Eine Kugel wird in ein drehendes Rad geworfen, das – von den Zahlen 1 bis 36 – abwechselnd in rote und schwarze Fächer unterteilt ist. Dazu kommen Null und Doppelnull (beide grün markiert). Spieler setzen auf Zahlen, Zahlenbereiche oder die Farbe der Zahl, die »gezogen« wird. Spieler machen Einsätze in Form von Jetons auf dem Tisch, auf dem Zahlen und Wettmöglichkeiten abgebildet sind. Die höchste Gewinnquote für eine Zahl liegt bei 35:1.

5 Baccara
Ziel dieses Kartenspiels ist es, neun Punkte zu erreichen oder wenigstens näher an diesen Wert heranzukommen als der Gegner. Asse zählen einen Punkt, Zweier bis Neuner ihre jeweilige Augenzahl, Zehner und Bilder null Punkte.

SEHENSWÜRDIGKEITEN

❶ Strip

A4

visitlasvegas.com

Das Herz von Las Vegas schlägt am neonlichtglitzernden Las Vegas Boulevard, dem »Strip« südlich des Zentrums. Auf einer Strecke von mehr als sieben Kilometern stehlen sich hier riesige Hotels wie das Caesars Palace, das New York New York und das Bellagio, in denen sich auch zahlreiche Restaurants, Geschäfte und Casinos befinden, gegenseitig die Schau. Am schönsten sind diese Mega-Resorts abends, wenn ihre üppige Architektur im bunten Lichterglanz verspielte Fantasiereiche kreiert.

Das Bummeln über den Strip, das Aufsaugen des farbenprächtigen, geradezu schwindelregenden Flairs ist durchaus sehr unterhaltsam. Trotz der Menschenmenge kommt man zu Fuß mitunter schneller voran als mit dem Auto im zäh fließenden Straßenverkehr.

Auf dem Strip, wo die Hotels immer größer werden, gibt es ständige Veränderungen – renommierte Köche eröffnen neue Restaurants, bewährte Shows machen Platz für neue. Das erste Casino-Resort auf dem Strip war das El Rancho Vegas Hotel-Casino, das 1941 im nördlichen Teil Ecke Sahara Avenue eröffnete. In den 1950er Jahren folgte ein Bauboom, der zu einer Flut neuer Anlagen führte. Die meisten sind inzwischen verschwunden oder wurden umgestaltet.

Mit modernen Resorts wie The Venetian oder Mirage zog am Strip die Luxusliga ein. Heute erinnert hier fast nichts mehr an die derbe Zirkusatmosphäre, die die Stadt einst prägte.

❷ Mandalay Bay

A5 3950 Las Vegas Blvd S +1-702-632-7777 24 Std.

mandalaybay.com

Das Mandalay Bay am südlichen Ende des Strip hat sich dem Tropenzauber des 19. Jahrhunderts verschrieben. In dem 3000-Zimmer-Palast schaffen tropische Pflanzen sowie weiße Stuckbogen und -simse ein exotisches Kolonialflair. In seinem riesigen Casino (12 550 m²) fühlt man sich ins Singapur des ausgehenden 19. Jahrhunderts zurückversetzt. Top-Attraktion ist der wie eine Lagune angelegte Swimmingpool (45 000 m²) mit Sandstrand, Wellenmaschine und Wasserbahn. Im Vergleich zu anderen Resorts ist das Mandalay Bay zurückhaltend: Über 20 Restaurants, zwei Clubs und ein Theater, in dem oft Broadway-Musicals gastieren, verwöhnen die Gäste. Als einziges Resort am Strip bietet es mit dem Four Seasons in den oberen Etagen ein Hotel ohne Glücksspiel.

> **Am schönsten sind diese Mega-Resorts abends, wenn ihre üppige Architektur im bunten Lichterglanz verspielte Fantasiereiche kreiert.**

Heiraten in Las Vegas

Auch wenn für die meisten Besucher die Spieltische der Casinos interessanter sind: Mehr als 100 000 Paare geben sich jährlich in Las Vegas das Jawort. Erlaubt ist, was gefällt: So kann man sich in mittelalterlicher Pose, bei einem Elvis-Special oder mit einem Bungee-Sprung im wahrsten Sinn ins neue Leben stürzen. Man befindet sich in illustrer Gesellschaft: Berühmte Las-Vegas-Paare sind etwa Elvis und Priscilla Presley oder Britney Spears und Jason Alexander.

Arrangements kosten ab 100 US-Dollar, zudem ist eine Lizenz (77 $) des County of Clark Marriage Bureau erforderlich (201 E Clark Ave; tägl. 8 – 24 Uhr; www.clarkcountynv.gov).

3

Excalibur

📍 A5 🏠 3850 Las Vegas Blvd S 📞 +1-702-597-7777 🕐 24 Std. 🌐 excalibur.com

Das Excalibur ist ein Themenpark-Resort und ein Casino. Hier feiert die mittelalterliche Welt von König Artus ihre Wiederauferstehung: Der Bau gleicht mit seinen Türmen, dem Graben und der Zugbrücke äußerlich einer Burg. Ein von Rüstungen gesäumter Eingang führt ins konsequent durchgestaltete Casino, in

dem selbst einarmige Banditen »Medieval Slot Fantasy« heißen.

Im kuriosen Medieval Village in der zweiten Etage reihen sich Läden und Restaurants aneinander, etwa das Dick's Last Resort, The Buffet at Excalibur und The Camelot Steakhouse. Die Läden und Kioske des Castle Walk verkaufen Waren und Souvenirs, die mit der mittelalterlichen Thematik des Hotels zu tun haben.

Fun Dungeon, die hauseigene Spielhalle mit mehr als 200 aufregenden Spielen, ist bei Familien beliebt.

4

New York New York

📍 A5 🏠 3790 Las Vegas Blvd S 📞 +1-702-740-6969 🕐 24 Std. 🌐 newyorknewyork.com

Die nach der Skyline Manhattans gestaltete Fassade des New York New York dominiert den Strip an der Ecke zur Tropicana Avenue. Vor dem Hotel, in dessen Vorderfront zwölf von Manhattans Wahrzeichen (z. B. Empire State, Chrysler oder Seagram Building) zu erkennen sind, steht ein Modell der Freiheitsstatue (46 m). In den Bereichen rund um das Casino finden sich viele New Yorker Highlights, darunter Times Square und Brooklyn Bridge.

Um den Komplex und auch durch das Casino wirbelt die bis zu 108 Stundenkilometer schnelle Achterbahn im Coney-Island-Stil.

Es gibt viele Cafés, Restaurants und Bars zwischen den »Brownstones«, die den Häusern im New Yorker Greenwich Village nachempfunden sind.

←

Bellagio und Paris Las Vegas: Ikonen in der schillernden Glitzerwelt des Strip

5

Luxor

A5 ⌂ 3900 Las Vegas Blvd S ☎ +1-702-262-4000 🕑 24 Std. 🌐 luxor.com

Der berühmte 30-stöckige Pyramidenbau des 1999 eröffneten Luxor wurde schnell zu einem neuen Wahrzeichen von Las Vegas. Auch wenn es im realen ägyptischen Luxor keine Pyramiden gibt, so ist die detailverliebte Architektur im Stil des alten Ägypten dennoch beeindruckend. Farbenprächtig bemalte Tempelsäulen schmücken das Casino, eine Reproduktion von Kleopatras Obelisken mit dem Namen des Hotels ziert den Eingang. Die Besucher betreten die Pyramide und das volle, recht laute Casino durch die Beine einer gigantischen Sphinx. Die Wände in der Spielhalle sind mit kopierten Malereien und Hieroglyphen aus dem Tempel von Karnak dekoriert.

Als Huldigung an altägyptische Religionsvorstellungen wird von der Spitze der Pyramide der Luxor Sky Beam in den Himmel projiziert. Dieser Lichtstrahl ist so stark, dass er aus Flugzeugen, die über dem 400 Kilometer entfernten Los Angeles kreisen, gesehen werden kann.

Zu den beliebtesten Attraktionen im Luxor zählt nach wie vor eine kostenlose Fahrt in den Gästeliften (den *inclinators*), die an den schrägen Wänden der Pyramide emporsausen.

Bodies: The Exhibition zeigt plastinierte menschliche Körper und Hunderte von Organen. Die Exemplare geben einen einmaligen, dreidimensionalen Einblick in den menschlichen Körper mit Knochen, Muskeln sowie Blut- und Nervenbahnen.

In **Titanic: The Artifact Exhibition** wird die tragische Geschichte der »Titanic« erzählt, die in einer ruhigen Nacht 1912 im Nordatlantik sank, nachdem sie einen Eisberg gerammt hatte. Gezeigt werden Objekte von der »Titanic«, darunter eine ungeöffnete Champagnerflasche von 1900.

Bodies: The Exhibition
♿ ⌂ Luxor
🕑 tägl. 10–22

Titanic: The Artifact Exhibition
♿ ⌂ Luxor
🕑 tägl. 10–22

6

Cosmopolitan of Las Vegas

A4 ⌂ 3708 Las Vegas Blvd S ☎ +1-702-698-7000 🕑 24 Std. 🌐 cosmopolitanlasvegas.com

Das Cosmopolitan liegt in zwei Wolkenkratzern am Strip zwischen Bellagio und CityCenter. Es bietet ein Casino (9300 m²), ein Spa mit dem Ambiente einer Oase und drei Pools. Die 2995 Zimmer mit Marmorbädern haben Glastüren, die sich zu einer großen Terrasse hin öffnen. Einige Suiten besitzen Küchen. Unter den rund zwei Dutzend Restaurants finden Gäste fast jede Art von Kulinarik, etwa chine-

Schon gewusst?

Die Vesper Bar im Cosmopolitan ist nach James Bonds Lieblingscocktail, dem Vesper, benannt.

←

Fassade des Luxor mit Sphinx und Pyramide mit dem Lichtstrahl Luxor Sky Beam

7 (icons)

MGM Grand

A5 3799 Las Vegas Blvd S +1-702-891-7777 24 Std.
 mgmgrand.com

Vor dem grünen MGM Grand thront die 14 Meter hohe Statue des berühmten Löwen des MGM Filmstudios. Der Originalbau aus den 1970er Jahren hieß nach einem Greta-Garbo-Film aus dem Jahr 1932 »Grand Hotel« und befand sich am Standort des heutigen Bally's am Strip. 1980 zerstörte die schlimmste Brandkatastrophe in der Geschichte von Las Vegas das Hotel.

Nach der Wiedereröffnung entstand 1993 das MGM Grand am Strip/Ecke Tropicana Avenue. Der Mammutbau bezog sich auf den Film *Der Zauberer von Oz*.

Zu den einst 5000 Zimmern, die das MGM Grand zum weltgrößten Hotel machten, sind 1728 Suiten in den drei Hoteltürmen des Komplexes hinzugekommen.

Weiterhin gibt es 51 luxuriöse Sky Lofts, das Casino (9800 m²) und Top-Restaurants, darunter das Morimoto und das Joël Robuchon Restaurant.

Das MGM Grand bietet Clubs wie Wet Republic, der Teile des Pool-Komplexes der Hotelanlage einnimmt. Auch tagsüber gibt es diverse Attraktionen wie etwa **CSI: The Experience**. Hier werden die Teilnehmer quasi zu forensischen Experten, die eine nachgestellte Mordszene kriminaltechnisch untersuchen und aufklären.

Die Grand Garden Arena ist Auftrittsort berühmter Namen des Showbizz, etwa Barbra Streisand, Andrea Bocelli und Kanye West. Hier finden auch Sport-Events und Boxweltmeisterschaften statt. Berühmt-berüchtigt wurde 1997 der Kampf, bei dem Mike Tyson das Ohr von Evander Holyfield abbiss. Im kleineren Hollywood Theater treten Top-Entertainer wie David Copperfield und Comedians wie Drew Carey und Lewis Black auf.

CSI: The Experience
  MGM Grand
 tägl. 9 – 21
 csitheexperience.org

sisch-mexikanische Fusionsküche im China Poblana, spanische Tapas im Jaleo oder nordamerikanische Küche im Beauty & Essex. Das Chandelier, eine der vielen Bars, erstreckt sich über drei Ebenen – jede ist nach einem anderen Thema dekoriert. Der Marquee Nightclub & Dayclub kombiniert Clubbing und Spaß im Pool.

Perlenbesetzte Lichtvorhänge in der Chandelier Bar des Cosmopolitan of Las Vegas ↑

8 Tropicana

📍 A5 🏨 3801 Las Vegas Blvd S 📞 +1-702-739-2222 🕐 24 Std. 🌐 troplv.com

Das Tropicana von 1957 gehört zu den wenigen Hotels aus den 1950er Jahren, die dem Strip erhalten blieben. In den Folies Bergère traten 1973 erstmals die Illusionisten Siegfried & Roy auf. Das 2009 umgebaute Resort glänzt mit üppigen tropischen Gärten und der Architektur im Stil von Miami South Beach. Zu seinen Attraktionen zählt der Wasserpark. Zwischen Wasserfällen und exotischen Pflanzen stolzieren Flamingos, Papageien und Schwäne.

Der Haupt-Pool bietet eine Bar – zudem muss man hier nicht auf das Glücksspiel verzichten: Schwimmende, wasserfeste Blackjack-Tische mit Geldtrockner ermöglichen Casinospaß auch im Nassen.

Das Tropicana verfügt über etliche Spas im Freien für die ultimative Entspannung. Besucher kommen hierher, um den grellen Lichtern und der Hektik der Stadt zu entfliehen und im tropischen Grün zu relaxen.

9 Aria

📍 A5 🏨 3730 Las Vegas Blvd S 📞 +1-702-590-9230 🕐 24 Std. 🌐 aria.com

Etwas weiter weg vom Strip liegt das Aria Resort & Casino, das so gar nicht dem Las-Vegas-Stil entspricht. Interessant sind die Skulpturensammlung mit Werken von Maya Lin, Henry Moore und Jenny Holzer, die Restaurants, die von renommierten Köchen wie Julian Serrano und Michael Mina geführt werden, sowie der ultrahippe Club Jewel. Die mit Hightech ausgestatteten 4004 Zimmer besitzen Panoramafenster mit grandiosem Blick auf Las Vegas.

Mehrere einzigartige Wasserspiele, die von dem Team entworfen wurden, das auch die Springbrunnen des Bellagio konzipierte, zieren die Frontseite des Aria. Das Herzstück ist *Lumia*, ein Springbrunnen neben dem Haupteingang, in dem Strahlen umherflitzen und in Mustern aufeinandertreffen.

Der ganze Komplex gibt sich ökologisch – mit natürlichen Lichtquellen und wiederaufbereitetem Wasser. Sogar die Automaten des Aria sind energiesparend: Ihre Sockel dienen als Klimaanlage, die die Gäste von unten her kühlen.

Aria ist das Zentrum des CityCenter, eine Stadt in der Stadt. Ihre fünf Bereiche erstrecken sich zwischen dem Monte Carlo im Süden und dem Bellagio im Norden. Eine futuristische Tram fährt Besucher kostenlos in drei Minuten von einem Ende des Areals zum anderen.

Besonders beeindruckend ist die Crystals Mall, ein Center mit Designer-Outlets und einem Restaurantbereich, das durch seine innovative Architektur, die Innengärten, Skulpturen und Wasserspiele besticht. Hier gibt es auch viele Top-Läden, darunter Tom Ford, Tiffany & Co. und die größte amerikanische Filiale von Louis Vuitton. Darüber hinaus gibt es hier eine Reihe von Gourmetrestaurants und Kunstgalerien.

→ *Bellagio mit Wasserspielen und Paris Las Vegas mit einer Nachbildung des Eiffelturms*

Schon gewusst?

Rund 4500 Lichtquellen erhellen die Wasserspiele vor dem Bellagio.

10 Showcase Mall

📍 A5 🏨 3785 Las Vegas Blvd S 📞 +1-702-597-3122 🕐 Öffnungszeiten variieren je nach Attraktion

Eine 33 Meter hohe Neon-Coca-Cola-Flasche dominiert die Showcase Mall, den Einkaufs- und Unterhaltungskomplex, der auch als Sitz von M&M's® World bekannt ist. Der Laden von M&M's® erstreckt sich über vier Stockwerke – mit Massen an Schokolade, Süßigkeiten und Attraktionen zu diesem Thema.

> **Das Tropicana verfügt über etliche Spas im Freien für die ultimative Entspannung. Besucher kommen hierher, um den grellen Lichtern und der Hektik der Stadt zu entfliehen.**

🅫 ♿ Planet Hollywood

📍 A4 🏠 3667 Las Vegas
Blvd S 📞 +1-702-785-5555
🕐 24 Std. Ⓦ caesars.com/
planet-hollywood

Früher stand hier das Aladdin, in dem 1967 (damals hieß es Planet Hollywood Resort & Casino) die Hochzeit von Elvis und Priscilla Presley stattfand. Im Jahr 2007 eröffnete das Planet Hollywood an dieser Stelle. In der glamourösen Lobby im Stil der 1930er Jahre funkeln acht Kristallleuchtersäulen. Die beiden Pools bieten Cocktails im Freien.

Das Planet Hollywood konzentriert sich vor allem auf Erwachsenenunterhaltung. Im Haupttheater des Hotels locken zugkräftige Namen.

Die Miracle Mile, die Shopping Mall des Hotels, windet sich über eine Meile lang um das Casino und zeigt noch Spuren des Dekors aus Tausendundeiner Nacht, das auf die Aladdin-Ära zurückgeht. Hier findet man 170 Läden, mehr als 30 Bars und Restaurants sowie ein weiteres Theater, das häufig wechselnde Shows bietet.

🅬 Ⓜ ♨ 🍴 🛍 ♿ Paris Las Vegas

📍 A4 🏠 3655 Las Vegas
Blvd S 📞 +1-877-603-4386
🕐 24 Std. Ⓦ parislv.com

Das Resort sieht wie eine Hollywood-Version der französischen Hauptstadt aus – stilecht mit Nachbauten Pariser Wahrzeichen wie Louvre, Hôtel de Ville und Arc de Triomphe. Dominiert wird der Komplex von einer Kopie des Eiffelturms (halbe Größe des Originals), dessen Lift Besucher zur Aussichtsplattform oder in das rund 100 Meter hoch gelegene Gourmetrestaurant bringt. Die Casinoarchitektur huldigt mit gusseisernen Straßenlaternen dem Leben an der Seine unter einem fabelhaften gemalten Himmel.

Die Kopfsteinpflasterstraßen am Rand des Casinos säumen Läden mit einem kostspieligen französischen Warenangebot, darunter Wein, Käse und Schokolade. Das Paris bietet fünf Bars, ein Wellness-Center, zwei Hochzeitskapellen und 15 Restaurants.

🔺 Schöne Aussicht
Mon Ami Gabi

Genießen Sie feine französische Küche im Pariser Bistro-Stil des Mon Ami Gabi im Paris Las Vegas. Beim Essen im Freien blicken sie auf die grandiosen Wasserspiele des Bellagio.

---

13 (M) (Y) (&)

Bellagio

📍 A4 🏠 3600 Las Vegas Blvd S ☎ +1-702-693-7111 🕐 24 Std. 🌐 bellagio.com

Wo einst das Hotel Dunes stand, erstreckt sich seit 1998 das für 1,6 Milliarden US-Dollar erbaute Luxusresort Bellagio. Vorbild für seine ocker- und terrakottafarbige mediterrane Architektur ist die gleichnamige norditalienische Stadt, der davor gelegene drei Hektar große See wurde dem Comer See nachgebildet. Zu den Attraktionen des Hotels zählt der in diesen See integrierte Springbrunnen, der regelmäßig faszinierende Wasserspiele präsentiert. Der zu Musik choreografierte, von visuellen Effekten wie Nebel und beeindruckenden Lichteffekten begleitete Wassertanz lockt Zuschauer in Scharen an.

Bei der Innenausstattung des Bellagio wurden keine Kosten gescheut: Mosaiken aus Marmor schmücken die Böden aller Lobbys. Die Decke der Haupt-Lobby zieren farbenprächtige Glasblumen. Das Casino wirkt lichtdurchflutet und luftig.

Die für viele Besucher erstaunlichste Attraktion ist wohl der Wintergarten, der an die Lobby grenzt. Er bietet ein Farbenspiel wechselnder Pflanzen und Blüten. Etwas weiter vom Strip entfernt befindet sich die **Gallery of Fine Art** mit Wechselausstellungen von Werken berühmter Künstler.

Gallery of Fine Art

🏠 Bellagio ☎ +1-702-693-7871 🕐 tägl. 10–20

14 (Y) (&)

Flamingo Las Vegas

📍 A4 🏠 3555 Las Vegas Blvd S ☎ +1-702-733-3111 🕐 24 Std. 🌐 caesars.com/flamingo-las-vegas

↑ *Leuchtende Federn an der Fassade des Flamingo Las Vegas*

Die rosa und orange leuchtenden Federn an der Fassade des Flamingo sind für viele *das* Wahrzeichen von Las Vegas. Von dem ursprünglichen Casino von 1946 ist jedoch nichts mehr geblieben: Die letzten Reste des Baus, einschließlich der Privatsuite von Bugsy Siegel *(siehe Kasten)*, fielen 1976 den Bulldozern zum Opfer.

Eines der wenigen noch verbliebenen Andenken an den einst am Hotel beteiligten berüchtigten Gangster ist ein kleines Denkmal nahe der Hochzeitskapelle.

Ein 130 Millionen US-Dollar teurer Umbau schuf in den 1990er Jahren eine der elegantesten Poolanlagen von Las Vegas: einen Park (6 ha) mit zwei olympiareifen Becken, um die Palmen und tropische Pflanzen wachsen. Die Anlage bietet zudem ein Kinderbecken, zwei Jacuzzis, eine Wasserrutsche, die zu drei weiteren Pools führt.

Das Flamingo Wildlife Habitat auf dem Hotelgelände umfasst auch eine Insel. Hier leben u. a. Flamingos und Schildkröten. Die Attraktion ist auch für Nicht-Hotelgäste zugänglich.

Bugsy Siegel

Benjamin Siegel wurde »Bugsy« genannt. In den 1930er Jahren zog der Gangster aus New York City nach Los Angeles. Er ließ in Las Vegas das luxuriöse Hotel und Casino Flamingo errichten. Ein Jahr nach Eröffnung 1946 wurde er von seinen Partnern ermordet. Vermutlich hatte er sich zu sehr in den Vordergrund gedrängt. An der Stelle des alten Flamingo steht nun ein Luxushotel.

> Das Flamingo Wildlife Habitat auf dem Hotelgelände umfasst auch eine Insel. Hier leben u. a. Flamingos und Schildkröten. Die Attraktion ist auch für Nicht-Hotelgäste zugänglich.

15 〔🍴〕〔🛍〕〔♿〕

Caesars Palace

📍 A4 🏨 3570 Las Vegas Blvd S ☎ +1-702-731-7110 🕐 24 Std. 🌐 caesars.com/caesars-palace

Römische Statuen, griechische Säulen und Cocktail-Kellnerinnen in Togen – das 1966 eröffnete Caesars Palace griff von Anfang an bei der Antike in die Vollen. Dekor und Kellnerinnen gehören noch immer zum Ambiente, das sich seit einer 600 Millionen US-Dollar teuren Renovierung in den 1990er Jahren weniger kitschig, dafür eleganter präsentiert.

Das klassische Las-Vegas-Casino war das erste Themenhotel am Strip. Es erwarb sich einen Ruf als Bühne für Top-Künstler – von Andy Williams in den 1960er bis Celine Dion und Elton John in den 2010er Jahren. Seit den 1980er Jahren finden im Caesars auch internationale Sport-Events wie Tennisturniere mit Stars wie John McEnroe und André Agassi oder Boxkämpfe mit Heroen wie Muhammad Ali und Mike Tyson statt.

Zum Hotel gehören drei Casinos, vier Bars, ein Wellness-Center und der Garden of the Gods mit vier Pools. Die elegante Vorderfront des Caesars zieren Brunnen und Zypressen sowie eine sechs Meter hohe Caesar-Statue. Die renovierten Casinos verströmen mit ihren hohen Decken und hellem Dekor ein elegantes Flair.

Am Eingang zu den exklusiven Forum Shops setzt sich das Thema »Antike« genauso imposant fort wie im Hotel und Casino. An der Decke des mit Statuen und einem Relief geschmückten Portikus strahlt ein Himmel in Trompe-l'Œil-Malerei.

Nachbildungen von Brunnen in Rom (Trevi- und Triton-Brunnen) schmücken einen weitläufigen Platz, der von einer Glaskuppel überwölbt wird und in dessen Zentrum sich ein spiegelndes Wasserbecken befindet. Ein spiralförmiger Aufzug führt zur Shopping Mall mit mehr als 160 Boutiquen und anderen Läden sowie Restaurants, u. a. chinesische, italienische und Seafood-Restaurants.

→

Opulente Forum Shops und Glaskuppeldecke im Caesars Palace

Restaurants

Picasso

Die kreative Speisekarte von Julian Serrano prägen französisch-mediterrane Aromen.

📍 A4 🏨 Bellagio 🕐 mittags, Di 🌐 bellagio.com

💲💲💲

Restaurant Guy Savoy

Der mit einem Michelin-Stern ausgezeichnete Guy Savoy serviert klassische Gerichte.

📍 A4 🏨 Caesars Palace 🕐 mittags; Mo, Di 🌐 caesars.com/caesars-palace

💲💲💲

Schon gewusst?

Der High Roller im LINQ Hotel ist mit 168 Metern das höchste Riesenrad der Welt.

16 🍴 🖥 🛍 ♿

The LINQ

📍 A4 🏠 3535 Las Vegas Blvd S ☎ +1-800-634-6441 🕐 24 Std. 🌐 caesars.com/linq

Das LINQ Hotel und Casino entstand 1959 unter dem Namen Flamingo Capri (neben dem eigentlichen Flamingo) und wurde 1979 zum Imperial Palace umgebaut, das wiederum 2014 zum LINQ wurde.

Die 2640 Zimmer sind elegant und modern und zeigen stimmungsvolle Farbakzente. In den legeren Restaurants wird alles von Donuts über mexikanische Gerichte bis zu Brunch angeboten. Es gibt auch ein Show-Theater, einen Pool und eine futuristische Bar.

Wie viele andere Resorts verfügt das Hotel über eine eigene Shopping Mall, die LINQ Promenade. Weitere Attraktionen sind das Riesenrad High Roller und die Fly LINQ Zipline, in der die Gäste zwölf Etagen über der Promenade schweben.

17 🎭 🍴 🛍 ♿

The Venetian

📍 A4 🏠 3355 Las Vegas Blvd S ☎ +1-702-414-1000 🕐 24 Std. 🌐 venetian.com

Der erstaunliche Nachbau der Lagunenstadt hat – zusammen mit seinem Schwester-Resort, dem Palazzo – 7000 Suiten. Zusammen bilden sie den neuen Typ Mega-Resorts von Las Vegas. The Venetian wurde 1999 an der Stelle errichtet, an der früher das legendäre Sands Hotel stand, das für das »Rat Pack« *(siehe S. 264)* sowie für einen schwimmenden Craps-Tisch bekannt war. Es wurde 1996 abgerissen.

An der Strip-Seite des Venetian blicken die Nachbauten des Dogenpalasts, des Campanile und der Ca' d'Oro auf das blaue Wasser des Canal Grande, an dessen Rialto-Brücke Gondeln festmachen. Spezialisten stellten sicher, dass jedes Detail stimmt, sogar der Beton wurde um 400 Jahre »gealtert«.

Von den Kolonnaden des Dogenpalasts eröffnet sich der schönste Blick auf den Strip. Im Inneren gibt es einen weiteren Kanal mit Gondeln, die zu den Grand Canal Shoppes schippern. Zwischen den Top-Läden und Restaurants setzen Kopfsteinpflasterwege und Brücken den venezianischen Traum fort. Das Ganze überspannt ein blauer, gemalter Himmel, der einem Renaissance-Gemälde gleicht. Den Komplex zieren üppige Marmorböden, Statuen und Kopien berühmter venezianischer Gemälde. Die Kuppel der vorderen Lobby ist mit Szenen von venezianischen Meisterwerken ausgemalt. Am Eingang zu den Grand Canal Shoppes prangt eine Kopie von Veroneses *Apotheose Venedigs* von 1538.

Am Ende der Mall führen Fußgängerbrücken zum ähnlich gestalteten Palazzo (2008), der auch Läden, Restaurants und Clubs bietet.

Performance von Mystère™ des Cirque du Soleil® im Theater von Treasure Island

18 🍴 ♿

Treasure Island

📍 A4 🏠 3300 Las Vegas Blvd S 📞 +1-702-894-7111 🕐 24 Std.
🌐 treasureisland.com

Das Hotelresort mit Casino steht für luxuriöse Unterbringung und ausgezeichneten Service. Das einstige Thema »Piraten« ist in den Hintergrund getreten. Das Hotel zielt auf junge Erwachsene und kürzt sich gern TI ab – was weniger an Piraten errin-nert. Gäste können im hoteleigenen Spa entspannen oder im beheizten Außenpool an Cocktails nippen. Es gibt acht Restaurants, darunter auch eine Mexiko-Themen-Filiale der Restaurantkette Señor Frog's, sowie etliche Bars und Lounges. Zu den Clubs gehört die Kahunaville Party Bar.

Im Hotel gastiert auch der berühmte Cirque du Soleil® mit *Mystère*™ in einem eigenen Theater.

19 🍴 ♿

Mirage

📍 A4 🏠 3400 Las Vegas Blvd S 📞 +1-702-374-9000 🕐 24 Std. 🌐 mirage.com

Das Hotelcasino öffnete im Herbst 1989 seine Tore. Damals war der unglaubliche 620 Millionen US-Dollar teure Bau mit seinen 3000 Zimmern das größte Hotel der USA. Zielgruppe des Riesenkomplexes waren nicht nur Glücksspieler, sondern auch Urlauber und Teilnehmer von Tagungen.

Das Mirage veränderte den Strip grundlegend, da es nicht mehr nur auf die Anziehungskraft der Casinos setz-te, sondern eine Art Wunderland für Erwachsene schuf.

Der Komplex umfasst am Strip den Block zwischen Caesars Palace und Treasure Island. Die Attraktionen des Mirage ziehen Gäste und Las-Vegas-Besucher gleichermaßen an. Bereits an der imposanten Vorderfront lockt eine Art Südseeinsel mit tropischen Gärten, Wasserfällen und Lagune.

Highlight der Show ist ein Vulkan, der tägl. um 20 und 21 Uhr (Fr, Sa auch 22 Uhr) explodiert und Feuer und Rauch spuckt.

Im Inneren wird das mit echten und künstlichen exotischen Pflanzen gestaltete Atrium mithilfe von Computertechnik befeuchtet. Hinter der Rezeption tummeln sich in einem riesigen Aquarium farbenprächtige Fische und kleine Haie. Besucher können im Mirage spielen, durch Designerläden bummeln, in 16 Restaurants und Bars entspannen oder eine der vielen zauberhaften Shows (z. B. *LOVE*™ des Cirque du Soleil®) besuchen.

Im Venetian: Gondeln auf dem Canal Grande unter gemaltem Himmel

---

Golf in Las Vegas

Las Vegas verfügt über Dutzende großartiger Golfplätze, die häufig in einer grandiosen Landschaft liegen. Neben exklusiven Plätzen für Meisterschaften gibt es auch viele öffentliche, von denen einige nur einen Katzensprung vom Strip entfernt sind. An Hotelrezeptionen können Sie sich über Golfplätze in der Nähe informieren. Einige Resorts wie das Mirage bieten Arrangements mit Golfplätzen.

↑ *Von Bäumen gesäumter Weg unter der Glasdecke des Wynn's Atrium*

Der 350 Meter hohe Stratosphere Tower ist ein Wahrzeichen von Las Vegas und darüber hinaus das höchste Gebäude der Stadt.

Wynn Las Vegas & Encore

📍 B3 🏠 3131 Las Vegas Blvd S 📞 +1-702-770-7000
🕐 24 Std.
🌐 wynnlasvegas.com

Das Äußere der Bronze-Glas-Fassaden des Wynn Las Vegas und seines Schwesterhotels Encore ist nicht ganz so schillernd wie das anderer Hotels am Strip, gleichwohl beeindruckend. Die beiden Gebäude stehen vor der Kulisse der Wüste und einer Bergkette und bieten eine herrliche Aussicht.

In den beiden 60 Stockwerke hohen Türmen ist Opulenz und Exklusivität angesagt. Das Resort gilt als einer der teuersten und schicksten Orte der Stadt.

Vom Haupteingang des Wynn gelangen Besucher ins Atrium mit seinen baumbestandenen Wegen. Im Zentrum des Hotels liegt der Lake of Dreams mit einem künstlichen Berg – Kulisse für die Kaskaden eines imposanten Wasserfalls. Das Wynn bietet zudem einen schönen 18-Loch-Golfplatz, auf dem PGA- und LGPA-Turniere ausgetragen werden.

Das Encore gehört zu den Nightlife-Orten der Stadt. Der Encore Beach Club wurde 2012 durch die Eskapaden von Prince Harry bekannt. Das XS besitzt einen drei Meter hohen rotierenden Kronleuchter und einen Patio mit Bars und Pool.

Die Casinos des Resorts sind für hohe Spieleinsätze bekannt: Das Sky Casino des Encore akzeptiert nur Einsätze über 300 000 US-Dollar. Für weniger Betuchte: Es gibt auch *slot machines*, Spieltische und Pokerrunden.

Circus Circus

📍 B3 🏠 2880 Las Vegas Blvd S 📞 +1-702-734-0410
🕐 24 Std.
🌐 circuscircus.com

Das Circus Circus am Nordende des Strip wurde 1968 eröffnet. Es ist auf Familienunterhaltung spezialisiert und lockt u. a. mit preisgünstigen Restaurants und Büfetts sowie einem guten Steakhaus.

Der gigantische Komplex beherbergt einen der größten überdachten Themenparks in ganz Nevada. Unter einer riesigen rosa Kuppel erstreckt sich im **Adventuredome** ein stets 22 °C warmer Landschaftspark im Stil des Südwestens mit typischen Sandsteinfelsen, Höhlen und Wasserfall. Es umfasst ein FX-

Las Vegas für Kinder

Die Stadt bietet viel Spaß für Kinder. Viele Shows sind familienfreundlich. Resorts wie Excalibur und Circus Circus haben fantastische Erlebnispools mit Rutschen. Adventuredome im Circus Circus ist ein Top-Vergnügungspark, das Resort bietet auch tägliche Clownshows. Nördlich des Strip steht das Discovery Children's Museum (siehe S. 267).

4-D-Theater und zwei fabelhafte Achterbahnfahrten: El Loco und Canyon Blaster.

Über dem Hauptcasino der insgesamt vier Casinos bietet der Big Top einen Rundweg mit traditionellen Spielen, bei denen die Kinder die Gewinner sind. Häufig sieht man dort den Nachwuchs dick bepackt mit Spielzeug umherspazieren. Zudem finden täglich zwischen 11 Uhr und Mitternacht alle 30 Minuten Zirkusvorführungen statt. Dabei fliegen Weltklasse-Akrobaten hoch über den Köpfen der Spieler im Casino, die währenddessen unermüdlich Spielautomaten mit Kleingeld füttern.

Adventuredome
⊘ 🏠 Circus Circus
🕐 tägl. (Details der Website entnehmen)
🅦 adventuredome.com

Stratosphere
📍 B2 🏠 2000 Las Vegas Blvd S 📞 +1-702-380-7777
🕐 24 Std.
🅦 stratospherehotel.com

Das Resort am Nordende des Strip liegt etwas abseits von den großen Attraktionen. Sein 350 Meter hoher Stratosphere Tower ist ein Wahr-zeichen von Las Vegas und darüber hinaus das höchste Gebäude der Stadt. Von den hoch gelegenen Innen- und Außenplattformen öffnet sich ein unvergleichlicher Blick auf die Stadt, die sie umgebende Wüste und die Berge. Beliebt ist zudem das Drehrestaurant.

Ein Lift schießt in nur 30 Sekunden zur Turmspitze, wo sich einige atemberaubende Attraktionen finden: **X-Scream** ist eine riesige Wippe, die Fahrgäste acht Meter über den Turmrand schwingt. **Insanity** bringt Menschen in 275 Meter Höhe. Beim **SkyJump** geht es 260 Meter im freien Fall in die Tiefe (der höchste kontrollierte freie Fall der Welt).

Das Stratosphere Hotel bietet zwei Shows sowie verschiedene Restaurants und Läden.

X-Scream, Insanity, und SkyJump
⊘ 🏠 Stratosphere
🕐 So – Do 10 –1, Fr, Sa, Feiertage 10 – 2

SLS Las Vegas
📍 B3 🏠 2535 Las Vegas Blvd S 📞 +1-702-761-7000
🕐 24 Std.
🅦 slslasvegas.com

↑ *Effektvoll illumnierter Casinosaal im SLS Las Vegas*

Das ehemalige Sahara Hotel and Casino, einst das bevorzugte Ziel von Berühmtheiten wie den Beatles, Frank Sinatra und des »Rat Pack« *(siehe S. 264)* wurde 2014 nach einer Renovierung im Wert von 415 Millionen Dollar als SLS Las Vegas wiedereröffnet und im Jahr 2018 für weitere 100 Millionen Dollar aufgewertet. Markenzeichen ist die künstlerisch skurrile Innenausstattung des renommierten Pariser Designers Philippe Starck. Mehr als 1600 Zimmer und Suiten verteilen sich auf drei Türme, die Zimmer in jedem Turm sind in verschiedenen Stilrichtungen gehalten.

Das Nachtleben im SLS Las Vegas lockt mit Clubs, Bars und Lounges ein junges Publikum an. In dem populären, ursprünglich in Los Angeles ansässigen Sayers Club treten etablierte Künster und Newcomer auf. Der Foxtail Pool bietet Tag- und Nachtunterhaltung.

Außerdem stehen sechs Restaurants zur Auswahl, darunter das von Küchenchef José Andrés geleitete Bazaar Meat. Das mehr als 5500 Quadratmeter große Casino bietet über 600 Spielautomaten, Dutzende klassischer Tischspiele und Sportwetten.

↑ *Beste Aussicht und Nervenkitzel pur bietet eine Fahrt mit Insanity, einer Attraktion im Stratosphere*

Geschichte von Las Vegas

Keine andere Stadt der USA hat sich so oft und so erfolgreich neu erfunden wie Las Vegas. Die Stadt besitzt inzwischen zwar nicht mehr das Monopol als Metropole des Glücksspiels, zieht jedoch nach wie vor die Massen an. Megastars wie Frank Sinatra und Elvis Presley, exzentrische Superreiche wie Howard Hughes, Gangster wie Bugsy Siegel *(siehe S. 258)* und der einzigartige Glamour schufen den Nimbus dieser Hauptstadt des Entertainment. Heute ist Las Vegas mehr denn je eine schillernde Stadt – ein Spielplatz für teure Limousinen und hochkarätige Unterhaltung – solange man dafür bezahlen kann.

Entwicklung der Stadt

Anfang des 20. Jahrhunderts wuchs die Stadt rund um die Fremont Street. Der 1931 einsetzende Bau des Hoover Dam *(siehe S. 269)* am Colorado River brachte der Stadt immensen Aufschwung, die Einwohnerzahl stieg rasant an. Zehntausende kamen, um den Bau des Damms zu verfolgen und ihr Glück in den neuen Spielclubs zu versuchen, die wie Pilze aus dem Boden schossen. In den 1950er Jahren besiegelte das »Rat Pack«, dem Peter Lawford, Sammy Davis, Jr., Frank Sinatra, Joey Bishop und Dean Martin angehörten, durch ihre Shows Las Vegas' Ruf als Mekka der Unterhaltung. In den 1980er Jahren begann die Fremont Street unter der Konkurrenz durch den Strip *(siehe S. 252)* zu leiden, der eine fulminante Entwicklung erlebte – von einer Wüstenstraße mit ein paar niedrigen Gebäuden in den 1960er Jahren zur glitzernden Entertainment-Meile von heute.

↑ *Bau des Hoover Dam am Colorado River (Aufnahme von 1934)*

Howard Hughes

Der Milliardär Howard Hughes bezog im November 1966 eine Luxus-Suite im Desert Inn. Als ihn das Hotelmanagement ein paar Monate später zum Ausziehen bewegen wollte, kaufte der Exzentriker kurzerhand das Hotel für 13,2 Millionen US-Dollar. Obwohl er sein Zimmer vier Jahre lang nicht verließ, erwarb Hughes in Las Vegas Immobilien für rund 300 Millionen US-Dollar, z. B. das Hotelcasino Silver Slipper auf der anderen Seite des Strip. Dessen blinkende Neonzeichen störten ihn – als neuer Besitzer konnte er sie jedoch einfach ausschalten.

Hughes verschaffte Las Vegas Legalität und polierte das Image der Stadt auf. Die Zeit krimineller Investoren ging zu Ende.

↑ Die von vielen Casinos und Hotels gesäumte Fremont Street im Jahr 1953

Chronik

1905
Gründung von Las Vegas an der Eisenbahnstrecke Los Angeles – Salt Lake City

1931
Legalisierung des Glücksspiels in Nevada, Casinos in der Fremont Street erhalten eine Lizenz

1931–35
Der Bau des Hoover Dams zieht viele Arbeiter und Schaulustige an, weitere Casinos eröffnen

1941
Thomas Hull baut mit El Rancho Vegas das erste Hotel am Strip

1946
Gangster Bugsy Siegel baut das Flamingo; Geld der Mafia fördert die Entwicklung neuer Casinos

1950s
Las Vegas wird Entertainment-Mekka mit vielen Hollywoodstars

1966
Milliardär Howard Hughes investiert in Las Vegas und befreit die Stadt vom zwielichtigen Image

1989
Eröffnung von Steve Wynn's Mirage läutet die Ära der Mega-Resorts ein. MGM Grand, Luxor u. a. folgen

1993
Mystère™ – erste Show des Cirque du Soleil® in Treasure Island

2009
Bau des CityCenter am Strip mit Mega-Resorts und Luxus-Boutiquen

2014
High Roller, das höchste Riesenrad der Welt, wird am Strip eröffnet

 **24** 🍴 💻 🛍️ ♿

Fremont Street Experience

📍 C1 🕐 Lightshows: tägl. 18 – 24 (stündl.)
🌐 vegasexperience.com

Die als *Glitter Gulch* (»Glitzerschlucht«) bekannte Fremont Street lag seit Gründung von Las Vegas 1905 im Herzen von Downtown. Hier entstanden die ersten Casinos, elegante Neonschilder und Wahrzeichen wie Vegas Vic und Vickie erleuchteten den Nachthimmel. In den 1980er und 1990er Jahren verlor die Fremont Street den Kampf mit dem luxuriösen Strip und verwahrloste.

Die Fremont Street Experience, ein ambitioniertes 70-Millionen-Dollar-Projekt zur Revitalisierung der Gegend, startete 1994. Ein riesiger Stahlbaldachin wurde über die Straße gespannt. Jeden Abend werden stündlich Light and Sound Shows auf den Baldachin projiziert – mit zwölf Millionen LEDs und einer Tonanlage in Konzertqualität.

Die Fremont Street ist eine Fußgängerzone, in der Besucher von Casino zu Casino bummeln und hier und da einen Snack an den Ständen erstehen können. Einige bekannte Neonschilder sind verschwunden, doch viele witzige alte Fassaden blieben stehen.

Schon gewusst?

Die Stahlüberdachung, die sich fünf Blocks über der Fremont Street erstreckt, ist 457 Meter lang.

Das Binion's Horseshoe, nun das **Binion's**, war lange ein Wahrzeichen von Las Vegas. Der Vegas-Pionier Benny Binion erschien angeblich 1946 in der Stadt, ausgerüstet mit Cowboyhut und einem Koffer voller Bargeld – zwei Millionen US-Dollar. Die Casinolegende ist bekannt für ihr Poker-»Erbe« – die Poker-WM startete 1970 hier – und den Binion's Hall of Fame Poker Room, der mit alten Fotos bekannte Spieler und Poker-Meisterschaften dokumentiert, die hier stattfanden. Besucher können für ein Foto neben einer Million US-Dollar posieren.

Der für das **Golden Nugget** namengebende Goldklumpen ist mit 28 Kilogramm der größte der Welt. In der Nähe liegen weitere historische Casinos. **El Cortez** ist noch der Originalbau aus den 1950er Jahren. Im **Four Queens** (1966) erinnern vergoldete Spiegel und Kronleuchter an das New Orleans des 19. Jahrhunderts.

Binion's
♿ 🏠 128 E Fremont St
🕐 24 Std. 🌐 binions.com

Golden Nugget
♿ 🏠 129 E Fremont St
🕐 24 Std.
🌐 goldennugget.com

El Cortez
♿ 🏠 600 E Fremont St
🕐 24 Std.
🌐 elcortezhotelcasino.com

Four Queens
♿ 🏠 202 E Fremont St
🕐 24 Std.
🌐 fourqueens.com

25   ♿

Mob Museum

📍 C1 🏠 300 Stewart Ave
🕐 tägl. 9 – 21
🌐 themobmuseum.org

Das heutige Las Vegas ist Lichtjahre von der Stadt der 1950er und 1960er Jahre entfernt. Damals hatte viele Casinobesitzer engen Kontakt mit dem organisierten Verbrechen. Gewinne wurden »abgeschöpft« und landeten in den Taschen von Gangstern. Diese Zeit ruft das 2012 eröffnete Mob

 →

Bei Dunkelheit illuminiertes Neon Museum am Las Vegas Boulevard

Stahlüberdachung über der Fremont Street mit Fremont Casino und Four Queens

Museum in Erinnerung. Es war das Lieblingsprojekt des früheren Bürgermeisters Oscar Goodman, der als Anwalt arbeitet.

Auf drei Stockwerken wird die Story der blutigen Taten und des aufwendigen Lebensstils der Gangster erzählt, ebenso die der Anwälte und Politiker, die sie hinter Gitter brachten.

26  Discovery Children's Museum

📍 B1 🏠 360 Promenade Place ☎ +1-702-382-5437 🕐 Di 10–18, Mi–Sa 10–17 (Juni–Anfang Sep: tägl.), So 12–17 🚫 1. Jan, Ostern, Thanksgiving, 24., 25. Dez 🌐 discoverykidslv.org

Das exzellente Kindermuseum am Symphony Park bietet interaktive Ausstellungen, die sowohl Kinder als auch Erwachsene unterhalten. Das Museum konzentriert sich um einen zwölf Stockwerke hohen Turm, den Summit, in dem die Besucher mit Exponaten experimentieren können. Sie zeigen die Verbindung zwischen Wissenschaft und praktischer Anwendung. Weitere Exponate sind u. a. ein Labor für junge Erfinder, ein Wasserbecken,

das den Hoover Dam und den Lake Mead erläutert, eine Öko-Stadt, eine Kinderstadt mit Hauptstraße, Banken, Lebensmittelladen und Windturbine sowie Toddler Town, einen Sandkasten aus Wüstensand für die Kleinsten. Wechselausstellungen beschäftigen sich mit anderen Kulturen der Welt oder etwa mit Wildtieren.

27 The Las Vegas Natural History Museum

📍 C1 🏠 900 Las Vegas Blvd N ☎ +1-702-384-3466 🕐 tägl. 9–16 🚫 1. Jan, Thanksgiving, 24., 25. Dez 🌐 lvnhm.org

Das abwechslungsreiche Museum ist für Familien eine ausgezeichnete Alternative zum üblichen Angebot. Dioramen zeigen die afrikanische Savanne und diverse Wildtiere von Leoparden über Geparden bis zu verschiedenen Antilopenarten. Die Abteilung International Wildlife widmet sich Säugetieren und ihren Anpassungsmechanismen an die jeweilige Umwelt.

Animierte Dinosauriermodelle wie der 10,50 Meter lange Tyrannosaurus Rex faszinieren ebenso wie die lebenden Haie und Aale in der Unterwasserausstellung. In einer Abteilung können Besucher nach Fossilien graben.

28   Neon Museum

📍 C1 🏠 770 Las Vegas Blvd N ☎ +1-702-387-6366 🕐 tägl. (Details der Website entnehmen) 🚫 1. Jan, 4. Juli, Thanksgiving, 25. Dez 🌐 neonmuseum.org

Das Museum widmet sich den Neonschildern, die die Skyline der Stadt beherrschten, bevor die meisten Mega-Resorts auf LED-Beleuchtung umstellten. Das Handwerk der Leuchtreklame wurde in Las Vegas zur wahren Kunstform erhoben.

Zu den rund 200 Schildern gehören auch die von Stardust, Moulin Rouge und Flamingo. Das Museum illustriert auch Veränderungen im Design der Schilder.

Restaurants

The Buffet
Abwechslungsreiche Tellergerichte und große Salatbar.
📍 C1 🏠 129 E Fremont St 🕐 Mo, Di 🌐 goldennugget.com
💲💲💲

Oscar's Steakhouse
Einzigartiges Restaurant hinter einer futuristischen Glasfassade.
📍 C1 🏠 The Plaza, 1 Main St 🕐 mittags 🌐 plazahotelcasino.com
💲💲💲

Top of Binion's Steakhouse
Toller Blick auf den Strip, am Wochenende Live-Pianomusik.
📍 C1 🏠 128 E Fremont St 🕐 mittags 🌐 topofbinions steakhouse.com
💲💲💲

29

Old Las Vegas Mormon State Historic Park

C1 500 E Washington Blvd +1-702-486-3511 Di – Sa 8 –16:30 parks.nv.gov/parks/old-las-vegas-mormon-fort

Das rosa Adobe-Gebäude ist der einzige Überrest des ehemaligen Mormonenforts. Das älteste Gebäude von Las Vegas wurde 1855 von den ersten Mormonensiedlern nach ihrer Ankunft erbaut. Das einstige Fort am Las Vegas Creek mit vier Meter hohen Mauern erstreckte sich um einen rechteckige, 46 Meter langen Platz. Nach Ernteausfällen verließen die Siedler das Gebiet drei Jahre später. In den 1880er Jahren wurde es Teil der Ranch der Las-Vegas-Pionierin Helen Stewart. 1971 erwarb die Stadt Las Vegas den Bau.

Das Besucherzentrum ist die Rekonstruktion des alten Adobe-Hauses. Seine einfache Einrichtung entspricht weitgehend der Ausstattung, die es wohl zur Zeit der Mormonen besaß. Eine Ausstellung in dem Gebäude ist den Mormonenmissionen und deren Auswirkungen auf Las Vegas gewidmet.

30

Valley of Fire State Park

F4 +1-702-397-2088 Las Vegas parks.nv.gov/parks/valley-of-fire

Der State Park liegt in der Wüste, 97 Kilometer nordöstlich von Las Vegas. Seinen Namen hat er von den roten Sandsteinformationen, die vor 150 Millionen Jahren riesige Sanddünen waren. Vier Wanderwege verlaufen durch die Wildnis. Der Petroglyph Canyon Trail führt in einer Schleife (0,8 km) zu Felsbildern der Pueblo-Indianer. Da es im Sommer oft über 40 °C heiß wird, sollte man das Gebiet im Frühjahr oder Herbst besuchen.

In der Nähe liegt das Städtchen Overton am Muddy River. Ab etwa 300 v. Chr. war hier ein Siedlungsgebiet der Pueblo-Indianer, das jedoch rund 1500 Jahre später verlassen wurde. Seit den ersten Funden in den 1920er Jahren wurden hier Hunderte Artefakte ausgegraben. Am Rand von Overton kann man sie im **Lost City Museum of Archaeology** bewundern: Keramiken, Perlen, Körbe und Türkisschmuck.

Lost City Museum of Archaeology

   721 S Moapa Valley Blvd, Overton tägl. 8:30 –16:30 1. Jan, Thanksgiving, 25., 26. Dez nvculture.org/lostcitymuseum

31

Lake Mead National Recreation Area

F4 +1-702-293-8906 Las Vegas Alan Bible Visitor Center nps.gov/lake

Nach Fertigstellung des Hoover Dam füllte der Colorado River die tiefen Canyons auf, deren Wände zuvor hoch über den Fluss geragt hatten. Es entstand ein gigantischer See mit 1130 Kilometer Uferlinie. Der See bildet das Zentrum der riesigen Lake Mead National Recreation Area. Das Wassersportgebiet ist ein Mekka für Segler, Wasserskifans und Angler. Rund um den See befinden sich diverse Campingplätze und Bootshäfen.

32

Red Rock Canyon

E4 +1-702-515-5350 Las Vegas Scenic Drive: tägl. 6 bis Sonnenuntergang redrockcanyonlv.org

Von Las Vegas ist es nur eine kurze Fahrt (16 km) nach Westen zu den niedrigen Hügeln und tiefen Wasserläufen der Red Rock Canyon National Conservation Area. Hier erhebt sich in der Wüste ein rauer Steilabbruch. Dessen graues Kalk- und rotes Sandgestein sind die Reste eines prähistorischen Ozeans und der ihm folgenden Sanddünen. Der Red Rock Canyon kann auf einer Panoramastraße (21 km) erkundet werden, die vom Highway 159 abzweigt. An der Straße gibt es Picknickplätze. Hier beginnen einige kurze Wanderwege in die steilen Canyons. Das Besucherzentrum am Anfang der Straße informiert über Flora und Fauna des Canyons. In dem Gebiet leben 80 bis 100 Dickhornschafe.

↑ *Besucher auf der Aussichtsplattform des Besucherzentrums am Hoover Dam*

Mount Charleston

📍 E4 📞 +1-702-515-5350
🚌 Las Vegas
ⓦ gomtcharleston.com

Etwa 70 Kilometer nordwestlich von Las Vegas ragt der Mount Charleston (3633 m) aus dem Toiyabe National Forest auf. Das auch als Spring Mountain Recreation Area bekannte Gebiet mit Wanderwegen und Picknick-

plätzen ist ein beliebter Rückzugsort vor der Sommerhitze von Las Vegas. Im Winter lockt es auch Skifahrer und Snowboarder an.

Zu den vielen Wanderwegen zählen zwei schwierige Gipfeltouren: der 18 Kilometer lange North Loop und der 14 Kilometer lange South Loop. Die einstündige Tour zum Cathedral Rock beginnt bei einem Picknickplatz am Ende des Nevada Highway 157. Dies ist die südlichere der beiden Straßen, die vom Highway 95 zum Mount Charleston führen. Die andere (Hwy 156) verläuft zur Lee Canyon Ski Area.

34 Hoover Dam

📍 F4 📞 +1-702-494-2517
🚻 🚌 🕐 tägl. 9–17
ⓦ usbr.gov/lc/hooverdam

1931–1935 wurde der Hoover Dam 55 Kilometer östlich von Las Vegas im Black Canyon des Colorado River errichtet. Er galt als Triumph der Technik und Garant für die Wasser- und preiswerte Stromversorgung der ariden

←

Unterwegs zwischen Sandsteinformationen des Valley of Fire State Park

Region. Heute beliefert er Nevada, Arizona und Kalifornien mit Wasser und Strom. Besucher können an der Hoover Dam Powerplant Tour teilnehmen, die auch zum Aussichtsdeck führt, von dem man eine sehr gute Sicht hat.

Umgebung: Boulder City, 13 Kilometer westlich des Hoover Dam, wurde als Siedlung für die Bauarbeiter errichtet. Die christlichen Stadtgründer verboten seinerzeit Casinos, bis heute gibt es keine. Zu den aus den 1930er Jahren erhaltenen Originalhäusern gehört das Boulder Dam Hotel von 1933, nun Sitz des **Hoover Dam Museum**.

Hoover Dam Museum
 🏠 1305 Arizona St, Boulder City 🕐 tägl. 7–19
🚫 Feiertage ⓦ bcmha.org

> 🔺 Schöne Aussicht
> ### Blick von oben
> Den besten Blick auf den Hoover Dam hat man aus der Luft. Von Las Vegeas fliegen Hubschrauber und Flugzeuge auf dem Weg zum Grand Canyon direkt über den Damm.

REISE-INFOS

Biker auf der Route 66

SÜDWESTEN
REISEPLANUNG

Mit etwas Planung sind die Vorbereitungen für die Reise schnell zu erledigen. Die folgenden Seiten bieten Ihnen Tipps und Hinweise für Anreise und Aufenthalt im Südwesten.

Auf einen Blick

Währung
US-Dollar (USD)

Ausgaben pro Tag

Sparsam	Preis-bewusst	Luxus
100 $	**200 €**	**300+ €**

Mineral-wasser	Kaffee	Bier	Menü (2 Pers.)
1 $	**2,50 $**	**5 $**	**80 $**

Klima

Die Tageslängen variieren zwischen neun bis zehn Stunden im Winter sowie 14 bis 15 Stunden im Sommer.

Im Gebirge liegen die mittleren Temperaturen zwischen 2 °C im Winter und 24 °C im Sommer, in den Wüsten zwischen 21 °C und über 40 °C.

In den Wüstengebieten kann es in den Sommermonaten zu kurzen, aber durchaus heftigen Schauern kommen.

Strom
In den USA beträgt die Stromspannung 110 Volt, 60 Hz. Für europäische Elektrogeräte benötigen Sie einen Adapter.

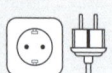

Einreise
Seit 2005 besteht das Visa Waiver Program (VWP) für visumfreies Reisen in die Vereinigten Staaten. Es gilt für Deutsche, Österreicher und Schweizer für einen Aufenthalt von bis zu 90 Tagen. Erforderlich dafür ist ein elektronischer Reisepass (ePass mit Chip). Auch Kinder jeden Alters benötigen ein eigenes Ausweisdokument.

Seit 2004 werden von allen Reisenden bei der Einreise digitale Fingerabdrücke genommen und digitale Fotos gemacht. Seit Oktober 2005 müssen alle Besucher der Vereinigten Staaten vor Reiseantritt ein APIS-Formular ausfüllen. Diese Daten werden vor Abflug an die US-Behörden übermittelt (das Formular erhalten Sie bei Ihrer Fluglinie bzw. unter www.drv.de).

VWP: Für die Einreise per Flugzeug ohne Visum müssen Sie eine gültige elektronische Einreisegenehmigung (**ESTA**) haben, die spätestens 72 Stunden vor Reiseantritt online einzuholen ist: Der Antrag kann ausschließlich auf der ESTA-Website gestellt werden. Die fällige Gebühr von 14 US-Dollar ist per Kreditkarte zu bezahlen. Die ESTA-Genehmigung ist zwei Jahre lang gültig und ermöglicht in diesem Zeitraum mehrmalige Einreisen in die USA.

Die Einreisebestimmungen für die USA wurden 2017 erneut verschärft, Reisende müssen sich sowohl bei der Einreise als auch bei der Ausreise einer Sicherheitsbefragung unterziehen, was zu einer erhöhten Wartezeit führen kann. Empfohlen wird derzeit, mindestens drei Stunden vor Abflug am Airport zu sein.

ESTA
W esta.cbp.dhs.gov/esta
US Department of State
W travel.state.gov

Sicherheit
Die USA sind ein terrorgefährdetes Land. Aktuelle Informationen zur Einreise sowie Sicherheitshinweise finden Sie online.
W auswaertiges-amt.de
W us-botschaft.de

Zoll

Während des Flugs erhalten Sie ein blaues Formular für die Zollerklärung – hier benötigen Sie zwingend eine erste Übernachtungsadresse in den USA.

Geringe Mengen Tabak (200 Zigaretten pro Person ab 18 Jahren) und Alkohol (ein Liter pro Person ab 21 Jahren) dürfen Sie mitbringen, Einfuhrverbot herrscht für Fleischprodukte und Pflanzen.

U.S. Customs and Border Protection
W cbp.gov/travel/international-visitors/
know-before-you-visit

Versicherungen

Die Notfall- oder zahnärztliche Behandlung kann in den USA sehr teuer werden. Daher ist der Abschluss einer Auslandskrankenversicherung, die auch den Rücktransport im Notfall einschließt, sehr zu empfehlen. Doch auch mit einer derartigen Versicherung müssen Sie in der Regel Behandlungen selbst bezahlen und können sich den Betrag später von Ihrer Versicherung erstatten lassen. Medizinische Basisversorgung *siehe S. 279.*

Neben Versicherungen für (zahn-)ärztliche Behandlungen sind auch Gepäck-, Diebstahl- und Unfallversicherungen zu erwägen. Viele Anbieter bieten Kombinationen.

Hotels

Das Spektrum an Übernachtungsmöglichkeiten im Südwesten reicht von Luxushotels und -resorts über gemütliche Gästehäuser mit historischem Flair, authentische *dude ranches*, in denen man Cowboy-Luft schnuppern kann, und gemütliche Bed and Breakfasts bis zu bequemen Motels und komfortabel ausgestatteten Campinganlagen (auch für Wohnmobile).

Pauschalreisen, bei denen man neben dem Flug auch die Unterkunft (sowie u. U. auch einen Mietwagen) bucht, sind häufig die günstigste Option. Dies gilt insbesondere für Aufenthalte im Frühling und Sommer, den Hauptreisezeiten in dieser Region. Die besten Angebote erhält man in der Regel bei frühzeitiger Buchung. Beachten Sie, dass die meisten Nationalparks nur über ein begrenztes Angebot an Unterkünften (häufig handelt es sich um urige und entsprechend beliebte Lodges) verfügen.

Bezahlen

Kreditkarten von **MasterCard, Visa, American Express** oder **Diners Club** werden in den USA fast überall akzeptiert, zudem fungieren sie oft als Sicherheitsleistung (z. B. bei Hotels und Autovermietungen). Auch mit Debitkarten wie der **girocard** (mit Maestro-Logo) können Sie bisweilen bezahlen bzw. Geld abheben. Geldautomaten sind in fast allen Banken und an nahezu jeder Ecke zu finden.

Bei Verlust Ihrer Kredit- oder Debitkarte lassen Sie diese sofort sperren.
Allgemeine Notrufnummer
C 011-49-116-116

Reisende mit besonderen Bedürfnissen

Die meisten Hotels und Restaurants sind auf Menschen mit eingeschränkter Mobilität eingestellt, in engen Fluren historischer Gebäude kann es für Rollstühle jedoch eng werden. Viele Nationalparks haben rollstuhlgerechte Wege. **Mobility International USA** und die **Society for Accessible Travel & Hospitality** bieten Infos für behinderte Reisende.
Mobility International USA
W miusa.org
Society for Accessible Travel & Hospitality
W sath.org

Öffnungszeiten

Montag Viele Museen bleiben geschlossen.
Sonntag Die meisten Banken haben zu.
November – März Viele Restaurants, Museen und Läden schließen im Winter früher.
Feiertage Einige Museen bleiben geschlossen.

Feiertage

1. Jan	New Year (Neujahr)
Jan (3. Mo)	Martin Luther King, Jr. Day
Feb (3. Mo)	Presidents' Day
März/Apr	Easter (Ostern)
Mai (3. Mo)	Memorial Day
4. Juli	Independence Day (Nationalfeiertag)
Sep (1. Mo)	Labor Day (Tag der Arbeit)
Okt (2. Mo)	Columbus Day
11. Nov	Veterans Day
Nov (4. Do)	Thanksgiving (Erntedank)
25. Dez	Christmas (Weihnachten)

IM SÜDWESTEN
UNTERWEGS

Ob für eine Rundreise durch die Nationalparks oder eine Städtereise – hier erhalten Sie detaillierte Informationen zur Anreise und zu den Transportmöglichkeiten im Südwesten.

Auf einen Blick

Ticketpreise

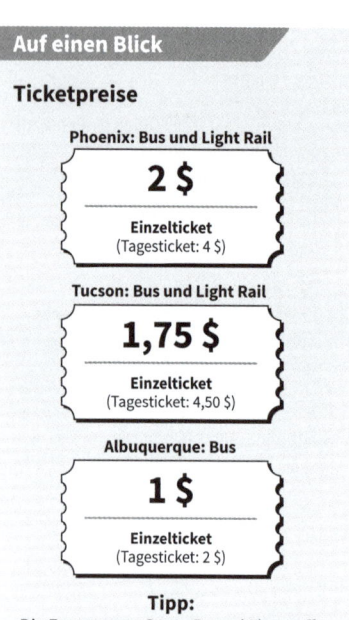

Phoenix: Bus und Light Rail

2 $
Einzelticket
(Tagesticket: 4 $)

Tucson: Bus und Light Rail

1,75 $
Einzelticket
(Tagesticket: 4,50 $)

Albuquerque: Bus

1 $
Einzelticket
(Tagesticket: 2 $)

Tipp:
Die Zentren von Santa Fe und Flagstaff erkundet man am besten zu Fuß.

Tempolimits

Interstate Highways	State Highways
75 mph (120 km/h)	**65** mph (105 km/h)

Innerhalb von Ortschaften	Verkehrsberuhigte Zonen
35 mph (55 km/h)	**25** mph (40 km/h)

Anreise mit dem Flugzeug

Von außerhalb der USA gibt es nur wenige Direktflüge zu Zielen im Südwesten. Reisende müssen meist an den großen internationalen US-Flughäfen umsteigen – z. B. in Los Angeles, San Francisco, Atlanta, Chicago oder Dallas.

Jeder Staat im Südwesten hat mindestens einen großen Flughafen – Phoenix Sky Harbor und Tucson International (Arizona), Albuquerque International Sunport (New Mexico), Salt Lake City International Airport (Utah), Denver International Airport (Colorado), McCarran International Airport in Las Vegas (Nevada). Zudem gibt es an vielen Standorten Regionalflughäfen.

Die wichtigsten Airports bieten Autovermietungen, Taxis und Shuttle-Busse wie **Groome Transportation** und **SuperShuttle**.
Groome Transportation
🆆 groometransportation.com
SuperShuttle
🆆 supershuttle.com

Anreise mit dem Zug
Fernverkehrszüge

Drei große, von **Amtrak** betriebene Linien durchqueren den Südwesten in Ost-West-Richtung. Der *Southwest Chief* fährt täglich zwischen Chicago und Los Angeles. Er hält in dem Dorf Lamy (Busverbindung nach Santa Fe) und in Albuquerque, setzt dann seinen Weg Richtung Westen via Winslow und Gallup durch Navajo- und Hopi-Land bis nach Flagstaff fort. Der *California Zephyr* fährt von Chicago nach San Francisco. Er hält in Süd-Utah in Green River sowie bei den Nationalparks Arches und Canyonlands. Mit dem *Sunset Limited* reist man von New Orleans durch Texas und den Süden New Mexicos und Arizonas. Dieser Zug hält in Tucson, Maricopa (Busverbindung nach Phoenix) und Yuma.

Alle drei Züge sind Amtrak-Superliner mit zweistöckigen Waggons, Panoramafenstern, durch die man die grandiose Landschaft genießen kann, sowie Lounges, Restaurants und Bars.
Amtrak
🆆 amtrak.com

Von den Flughäfen in die Stadt

Flughafen	Entfernung zum Zentrum	Preis (Taxi)	Verkehrsmittel	Fahrzeit
Phoenix	4 Meilen (7 km)	30 $	Bus, Light Rail	10 Min.
Tucson	9 Meilen (14 km)	27 $	Bus	15 Min.
Albuquerque	5 Meilen (8 km)	15 $	Bus	15 Min.
Las Vegas	10 Meilen (16 km)	27 $	Bus, Tram	20 Min.

Fahrzeiten

Diese Karte bietet eine Übersicht zur Dauer von Zugfahrten zwischen wichtigen Städten und Sehenswürdigkeiten im Südwesten. Die angegebenen Zeiten gelten für die Benutzung der jeweils schnellsten Routen.

Albuquerque – Santa Fe	1 Std.
Flagstaff – Albuquerque	4:45 Std.
Flagstaff – Grand Canyon	1:30 Std.
Flagstaff – Las Vegas	3:45 Std.
Las Cruces – Albuquerque	3:30 Std.
Phoenix – Flagstaff	2:30 Std.
Phoenix – Tucson	1:45 Std.
Tucson – Las Cruces	1:45 Std.

••• Hauptstrecken

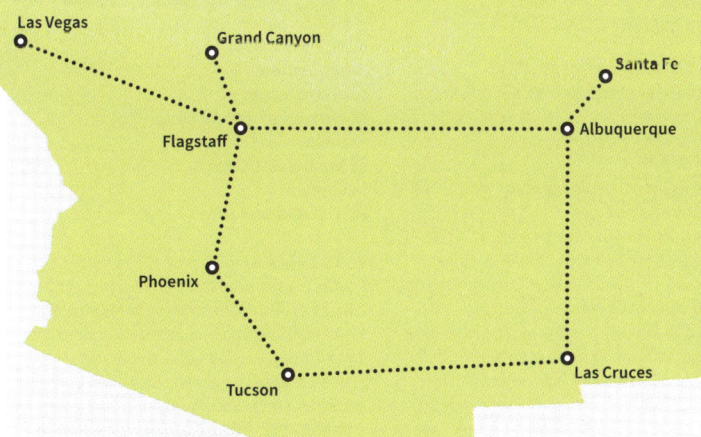

Nostalgie-Zugfahrten

Auf drei historischen Bahnstrecken kann man einige der schönsten Landschaften des Südwestens der USA genießen: Die **Cumbres and Toltec Scenic Railroad**, eine dampfbetriebene Schmalspurbahn, fährt im Sommer auf einer tunnelreichen Strecke zwischen Chama in New Mexico *(siehe S. 213)* und Antonito in Colorado an vielen Gipfeln vorbei. In Colorado reist man mit der **Durango and Silverton Narrow Gauge Railroad** *(siehe S. 181)* durch Ausläufer der Rocky Mountains. Der **Grand Canyon Railway** überwindet von Williams aus den Weg zum Grand Canyon mit Diesel- und mit Dampfloks.

Cumbres and Toltec Scenic Railroad
W cumbrestoltec.com
Durango and Silverton Narrow Gauge Railroad
W durangotrain.com
Grand Canyon Railway
W thetrain.com

Fernbusreisen

Die größte Busgesellschaft der USA ist **Greyhound**. Zusammen mit einigen angeschlossenen Unternehmen erreicht man mit Bussen fast alle kleineren Orte und großen Zentren im Südwesten sowie wichtige Flughäfen und Amtrak-Bahnhöfe. Die Buslinien von Amtrak Thruway verbinden Bahnhöfe mit den großen Städten. Andere nützliche Routen verlaufen von den Flughäfen Albuquerque und Phoenix zu vielen Orten in New Mexico und Arizona. Mit den von Greyhound und anderen Gesellschaften, etwa **Gray Line Tucson**, angebotenen Ausflügen kann man auf Sightseeing-Tour gehen, ohne am Steuer sitzen zu müssen.

Gray Line Tucson
W graylinearizona.com
Greyhound
W greyhound.com

Öffentliche Verkehrsmittel

In Albuquerque erreicht man mit den städtischen Buslinien von **ABQ Ride** fast alle Ecken in der City, den Flughafen, die Old Town und den University District. New Mexicos **Rail Runner Express** verbindet Albuquerque mit Santa Fe und fährt auch den Sunport International Airport in Albuquerque an. In Phoenix quert die **Valley Metro** auch das Herz von Downtown – als Teil der 42 Kilometer langen Strecke von der Camelback Road bis nach Tempe und Mesa in den Außenbezirken. In der City von Phoenix kann man zudem die kostenlosen Busse von **Downtown Dash** benutzen, die montags bis freitags zwischen State Capitol, Arizona Center und Civic Plaza fahren. In Phoenix, Scottsdale und im restlichen Valley of the Sun stehen außerdem die Busse von Valley Metro zur Verfügung. In Tucson verbindet die Light Rail von **Sun Link** fünf Bezirke in Downtown, die Busse von **Sun Tran** erschließen die anderen Teile der Stadt. Die **Las Vegas Monorail** verkehrt zwischen vielen Casinos und Shopping-Centern, Busse von **The Deuce** fahren im Zentrum und den Strip entlang.

ABQ Ride
W cabq.gov/transit
The Deuce
W rtcsnv.com
Las Vegas Monorail
W lvmonorail.com
Rail Runner Express
W riometro.org
Sun Link und Sun Tran
W suntran.com
Valley Metro und Downtown Dash
W valleymetro.org

Tickets

Informationen zu Fahrkarten bieten die oben genannten Websites der einzelnen öffentlichen Verkehrsmittel. Bei einigen, wie der Light Rail von Sun Link in Tucson, muss man sein Ticket vor dem Einsteigen an einem Fahrkartenautomaten kaufen.

Taxis

Im Zentrum von Großstädten wie Phoenix steht man nicht nur im Berufsverkehr oft im Stau, was die Kosten für Taxifahrten schnell in die Höhe treiben kann. Für kurze Fahrten sind Taxis aber meist eine gute Option. Die größten Unternehmen sind **ABQ** und **zTrip** in Albuquerque, **Yellow Cab** in ganz Arizona und **Desert Cab** in Las Vegas. Die Grundgebühren liegen zwischen 2,50 und 4,50 $, für jeden gefahrenen Kilometer werden je nach Stadt 2 $ oder mehr berechnet. Auch Fahrdienste wie Uber und Lyft sind in vielen Städten des Südwestens aktiv.

Albuquerque
W abqtaxi.com
W ztrip.com/new-mexico
Arizona
W yellowcabaz.com
Las Vegas
W desertcabinc.com

Auto fahren

Mit dem Auto unterwegs zu sein bietet natürlich die größtmögliche Flexibilität. Autofahrten sind manchmal die einzige Möglichkeit, einzelne abseits gelegene archäologische Stätten oder geologische Formationen zu erreichen. Im Südwesten lädt ein exzellentes Verkehrsnetz von vielspurigen Highways bis zu kurvigen Panoramastraßen zur Erkundung der gesamten Region ein.

Autovermietung

Um in den USA einen Wagen zu mieten, müssen Sie mindestens 21 Jahre (bei manchen Verleihern auch 25 Jahre) alt sein, einen gültigen Führerschein besitzen (ein internationaler Führerschein ist nützlich), Ihren Pass und eine Kreditkarte vorlegen.

Mietwagen gibt es im Südwesten überall. Nahezu alle großen Firmen wie Alamo, Avis, Hertz und Budget sowie einige preiswertere Anbieter wie Dollar Rent-A-Car und Thrifty unterhalten Filialen an den Flughäfen und in den Städten. Wenn Sie an einem Großflughafen wie Las Vegas oder Phoenix ankommen, sind Fly-&-Drive-Arrangements am preisgünstigsten. Möchten Sie nicht von Ihrem Ankunfts-, sondern von einem anderen Ort zurückfliegen, müssen Sie einen (teils hohen) Aufpreis bezahlen.

Die Kosten unterscheiden sich von Staat zu Staat. Das billigste Angebot ist nicht unbedingt das günstigste. Überprüfen Sie, ob im Preis eine unbeschränkte Kilometeranzahl und eine gesetzlich vorgeschriebene Haftpflichtversicherung sowie eine zehnprozentige Steuer inbegriffen sind. Informieren Sie sich über die Möglichkeit, eine Teil- bzw. Vollkaskoversicherung (*Collision Damage Waiver*; CDW) abzuschließen, wenn diese Option nicht ausdrücklich im Vertrag enthalten ist.

In der Regel muss das Fahrzeug mit vollem Tank zurückgegeben werden. Die meisten Autos haben Automatikschaltung. Kindersitze und behindertengerechte Autos müssen reserviert werden.

Verkehrsregeln

Die auf den Interstate Highways erlaubte Höchstgeschwindigkeit ist in jedem Bundesstaat unterschiedlich und reicht im Südwesten von 55 bis zu 75 Meilen/h (90 km/h bzw. 120 km/h). Überschreitungen werden von der *Highway Patrol* rigoros geahndet. Auch Alkohol am Steuer wird hart bestraft. Die Promillegrenze liegt zwar formal in fast allen Bundesstaaten bei 0,8 Promille, praktisch gilt aber 0,0 Promille, da es verboten ist, unter Alkoholeinfluss (DUI, »driving under influence«) zu fahren.

Vor allem in abgelegenen Gebieten weisen Schilder oft auf Gefahren hin, halten Sie sich an die Warnungen. Bei Unfällen oder Pannen sollten Sie zunächst Ihre Autovermietung verständigen. Mitglieder der **American Automobile Association (AAA)**, eines Partnerclubs des ADAC, können ihre Autos bis zur nächsten Service-Station abschleppen lassen. Kleinere Probleme wird die AAA gegen Gebühr an Ort und Stelle beheben.

American Automobile Association (AAA)
W aaa.com

Reisen im Hinterland

Bei Reisen in abgelegene Gebiete wie die Canyonregion (Süd-Utah) oder die Wüsten von Arizona und New Mexico sollte man sich vorher informieren, ob ein Fahrzeug mit Allradantrieb (4WD) erforderlich ist. Obwohl es in einigen Gebieten im Hinterland inzwischen Straßen gibt, die auch mit herkömmlichen Pkws befahren werden können, ist ein Allradantrieb für Ausflüge in weniger erschlossene Gebiete sehr zu empfehlen.

Nehmen Sie sich genügend Zeit für die Routenplanung, erkundigen Sie sich nach den Straßenverhältnissen, versorgen Sie sich mit aktuellen Karten, und geben Sie bei Fahrten zwischen abgelegenen Orten bei Polizei oder Parkaufsicht Ihre Abfahrts- und voraussichtliche Ankunftszeit an. Achten Sie auf Gefahren (etwa plötzlich eintretende Überflutungen in Canyons nach Starkniederschlägen). Nehmen Sie reichlich Wasser, Verpflegung und ein Mobiltelefon mit. Wenn Sie eine lange Reise planen, beachten Sie, dass die Distanzen zwischen Tankstellen lang sein können. Füllen Sie daher Ihren Tank, bevor Sie in entlegene Gebiete fahren, und nehmen Sie zur Sicherheit einen gefüllten Benzinkanister mit. Bleiben Sie bei Pannen am Fahrzeug.

Tiere und Pflanzen dürfen weder mitgenommen noch beschädigt werden. Offroad-Touren sind nur in ausgewiesenen Arealen (nie in Reservaten) erlaubt. Wohnmobile dürfen nur auf geeigneten Campingplätzen abgestellt werden.

Parken

In Städten ist das Parken auf der Straße in der Regel gebührenpflichtig, freie Plätze sind vor allem in den Zentren manchmal nur schwer zu finden. Für einige Parkuhren benötigt man Münzen, vielerorts kann man mit Kreditkarte bezahlen. Die Gebühren für Parkplätze und -häuser reichen von 1 $ für eine halbe Stunde bis zu 30 $ für den ganzen Tag.

Achten Sie bei Straßenschildern auf Hinweise zu zeitlichen Parkbeschränkungen. An gelben und roten Linien an Bordsteinkanten ist das Parken verboten.

Fahrräder

Radfahren ist im gesamten Südwesten sehr beliebt. In den meisten Nationalparks, State Parks und anderen Erholungsgebieten gibt es Radwege, Verleihstellen findet man ohne Probleme. Universitätsstädte wie Tucson und Tempe sind besonders fahrradfreundlich. Im Sommer kann Radfahren bei starker Sonneneinstrahlung und großer Hitze anstrengend sein. Nehmen Sie für Radtouren ausreichend Wasser und ein Sonnenschutzmittel mit, und tragen Sie eine Kopfbedeckung.

PRAKTISCHE
HINWEISE

Der Südwesten der USA ist eine spannende und dazu noch unkomplizierte Reiseregion. Mit diesen Hinweisen und Tipps für Ihren Aufenthalt kommen Sie vor Ort bestens zurecht.

Auf einen Blick

Notfälle

Generelle
Notrufnummer

911

Zeit

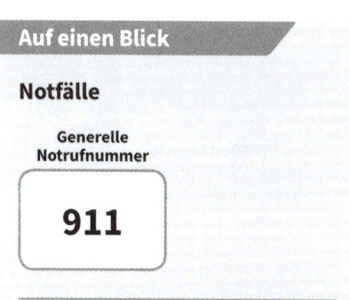

Mountain Standard Time (MST, –8 Stunden gegenüber MEZ) gilt in Arizona, New Mexico, Colorado und Utah, Pacific Time (PT, –9 Stunden gegenüber MEZ) in Nevada.

Leitungswasser

Falls nicht anders angegeben, ist Leitungswasser bedenkenlos trinkbar.

Trinkgelder

Bedienung	15 – 20 %
Gepäckträger	1 – 2 $ pro Gepäckstück
Zimmermädchen	2 $ am Tag
Hotelrezeption	5 – 10 $ beim Auschecken
Taxifahrer	15 %

Information

Eine hilfreiche Quelle ist das Internet-Portal **VisitTheUSA**, auf dessen Website man sich für jeden einzelnen Bundesstaat schon vor dem Urlaub über das Reiseziel informieren kann. Das vielfältige Angebot reicht von Sightseeing über Outdoor-Aktivitäten bis zu Events.

Vor Ort helfen Touristenbüros weiter. Sie informieren u. a. über Ausflugsmöglichkeiten und Verkehrsmittel.

VisitTheUSA
- visittheusa.de/state/arizona
- visittheusa.de/state/colorado
- visittheusa.de/state/nevada
- visittheusa.de/state/new-mexico
- visittheusa.de/state/utah

Persönliche Sicherheit

Der Südwesten ist im Allgemeinen ein sicheres Reiseziel. In Metropolen wie Phoenix sind die für Großstädte üblichen Vorsichtsmaßnahmen zu ergreifen. Generell sollte man vor allem bei Dunkelheit abgelegenere Stadtviertel meiden. Wird Ihnen trotzdem etwas gestohlen, melden Sie dies unverzüglich auf dem nächsten Polizeirevier.

Bei Reisen über Land kann man durch abrupte Wetterumschwünge in große Gefahr geraten. Dies gilt besonders für die Canyons in Süd-Utah und Süd-Arizona. Dort können plötzliche Sommerunwetter schwere Überflutungen verursachen.

Beim Verlust von Pass oder Personalausweis oder wenn Sie anderweitig in größere Schwierigkeiten geraten, wenden Sie sich an ein Konsulat Ihres Heimatlandes.

Deutsches Generalkonsulat
6222 Wilshire Blvd, Suite 500, Los Angeles, CA 90048 +1-323-930-2703
- los-angeles.diplo.de

Österreichisches Generalkonsulat
11859 Wilshire Blvd, Suite 501, Los Angeles, CA 90025 +1-310-444-9310
- austria-la.org

Schweizer Generalkonsulat
Pier 17, Suite 600, San Francisco, CA 94111 +1-415-788-2272
- eda.admin.ch/sf

Gesundheit

Im Südwesten gibt es einige Krankenhäuser. Beim Besuch eines Arztes oder Zahnarztes müssen Sie die Kosten für medizinische Behandlungen in der Regel vorstrecken. Bewahren Sie alle Zahlungsbelege auf, um sie zu Hause mit Ihrer Versicherung abzurechnen.

Bei kleineren Beschwerden helfen Apotheken, von denen einige rund um die Uhr geöffnet sind. Fragen Sie in Ihrem Hotel nach der nächstgelegenen. Der Abschluss einer Auslandskrankenversicherung ist empfehlenswert *(siehe S. 273)*.

Alkohol und Rauchen

In den USA ist es erst ab 21 Jahren erlaubt, Alkohol zu trinken. Jüngere Leute sollten am besten Ihren Pass dabeihaben. Es ist verboten, geöffnete Flaschen mit Alkohol im Auto zu haben. Die Strafen für Autofahren unter Alkoholeinfluss sind hoch *(siehe S. 277)*.

Rauchen ist in allen öffentlichen Gebäuden, Bars und Restaurants verboten. Für den Kauf von Tabakwaren muss man über 18 Jahre alt sein (eventuell Pass mitnehmen).

Ausweispflicht

Sie müssen sich in den USA jederzeit ausweisen können, jedoch nicht ständig Ihren Pass bei sich tragen. Falls die Polizei Ihre Identität überprüfen will, genügt meist eine Fotokopie Ihres Ausweises.

Etikette

Einige Sehenswürdigkeiten wie Monument Valley *(siehe S. 160–163)* und Canyon de Chelly *(siehe S. 164–167)* liegen in Reservaten. Dort sind Besucher willkommen, sollten aber einige Verhaltensregeln beherzigen. Fotografieren Sie nie, ohne zuvor um Erlaubnis gefragt zu haben, vor allem nicht Zeremonialtänze oder Häuser. Häufig wird dafür eine Bezahlung erwartet. Verlassen Sie keinesfalls die markierten Wege.

Mobiltelefone und WLAN

Alle europäischen Smartphones funktionieren in den Vereinigten Staaten problemlos. Für günstige Telefonate brauchen Sie eine US-SIM-Karte. Eine überaus komfortable Lösung bietet **Cellion**. Hier bekommen Sie eine kostenlose SIM-Karte mit eigener

US-amerikanischer Telefonnummer. Die Kosten werden von Ihrem Konto abgebucht.

Fast alle Hotels sowie viele Restaurants, Cafés und Bars bieten ihren Gästen WLAN. In Städten gibt es viele WLAN-Hotspots.
Cellion
🆆 cellion.de

Post

Das Porto für einen Standardbrief bzw. eine Postkarte nach Europa beträgt 1,15 Dollar. Briefmarken erhält man in Postämtern und an Zeitungskiosken.

Steuern

Alle Bundesstaaten des Südwestens erheben eine eigene Sales Tax. Diese Steuer ist mit der europäischen Mehrwertsteuer vergleichbar und wird den meisten Waren sowie den Rechnungsbeträgen in Hotels und Restaurants aufgeschlagen. Die Höhe der Sales Tax beträgt je nach Staat zwischen 7 und 8,6 Prozent.

Ermäßigungen

Für den Besuch mehrerer Nationalparks und National Monuments lohnt sich der ein Jahr gültige America the Beautiful Pass für 80 $. Details zu diesem Angebot finden Sie auf der Website des **National Park Service**.

Viele Städte bieten Pässe an, die Preisnachlässe bei verschiedenen Attraktionen beinhalten.
National Park Service
🆆 nps.gov

Websites und Apps

GoSkyWatch
Mit dieser Astronomie-App zeigt Ihnen Ihr Smartphone, welche Sterne, Sternbilder und Planeten sich über Ihnen befinden.

GasBuddy
Diese App hilft Ihnen, die günstigsten Tankstellen für Ihren Roadtrip zu finden.

Discover Navajo
Informieren Sie sich über Nationaldenkmäler, Parks und historische Stätten der Navajo: 🆆 discovernavajo.com

REGISTER

DANKSAGUNG

Dorling Kindersley möchte sich bei allen bedanken, die dieses Buch möglich gemacht haben.

BILDNACHWEIS

l = links; r = rechts; o = oben; u = unten; m = Mitte; d = Detail.

123RF.com: Lukas Bischoff 126–127u; fotoluminate 80u; jakobradlgruber 146–147u, 150–151o; Mariusz Jurgielewicz 107ol; Anna Yakimova 115or.

4Corners: Jordan Banks 83u; Monica Goslin 44ol; Susanne Kremer 266o.

Alamy Stock Photo: AB Forces News Collection 35or; AF archive 258um; AlphaAndOmega 78–79u; America 11ur, 155ol, 227ur; Aurora Photos 147ol; Tom Bean 74mr, 185mro; BHammond 199or, 227ol, 238ur; blickwinkel 135ol; steve bly 190l; Stockimo / Ceri Breeze 248mru; Ed Callaert 28o; Nano Calvo 54mlu; John Cancalosi 47mr; Cannon Photography LLC 28ul; Pat Canova 8mlu; Yvette Cardozo 167ur; Naum Chayer 77ol, 97or; Mark Chivers 208–209u; David Cobb 139mr; Judith Collins 250m; Yaacov Dagan 255u, 263or; Ian Dagnall 94–95u, 104ol, 167m, 211ur, 259ur, 260–261u, 268–269u; John Dambik 212mlu; Danita Delimont / Julien McRoberts 207o; Sam Dao 261ol; David L. Moore - US SW 201ul; Phil Degginger 103ul, 231mro; Susan E. Degginger 55mru; Danita Delimont 107mo, 140or; Cody Duncan 72ul; Jonathan Eden 145or; Chad Ehlers 12ml, 51ml; Richard Ellis 26–27m; Everett Collection Inc 265ml; eye35 24or; Michele Falzone 73mro; FAY 2018 203or; Nick Fox 182–183; Zachary Frank 210–211o; Dennis Frates 26or; Larry Geddis 54mro; Glasshouse Images 167um; Paul Christian Gordon 212u; Granger Historical Picture Archive 56ur, 213ur; Richard Green 81ol; Guillen Photo LLC / Amar und Isabelle Guillen 175um; Steve Hamblin 47ol; Gavin Hellier 249or; hemis. fr / LEMAIRE Stéphane 25ol; Historic Images 59ur; Wild Places Photography / Chris Howes 231ur; George H.H. Huey 179ur; John Elk III 185o, 194ol; Images-USA 235o; Tetra Images 51or; Eric James 222o; Janice und Nolan Braud 186ml; Inge Johnsson 260l; Jon Arnold Images Ltd 28mr; Jon Bower USA 49o; Julie Diebolt-Price 113or; Ruslan Kalnitsky 133u; Niels van Kampenhout 166–167o; SCPhotos / James Kay 144or; Scott Kemper 51ur; kravka 24ol; John Lambing 175mru; Dan Leeth 175ur; Simon Leigh 173ol; TIN LIEU 152–153u; LOOK Die Bildagentur der Fotografen GmbH 239u; Charles Mann 55mr, 222ul, 241ul; Benny Marty 250u; Ray Mathis 123; Buddy Mays 48or; Angel McNall 82o; MediaPunch / Erik Kabik Photography 248o; Moviestore collection Ltd 48mlo, 49ul; National Geographic Image Collection / works by © Agnes Martin / DACS 2019 202ur; Native American - Indian culture 13ur, 215mro; Ron Niebrugge Images 100o, 145ur, 145m; imageBROKER / Norbert Eisele-Hein 22mr; North Wind Picture Archives 57ol, 193mlo; Novarc Images 30ul; George Ostertag 167or, 179or, 234ul; Efrain Padro 39ur, 41ml, 52o, 53or, 53mlo, 58ul, 167mru, 184u, 196or, 209mru, 210mlo, 241or; Panther Media GmbH 71ur; parkerphotography 205u, 232ol; Sean Pavone 61mro, 76–77u, 92–93o; Jamie Pham 141mr; Photo 12 48u; Mostardi Photography 177; Pictorial Press Ltd 49mr, 155mr; PictureLux / The Hollywood Archive / John Bramley 36u; Portis Imaging 30mr; Media Punch / Gdp Photos 249ur; Robertharding / Walter Rawlings 176u; SuperStock / RGB Ventures 165mru; RidingMetaphor 202–203ol; Juergen Ritterbach 151ur; RooM the Agency 107or; RosalreneBetancourt 14 251mr; Sumiko Scott 71o; SDM Images 22mru; Adrian Seal 262o; Robert Shantz 235ur; Dmitriy Shironosov 35ml; Marc De Simone 4; Witold Skrypczak 169ul; Solarysys 253or; Pierre Steenberg 77mr; SW Travel Imagery 30o; TCD / Prod.DB 160ul; Mason Vranish 269or; Ike Waits 19ol, 88–89; Ron Watts 194ur; Leon Werdinger 50ol; Jim West 27ol, 240ol; Scott Wilson 11mr, 148–149; Richard Wong 47ul, 217ur; World History Archive 193om; YAY Media AS 33m; Marek Zuk 45mru, 153or; ZUMA Press, Inc. 55ml.

Arcosanti: Hanne Sue Kirsch 44–45u.

AWL Images: Danita Delimont Stock 45ml, 129, 139ul; Mark Sykes 206ul.

Bridgeman Images: Private Collection / © Look and Learn 57mr, / Currier, N. und Ives, J.M. 58–59o, / Wood Ronsaville Harlin, Inc. USA / Rob Wood 56ul; National Geographic Image Collection / Scott S. Warren 59mlu; Granger 59or, 60ol; UIG / Ewing Galloway 61ul, / Universal History Archive 46ur.

Cirque du Soleil: 249mlo; Matt Beard Photography 34–35u.

Depositphotos Inc: bhofack2 43mlo; tang90246 107ur.

Dillinger Brewing: 42ul.

Dorling Kindersley: University of Pennsylvania Museum of Archaeology and Anthropology / Angela Coppola 176ml; Bradbury Science Museum, Los Alamos / Francesca Yorke 208mro.

Dreamstime.com: Allison14 143ml; Giuseppe Anello 251ur; Bennymarty 166ur; bhofack2 41or, 41mru; Bonita Cheshier 86ul; Chris Curtis 55ol, 95ol; Kobby Dagan 263ul; Anna Dudko 135mro; F11photo 252–253u; Golasza 171or; Grian12 168–169o, Kravka 162ol, Steve Lagreca 224ol, Mykola Lukash 84–85o, Phil Mcdonald 55or; Florence Mcginn 107mu; Derrick Neill 115ul; Oscity 131ul; Sean Pavone 102–103o; Aaron Rayburn 110ul; Robin Runck 135or; Pere Sanz 75o; Roman Slavik 122u; Swisshippo 39ml; Trebro 132mlo; Edwin Verin 137ur; Brian Welker 181ur, 213o; Wilsilver77 170ul.

Fox Theatre: 35ur.

Georgia O'Keeffe Museum: Insight Foto Inc. 38ol.

Getty Images: 500px Prime / Anastasios Vourekas 112–113u; Adventure_Photo 33ur; Robert Alexander 169ur, 195ul; AzmanL 11o; Aurora Photos / HagePhoto 122mlu; benedek 24–25m, 69ol; Bettmann 58ol, 209or; Peter V. Bianchi 57or; Kevin Boutwell 8ml; Frederic J. Brown 61or; Ernesto Burciaga 53mr; W. Buss 254–255o; Jeff Clow 160mro; Matteo Colombo 8–9mr, 22o, 124, 163mr; Corbis Documentary / Scott Smith 127mro; Charles Davies 136ml; DEA Picture Library 154–155u; Danita Delimont 109ml, 109mr; Dougberry 53u; Lonnie Duka 258or; E+ / FilippoBacci 18m, 64–65; EyeEm / Daniel Cicivizzo 68–69u, / Benedikt Helmhagen 138, / Stephanie Hohmann 131ur, / Felix Seyfert 2–3; David Epperson 143mlu; Lola L. Falantes 20o, 156–157; Michele Falzone 238–239o; FilippoBacci 32–33u; C. Flanigan 54mr; Michael Freeman 214ul; Bill Heinsohn 54mru; Historical 60ul; Ingram Publishing 21ol; 218–219; JannHuizenga 20ul, 188–189; Jupiterimages 251mro; Glenn van der Knijff 174–175o; Keith Ladzinski 140–141u; Gene Lester 264–265u; LGeoffroy 105u; LordRunar 134–135u; Eric Lowenbach 160mr; LPETTET 21mu, 244–245; Mark Brodkin Photography 33or, 142–143o; Michael Marquand 30mru; Julien McRoberts 37ml; MCT / Doug Merriam 50u; Aaron Meyers 19mu, 118–119; Minden Pictures / Tim Fitzharris 163m, 216ul, / Winfried Wisniewski 55mlu; Daniele Molineris 161; Moment / Thomas Roche 32ol; Mona Makela Photography 204–205o; MPI 57mro; Bryan Mullennix 10mlu; Richard T. Nowitz 101u; Glenn Oakley 172–173u; Onfokus 256–257o; Praveen P.N 178o; PBNJ Productions 131mru; Photography by Deb Snelson 180o; Design Pics / Mark Newman 54mlo; Popperfoto 264mro; powerofforever 162–163u; Robertharding / Alan Copson 187mru; Rick Scibelli 54ml; Witold Skrypczak 165mro; Sky Noir Photography by Bill Dickinson 270–71; Sam Spicer 13o; Starcevic 62–63; Steve Peterson Photography 164; Mike Theiss 229ol; Mark Theriot 236–237; Jason Todd 251or; Peter Unger 229or; UIG / Education Images 13mr; Universal History Archive 56o; wanderluster 164–165u; John Wang 130–131o; YinYang 10mo.

Gruet Winery: 43or.

Heard Museum Collection: 38–39u.

iStockphoto.com: adwalsh 144–145u; David Arment 87ur; AZCat 117u; benedek 77ur, 108, 111or; bpperry 100ml; CrackerClips 116or; csfotoimages 201ol; Davel5957 96u; DenisTangneyJr 192o; DOUGBERRY 04u, 100mlo; E+ / pchoui 109ur, EricIiu08 77or, Eunika-Sopotnicka 169mru; f11photo 6–7; gnagel 267ul; grandriver 46ol; ivanastar 197u, 232–233u; JurgaR

Dieser Reiseführer wird regelmäßig aktualisiert. Angaben wie Telefonnummern, Öffnungszeiten, Adressen, Preise und Fahrpläne können sich jedoch ändern. Der Verlag kann für fehlerhafte oder veraltete Angaben nicht haftbar gemacht werden. Für Hinweise, Verbesserungsvorschläge und Korrekturen ist der Verlag dankbar. Bitte richten Sie Ihr Schreiben an:

Dorling Kindersley Verlag GmbH
Redaktion Reiseführer
Arnulfstraße 124 • 80636 München
travel@dk-germany.de

Penguin
Random
House

www.dorlingkindersley.de

Hauptautoren Donna Dailey, Paul Franklin, Michelle de Larrabeiti, Philip Lee
Senior Editors Alison McGill, Ankita Awasthi Tröger
Senior Designer Laura O'Brien
Project Editor Rada Radojicic
Project Art Editors Bharti Karakoti, Hansa Babra, Ankita Sharma, Stuti Tiwari Bhatia, Jaileen Kaur, Nehal Verma, Priyanka Thakur
Designers Van Anh Le, Ian Midson
Factcheck Agnes Crawford
Editors Sands Publishing Solutions, Matthew Grundy Haigh, Rachel Thompson, Zoë Rutland, Sophie Adams, Danielle Watt
Korrektur Stephanie Smith
Register Hilary Bird
Senior Picture Researcher Ellen Root
Bildredaktion Sumita Khatwani, Jane Smith
Illustrationen Gary Cross, Eugene Fleurey, Claire Littlejohn, Chris Orr & Associates, Mel Pickering, Robbie Polley, John Woodcock
Cartographic Editor James Macdonald
Kartografie Colourmap Scanning Ltd, Zafar ul Islam Khan, Subhashree Bharati, Dave Pugh
Design Umschlag Bess Daly, Maxine Pedliham
Bildredaktion Umschlag Susie Watters
Senior DTP Designer Jason Little
DTP Azeem Siddiqui
Producer Samantha Cross
Managing Editor Rachel Fox
Art Director Maxine Pedliham
Publishing Director Georgina Dee

© 2001, 2019 Dorling Kindersley Ltd., London
A Penguin Random House Company

Zuerst erschienen 2001 in Großbritannien bei Dorling Kindersley Ltd., London

Für die deutsche Ausgabe © 2002, 2020
Dorling Kindersley Verlag GmbH, München
Ein Unternehmen der
Penguin Random House Group

Aktualisierte Neuauflage 2020 / 2021

Programmleitung Dr. Jörg Theilacker, DK Verlag
Projektleitung Stefanie Franz, DK Verlag
Übersetzung Martina Horrobin, Köln; Gerhard Bruschke, München
Redaktion Gerhard Bruschke, München
Schlussredaktion Philip Anton, Köln
Umschlaggestaltung Ute Berretz, München
Satz und Produktion DK Verlag, München
Druck RR Donnelley Asia Printing Solutions Ltd., China

ISBN 978-3-7342-0255-1

10 11 12 13   23 22 21 20

Vis-à-Vis-Reiseführer

#dkvisavis
www.dorlingkindersley.de

   /dkverlag

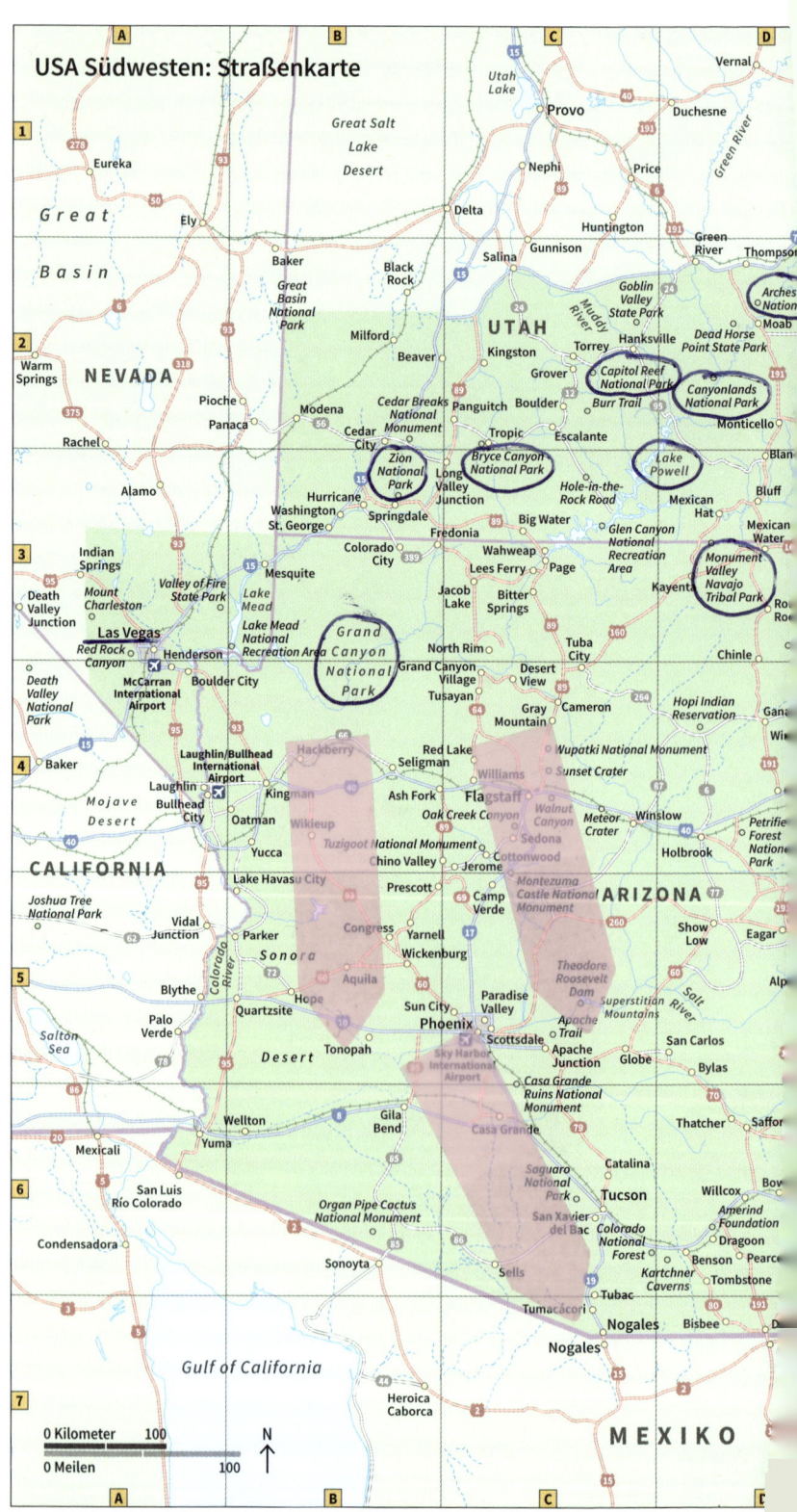

USA Südwesten: Straßenkarte

MEXIKO

0 Kilometer 100
0 Meilen 100

N